LA SPLENDEUR DES BORGIA

DU MÊME AUTEUR

Romans

Les chevaliers du Christ, Albin Michel, 1997.
Marie Bellefort, la flibustière, Albin Michel, 2000.
La lionne de Nantes, Pygmalion, 2004.
Les récoltes de la Saint-Pardoux, Pygmalion, 2005.
L'incendie, Les Trois Orangers, 2005 (*Bourse Cino del Duca 1994*).
Le moulin de Chastreuil, Cheminements, 2007.

Essais

La bataille de Lépante, Économica, 2003.
Les grandes heures de l'abbaye de Saint-Benoît-sur-Loire, Beauchesne, 2003 (*couronné par l'Académie française*).
Salamine et les guerres médiques, Économica, 2004.
Blenheim 1704. Le prince Eugène et Marlborough contre la France, Économica, 2004.
Fantaisismes, Les Trois Orangers, 2006.
Petit dico insolite de la mort (Les pissenlits par la racine), City éditions, 2007.
Le petit dictionnaire des grandes phrases de l'Histoire, City éditions, 2008.
Petites histoires insolites de l'histoire de France, City éditions, 2009.
Dictionnaire des favorites, Pygmalion, 2010.
Petites histoires insolites de l'histoire de France, tome II, City éditions, 2010.

Biographies

Stradivarius, sa vie, ses instruments, Zurfluh, 2000 (*Bourse Poncetton de la Société des Gens de Lettres*).
Le tapissier de Notre-Dame, éditions du Rocher, 2002.
Marion de Lorme, la reine du Marais, Les Trois Orangers, 2004.
Le docteur Guillotin, Pygmalion, 2004.
Le prince Eugène, éditions du Rocher, 2005.
La duchesse de Fontanges, Pygmalion, 2005.
Claude de France, première épouse de François Ier, Pygmalion, 2006.
Anne de Bretagne, Pygmalion, 2008 (*Prix des Lauriers Verts 2008 de la biographie*).
Jeanne de France, Pygmalion, 2009.
Tallemant des Réaux, préface de Jean Mesnard, de l'Institut, Le Croît Vif, 2010.

Henri Pigaillem

LA SPLENDEUR DES BORGIA

Tome 1

La pourpre et le fer
1489-1503

Éditions SW Télémaque

Éditions Télémaque 7, rue Pérignon, 75015 Paris
www.editionstelemaque.com
ISBN : 978-2-7533-0124-5

À Gonzague Saint Bris,
« l'enfant de Vinci ».
Avec toute mon amitié reconnaissante.

SOMMAIRE

DIARIUM I

De la vie dispendieuse et orgiaque du vénal cardinal Rodrigo Borgia.

Johannes Burckard demeurait Piazza Navona, à Rome, dans le quartier San Eustachio, à faible distance du palais princier d'Ascanio Sforza et de l'opulente résidence romaine des Médicis. Sa maison, de style gothique, se signalait par sa grande tour dressée au fond de la cour pavée, sa fontaine de marbre d'où suintait une petite veine d'eau claire, et ses fenêtres aux vitraux plombés qui rythmaient la façade d'argile envahie par une treille de vigne. De violents éclairs fendaient le ciel blafard lorsque Francesco frappa à la porte cloutée de cette demeure. Le jeune homme, les cheveux fauves, la lèvre épaisse, l'œil mutin, avait vingt ans. L'encrier de chagrin qui pendait à sa ceinture révélait qu'il était étudiant. Il attendit un instant sous la pluie battante puis un valet vint lui ouvrir, le fit entrer, le débarrassa de son pourpoint et l'entraîna dans une longue galerie que la nuit naissante emplissait d'ombre. Ils parvinrent à la bibliothèque, le cœur de la maison, où un feu d'ajoncs et de pommes de pin brûlait dans l'âtre. Agenouillée près du foyer, Maria, une jeune servante, attisait le feu. Elle se leva pour prendre un linge puis, tandis que le valet disparaissait dans une pièce voisine, s'approcha de Francesco :

– Vous allez attraper la mort, Monsieur, dit-elle en lui essuyant vigoureusement les cheveux. Ce n'est pas raisonnable de faire tout ce chemin sous la pluie. Qui vous soignerait si vous tombiez malade ?

Maria était d'une grande beauté. Francesco observa la lourde poitrine qui battait sous son corsage de dentelles transparent. Elle avait les lèvres de pourpre et la peau cuivrée par le soleil d'Étrurie.

Le valet revint et invita Francesco à le suivre dans le bureau de son maître. La pièce, toute tendue de velours, était attenante à la bibliothèque. Chaque fenêtre, où pendaient des rideaux cramoisis, était flanquée d'une petite table en cèdre finement sculpté, peint en noir et relevé de quelques touches d'or. La cheminée en marbre incrusté de bronze doré supportait un lion d'or et une pendule d'argent qui se reflétaient dans une glace encadrée de bois découpé à jour. Johannes Burckard s'approcha de son visiteur. Il avait plus de cinquante ans et l'élégance naturelle d'un grand seigneur. Des yeux charbonneux brûlaient d'un feu intense sous son noble front que couronnait une chevelure de neige. Il enlaça Francesco en lui disant :

– On m'a bien remis ton message, mais je pensais que cette pluie t'aurait empêché de venir.

– J'avais hâte de vous retrouver, Monseigneur, et de poursuivre notre récit sur les Borgia, dit Francesco avec exaltation.

Burckard était maître des cérémonies à la cour pontificale depuis 1484 et le clerc le plus important du Vatican. De par sa charge, il avait accompagné Sixte IV pendant son agonie et suivi Innocent VIII dans tous les instants de son règne.

Dès son avènement, en 1492, le nouveau pape Alexandre VI Borgia l'avait admis dans son intimité. Il l'assistait dans ses fonctions les plus secrètes, veillait sur le bon déroulement de la liturgie, recevait les doléances des cardinaux. Il vivait de près tous les événements qui survenaient au Vatican. Il était un appui indispensable au Saint-Père, qui s'en remettait souvent à ses sages conseils et à ses prudentes prévenances. Les pontifes qui s'étaient succédé depuis son arrivée à Rome lui avaient toujours montré du respect et de la gratitude. Son goût pour la politique et la diplomatie lui permettait en outre de s'immiscer dans les affaires du Saint-Siège comme dans celles de la famille Borgia. Nul ne connaissait mieux que lui la vie d'Alexandre VI et des enfants naturels qu'il avait eus d'une courtisane romaine. Il consignait sur un Livre de notes une source inestimable de confidences, les moindres faits relatifs aux cérémonies, processions, divertissements profanes, mouvements de guerre, négociations matrimoniales qui engageaient Lucrèce ou César Borgia, et jusqu'aux crimes abominables dont se rendait coupable le pontife. Francesco, qui étudiait à l'université de Padoue, se préparait au métier d'historiographe et à la vie politique. Il était soucieux d'apprendre la vérité sur les événements de son temps et ne pouvait avoir meilleur chroniqueur qu'en la personne de Burckard.

Ce dernier alla ouvrir la porte et lança à l'adresse du valet qui avait accueilli Francesco :

– Ilario, je te prie, apporte-nous de l'hypocras et ensuite que l'on ne nous dérange pas… Ah ! et puis dis à Maria de venir allumer le feu, il fait grand froid ici.

Revenant vers Francesco :

– J'ai deux grandes heures devant moi, lui dit-il. Où en étions-nous restés ?

– Nous parlions des relations de Rodrigo Borgia avec Vannozza Cattanei, Monseigneur.

– Très bien. Installe-toi, *caro* Francesco.

Le jeune homme prit place devant une grande table en acajou et à colonnes torses. Une lampe fumeuse éclairait une écritoire d'ébène, des cires, des cachets armoriés, des plumes d'oie, et un manuscrit, qu'il ouvrit avec soin.

– Je t'ai promis, reprit Burckard en fouillant dans un bahut incrusté en étain, de te lire la lettre de remontrance que Rodrigo reçut de Pie II en 1460 à la suite d'une nuit d'orgie. Pendant que je la cherche, lis-moi ce que nous avons écrit la dernière fois.

Francesco ouvrit le manuscrit et lut à haute voix :

– « La dynastie Lançol y Borja était originaire d'Espagne et s'était fixée depuis plusieurs siècles à Játiva, près de Valence. Elle comptait alors de nombreux hommes politiques, des militaires et des gens de robe, très estimés dans les cours de Castille et d'Aragon et qui s'unissaient aux plus nobles maisons du pays pour accroître leur fortune. Les ecclésiastiques furent peu représentés avant Alonso Borgia, premier pape de la famille. Élu en 1455 au trône pontifical sous le nom de Calixte III, il fit venir de Valence l'un de ses neveux, Rodrigo, âgé de vingt-quatre ans, qui prit ses degrés en droit canon à l'université de Bologne. Lorsqu'il s'établit à Rome, Rodrigo abandonna son nom patronymique de Lançol et italianisa celui de Borja en Borgia. De sa famille, il ne conserva plus dans ses armes que les bandes héraldiques et adopta pour nouvel emblème un bœuf entouré de huit gerbes d'orge.

« Tonsuré très jeune, il fut nommé cardinal par son oncle puis élevé à la charge de vice-chancelier de l'Église. En 1458, pendant l'agonie de Calixte III, haï par la population vaticane à cause de ses origines espagnoles, il fut contraint de se réfugier dans la forteresse de Civitavecchia, avec l'un de ses frères, Pedro Luis. Il n'en revint nuitamment que pour voir son oncle sur son lit de mort. Pedro Luis mourut de fièvre quelques semaines plus tard, après lui avoir légué son immense fortune. Rodrigo devint ainsi le plus riche de tous les cardinaux d'Italie. Près du Campo dei Fiori, il se fit construire un vaste palais dont l'opulence suscita l'admiration générale. Il y accumula les plus belles œuvres d'art, une nombreuse et éblouissante vaisselle d'or massif, des tapis précieux, des tableaux de maître. Il étonnait constamment Rome par sa magnificence, qui éclipsait de loin celle de tous les autres prélats. »

Maria entra à cet instant et se dirigea vers la cheminée pour allumer le feu.

– « Rodrigo, poursuivit cependant Francesco, tirait profit des fêtes publiques pour offrir aux Romains des corridas de son pays natal et des courses de chevaux débridés ou de Juifs chargés de lourds vêtements de laine épaisse et bourrés de gâteaux jusqu'au cou. Le reste du temps, il organisait des réceptions princières. Il aimait la vie large et facile et le luxe sous toutes ses formes, y compris celui de la table, pour laquelle il prodiguait les vins les plus rares et les mets les plus raffinés. En privé, tout prélat qu'il était, il se conduisait outrageusement en jeune fou, se réjouissait de la nature scandaleuse qu'il donnait à son existence, négligeait sa coiffure, ses vêtements, sa toilette, s'exhibait en débraillé poussiéreux. Il invitait ses amis à courre avec lui le cerf, le sanglier, le chevreuil qu'ils dégustaient ensemble lors de gigantesques et plantureux banquets où trônaient aussi les plus savoureuses volailles, servies sur des plats d'argent, encore toutes revêtues de leurs plumes multicolores. Aux brillants festins succédaient souvent de copieuses orgies qui duraient jusqu'à l'aube. Il était toujours le dernier à s'endormir et lorsque les dames, ravies, regagnaient leurs alcôves, il trouvait encore le moyen de réveiller des complices pour assouvir son besoin de jouer aux dés, de miser de l'argent, d'en perdre beaucoup, de parier des sommes excessives sur toutes sortes de courses ou de concours.

« En 1459, le nouveau pape Pie II ayant décidé d'ériger sa ville natale, Corsignano, en évêché, lui confia la charge de maître d'œuvre du chantier de la cathédrale et d'un nouveau palais. Rodrigo s'acquitta favorablement de cette mission de confiance mais ne put s'empêcher de fréquenter des courtisanes de la ville. Au point que le pape, dans une lettre datée du 11 juin 1460, lui adressa une remontrance. Le pontife y faisait référence à une orgie organisée à Sienne, dans les jardins du cardinal Giovanni de Bichi, à laquelle il avait participé en compagnie d'autres prélats et de hauts dignitaires de l'Église. »

– Voici cette lettre, *caro* Francesco, interrompit Burckard.

Maria venait de quitter la pièce et les murs luisaient doucement à la lueur dansante du foyer qu'elle avait allumé. Burckard prit sa lunette, l'approcha de ses yeux et lut d'un ton vigoureux :

– « Nous avons appris qu'il y a trois jours plusieurs dames siennoises se sont réunies dans les jardins du cardinal et que, peu soucieux de ta dignité, tu es demeuré avec elles l'après-midi depuis une heure jusqu'à six heures et que tu avais pour compagnon un cardinal que l'âge, à défaut du respect envers le Siège apostolique, aurait dû faire souvenir de ses devoirs. Il nous a été référé qu'on dansa fort peu honnêtement ; aucune séduction amoureuse n'a manqué et tu t'es conduit comme l'eût fait un jeune laïque. La décence nous impose de ne pas préciser ce qui advint, choses dont le nom seul est inconvenant à ta dignité ; il fut interdit d'entrer aux maris, pères, frères et autres parents qui avaient accompagné ces jeunes femmes, afin de vous laisser plus libres dans les divertissements que vous présidiez seuls avec quelques familiers, ordonnant les danses et y prenant part. Nous te laissons juger toi-même s'il t'est possible de courtiser les femmes, d'envoyer des fruits, des vins fins à celle que tu préfères, d'être tout le jour spectateur de toutes sortes de divertissements, puis finalement d'éloigner les maris pour te réserver toutes libertés, sans, du même coup, abdiquer ta dignité. »

Lorsque Burckard eut achevé sa lecture, Ilario pénétra à son tour dans le bureau, portant des tasses de vin d'hypocras pour son maître et Francesco.

– Merci, mon bon Ilario, lui dit le cérémoniaire. À présent laisse-nous.

Puis à l'adresse de Francesco :

– Reprends, je t'en prie.

– « Après la mort de Pie II, la fortune de Rodrigo lui permit d'obtenir l'élection au trône de saint Pierre de son ami vénitien Pietro Barbo, qui devint Paul II. Il mourut cinq ans plus tard après avoir couvert son bienfaiteur d'honneurs, de bénéfices et de faveurs. Le cardinal Borgia intrigua pour faire élire un autre de ses amis à la succession de Barbo, Francesco della Rovere, qui devint Sixte IV. Il reçut en retour de ses bons services l'évêché d'Albiano et l'abbaye de Subiaco avec ses terres, sur lesquelles s'élevait un château. Il fit de Subiaco un lieu de rendez-vous secrets avec ses maîtresses. Il y conçut ses trois premiers enfants, Pedro Luis, le plus âgé de ses bâtards, Isabella et Girolama, tous trois nés de mère inconnue. Pedro Luis mourut à l'âge de vingt et un ans, après avoir été fiancé à la princesse Maria Enriquez d'Aragon, et avoir reçu de son père le duché de Gandie, petit port de pêche situé près de

Játiva. Ses deux sœurs furent richement dotées et mariées très jeunes à des seigneurs de haut lignage. Elles aussi s'éteignirent.

« Rodrigo Borgia avait des relations faciles et passagères avec les jeunes femmes. Elles remarquaient toutes sa superbe allure, sa beauté, son faste, sa sensualité, ses yeux amoureux. Il prétendait qu'il fallait à tous les hommes une femme et un refuge : "L'homme, affirmait-il, n'existe que par sa maîtresse. Que deviendrait-il s'il ne venait une fois par jour se retremper dans la joie d'aimer et d'être aimé ?" L'une d'entre toutes les femmes qu'il fréquentait faisait battre son cœur plus qu'une autre. C'était l'une des plus charmantes courtisanes de son temps, originaire de Mantoue. Son cou, ses épaules, son sein étaient sculptés en plein marbre. Elle se nommait Vannozza Cattanei, Vannozza étant la traduction familière de Giovanna. On reconnaissait qu'elle n'avait pas l'esprit vif, mais elle chantait admirablement et jouait du luth à merveille. Elle était magnifique, dépensière et lascive. L'incarnat vermeil de son teint, l'éclat de ses yeux noirs, les longues boucles soyeuses de ses cheveux d'ébène excitaient l'admiration de tous ceux qui la voyaient.

« Elle demeurait près de San Pietro in Vincula mais était également propriétaire d'une auberge dans la région de Ponte, l'*Auberge du Lion*, située en face du Tordinona, sur la Via del Orso. Artificieuse comme la plupart de ses compatriotes italiens, elle était devenue la plus adroite courtisane de son temps. Sa carrière galante faisait d'elle un peu moins qu'une prostituée. Elle se livrait à une vie libertine mais n'était pas une courtisane publique. Elle n'avait qu'un désir, celui de capter les regards et d'allumer les désirs d'un riche libertin qui payait le plus cher possible le plaisir qu'elle était toujours prête à donner.

« Rodrigo cherchait constamment la présence des femmes. Il délaissa un temps Vannozza pour rendre de fréquentes visites à une courtisane romaine, Monica Renucci, qui demeurait Piazza Giudei. Dans cette maison où se réunissaient les financiers les plus retors de Rome, où l'on multipliait le cérémonial, la folie régnait en maîtresse. On ne songeait qu'à y organiser des collations et des soupers recherchés qui s'achevaient par des promenades. Monica ne cacha pas à Rodrigo qu'elle le trouvait tout à fait attirant mais qu'elle se refusait au plaisir de l'amour avec lui. Lorsqu'elle le recevait, elle se montrait sous tous les aspects capables de le séduire, l'admettant même à sa toilette. Après quelques semaines, il en fut épris et le lui avoua. Elle se laissa alors volontiers courtiser et s'amusa des convoitises qu'elle suscitait auprès de lui. Rodrigo finit par comprendre qu'il n'était qu'un passant agréable pour Monica, et qu'il devait s'en séparer.

« Il ne pensa plus à elle, ne la revit plus et retourna alors chez Vannozza, qui lui fit de violents reproches. Pendant un temps, après son départ, elle avait cru être enceinte de ses œuvres. Affolée, elle avait demandé son médecin pour le supplier de la délivrer de l'enfant qu'elle portait. Elle garda rancune à Rodrigo de la frayeur qu'il lui avait donnée. Celui-ci se résolut toutefois à la reconquérir et y parvint en excitant sa jalousie. Il cajola sous ses yeux une des amies de la jeune femme, Virginia, et parvint facilement à capter son cœur. Pour rompre une intrigue dont le spectacle l'irritait, Vannozza se jeta à nouveau dans les bras de Rodrigo. »

DIARIUM II

Comment le cardinal Rodrigo Borgia
devient le pape Alexandre VI
et a pour postérité de dignes rejetons.

En 1474, Vannozza donna un fils à Rodrigo. Il se nommait Juan. L'année suivante, elle le fit à nouveau père, cette fois de César. Le cardinal de Pavie, Ammanati, en souvenir de son oncle le pape Pie II, le supplia de changer sa conduite scandaleuse : « Ce que je t'écris, dit-il, sera court, mais cette lettre est nécessaire entre toi et moi, et doit avoir du poids. Lis, je te prie, et tais-toi. Il te faut dépouiller le vieil homme que tu es, cela importe non seulement au cardinalat mais à la Chrétienté. Ceux qui prennent plaisir à contempler nos fautes cesseront de rire, et ceux qui nous portent haine ou envie cesseront de se réjouir. Que ta Seigneurie accorde à ta piété d'oublier le passé, de changer de vie. J'ai confiance en ta sagesse et ta bonté pour accomplir cette transformation. Que cette lettre dictée par l'affection ne soit pas confiée à tes secrétaires, garde-la dans ton plus intime, afin que tu puisses la relire parfois et y penser au moins une fois l'an. »

Rodrigo ne changea cependant pas.

En avril 1480, il eut une fille, toujours avec Vannozza, Lucrèce, élevée au couvent des dominicaines de San Sisto, sur la Via Appia. En dépit de ses frasques et fredaines, on ne pouvait qu'exalter la pureté de la foi de Rodrigo, même s'il devait un jour fouler aux pieds toutes les lois humaines et naturelles. Fort de sa fortune et héritant peu à peu de l'instinct diplomatique de son oncle, il se prit bientôt à rêver du trône pontifical. En 1484, trop jeune encore pour la chaire apostolique, il vendit à prix d'or son vote au cardinal Giambattista Cibo, qui devint grâce à lui vicaire du Christ et prit le nom d'Innocent VIII. Sous ce nouveau pontificat, Rodrigo favorisa le développement de la tyrannie à Rome, accompagnée d'une corruption des mœurs grandissante. Environné de ses familiers, on le vit traîner les rues en costume de soldat, l'épée au côté, la main sur la garde, pour terroriser les braves gens, un peu comme le fera son fils César plus tard. Je sais qu'en plein consistoire, il menaça un jour le cardinal français La Balue, après l'avoir traité d'ivrogne et de fils de putain. Lorsqu'il se trouvait en compagnie de ses amis et de favorites, il lui arrivait parfois de s'écrier :

– On s'ennuie, ici ! Partez chercher vos maris, vos amants, vos maîtresses. Je veux que cette nuit tout Rome soit cocu !

– Monseigneur, dit Francesco en regardant Burckard avec bonté, c'est en cette même année 1484, qui vit l'élection d'Innocent VIII, que vous êtes arrivé à Rome, n'est-ce pas ?

– Non, *caro* Francesco, j'y demeurais depuis 1467, date à laquelle je suis devenu un familier lointain du pape. Je dois t'avouer que j'avais été chassé du vicariat de Strasbourg, où je suis né, pour avoir commis plusieurs délits. Ce n'est qu'après les avoir confessés, à Rome, que j'ai obtenu l'absolution et que j'ai pu rentrer au Vatican en qualité de clerc des cérémonies de la chapelle pontificale. En revanche, c'est bien en cette année 1484 que j'ai pris mes fonctions de maître des cérémonies en lieu et place de l'évêque Agostino Patrizi. J'avais acheté ma charge pour quatre ou cinq cents ducats à peine. Innocent VIII venait de marier l'un de ses deux enfants, Franceschetto Cibo, à Maddalena de Médicis, fille du grand Laurent le Magnifique. Cette union ne manqua pas de provoquer un scandale puisque c'est la première fois que fut reconnu officiellement l'enfant d'un pape sur la scène politique. Ceci fit naître une rumeur prétendant que l'on pouvait aisément attribuer au pape la paternité de six fils et d'autant de filles. On le disait sans pudeur ni dignité, ni scrupule. C'est un pape plutôt affable et cordial que j'ai servi, comme quoi, Francesco, il ne faut pas écouter les vilaines langues. Il est vrai cependant que j'admets mal le fait qu'il ait marié sa petite-fille Teodorina pendant son pontificat. Tout Rome a suivi, en 1488, les récits des cérémonies privées, les fêtes splendides qui s'étaient déroulées au Vatican, à l'occasion de ces noces très politiques, et les repas fastueux où Teodorina était assise à côté du pape. Cela est contraire, sache-le, à la règle de nos cérémonies, qui interdit la présence d'une femme à un banquet où se trouve le pontife. On a dit encore de lui qu'il était capable de commettre tous les forfaits pour de l'or. Je ne le crois pas, malgré l'épisode du prince Djem, qui allait avoir son importance sous le pontificat de Rodrigo. Écoute un peu.

Djem était le frère du sultan de Constantinople Bajazet II, auquel il avait tenté, sans succès, de ravir le trône. À cette époque, les relations entre les Turcs et les royaumes chrétiens, y compris celui du Saint-Siège, étaient étroites. Aveuglé par des désirs de vengeance, Djem se tourna ainsi vers Pierre d'Aubusson, grand maître des chevaliers de Rhodes, pour lui demander sa protection. Les chrétiens auraient pu l'utiliser pour porter la guerre au sein de l'Islamisme, mais la sagesse de d'Aubusson lui recommanda de ne voir en sa confiance qu'un moyen d'obtenir la paix avec Constantinople. Le sultan devint par conséquent un otage de prix. Bajazet, cherchant par tous les moyens à négocier afin que l'on tienne éloigné de son Empire ce frère qui pouvait contester sa légitimité, signa un traité avec d'Aubusson. Le grand maître s'engagea à retenir Djem en son pouvoir et à ne pas le livrer à un prince chrétien ou infidèle qui aurait pu utiliser son nom pour troubler l'Empire. Pour l'entretien du prince à Rhodes, Bajazet s'engagea à verser chaque année à l'Ordre une somme de 40 000 ducats, à ouvrir aux navires des Hospitaliers tous les ports de la Turquie, et à rendre la liberté à 300 captifs chrétiens. En outre, il lui dépêcha un ambassadeur, Kassim Bey, chargé de remettre aux chevaliers de Rhodes une relique appartenant au trésor de Sainte-Sophie.

D'Aubusson représenta à Djem les dangers qu'il encourait à Rhodes et l'exhorta à se laisser conduire en France, d'où il pourrait efficacement préparer la conquête de Constantinople. Le prince débarqua à Marseille en octobre et fut d'abord assigné à résidence en Provence, puis à Bourganeuf, où se referma derrière lui la porte de la tour principale qui faisait office de prison. Quelques années plus tard, d'Aubusson songea à le livrer au pape, espérant bien obtenir du Saint-Siège, en contrepartie, de nombreux privilèges pour l'Ordre et surtout la pourpre cardinalice pour lui. La présence de Djem à Rome assurerait à Innocent VIII un important rapport de force. Le pontife promit à d'Aubusson d'accéder à ses exigences et accepta d'accueillir Djem au Vatican.

Instruit de la négociation et de sa conclusion qui lui était favorable, Bajazet, pour gagner davantage encore l'esprit du pape, lui fit d'abord présent du fer de lance qui avait transpercé le Christ sur sa croix. Il convint par la suite avec lui de verser chaque année 40 000 ducats d'or pour l'entretien du prisonnier, comme il l'avait fait avec les chevaliers de Rhodes. Cette somme devait satisfaire l'avarice des pontifes qui se succéderaient. L'acceptation de cet or laissa penser à toute l'Italie qu'Innocent VIII était l'un des papes les plus vénaux de l'histoire de la Chrétienté.

Le pontife députa Rodrigo à Civitavecchia, ville baignée de lumières admirables et rafraîchie par de belles eaux vives. Le cardinal, ainsi qu'un grand nombre de chambellans, princes et officiers de la cour de Rome, étaient chargés d'aller à la rencontre du prince ottoman, qui avait embarqué à Toulon sur une galère affrétée par Rhodes. Il arriva sous un parasol porté par un officier turc, suivi d'une cour nombreuse d'esclaves, d'eunuques, de femmes, d'agas, de janissaires, de serviteurs, de musiciens. Rodrigo, coiffé pour la circonstance d'un turban de mousseline, se laissa baiser à l'épaule, comme l'exigeait la tradition orientale. Il n'aperçut que l'éclair sauvage de son regard qui passait dans l'étroitesse de son haïk. Le soir, il organisa un grand banquet dans les jardins du palais de la ville, après avoir pris soin d'y faire planter des arbres venus d'Orient afin de faire honneur au prisonnier de marque. Grenadilles, dattiers, jujubiers, garances, cèdres bleus, badianes se dressaient dans de profonds encaissements placés au milieu d'une mosaïque de coquillages et mêlaient leurs palmes aux feuilles lancéolées des grands magnoliers. Entre les orangers et les citronniers, de gigantesques aloès et des passiflores aux larges fleurs de pourpre striées d'azur jaillissaient et retombaient en cascade végétale et diaprée sur des tiges d'asclépiades. Le prince, la tête et le visage cette fois découverts, laissait voir un teint magnifiquement cuivré et une fine barbe soyeuse qui grimpait jusqu'à ses grands yeux sombres. Un zebib s'était formé depuis longtemps sur son front, induration due aux multitudes de fois où cet homme si pieux se l'était frappé contre le sol sur son tapis de prière. Il était enveloppé dans un burnous couleur absinthe et chaussé de bottes en filali brodées d'or. Ses joueurs de flûte et de tbola, ses danseuses aux hanches souples et aux sourires safranés agrémentèrent le repas.

Le jour suivant, alors que le soleil, immense et rouge, s'écrasait dans la mer, le cortège romain s'ébranla vers le sud et parvint le surlendemain dans la Ville éternelle. Djem y fit une entrée solennelle, au milieu d'une foule dense, monté sur un palefroi blanc, la tête enturbannée, le visage voilé, chaussé de bottes en filali brodées d'or. En compagnie de son fils Franceschetto, le pape, revêtu du rochet et du camail, le reçut publiquement, avec de grands honneurs et toute la splendeur qu'il pouvait affecter. Selon l'usage oriental, il embrassa sa jambe et celle de son cheval. L'ambassadeur d'Égypte, qui s'était empressé de venir à Rome parce qu'il voulait posséder le prince afin de l'opposer à Bajazet, vint baiser le bord de sa longue robe de soie qui dépassait de son burnous. Djem témoigna sa reconnaissance au pontife, porta sa main droite à la tête en prononçant « Salaam aleyk », mais refusa de retirer son turban et de s'agenouiller devant le vicaire du Christ. Innocent VIII ne s'en offusqua pas. L'après-midi, s'entretenant avec son hôte, il lui promit l'intervention du roi de Hongrie, qui se disait prêt à lui fournir une armée. Il tenta d'obtenir sa conversion à la foi chrétienne, ce qui lui assurerait le trône.

– La souveraineté du monde entier, traduisit Gregorio, l'interprète du prince, ne pourra jamais me faire abjurer. Si je consentais à me dépouiller de ma foi, je ne ferais que justifier ma déposition du trône et la condamnation à mort que mon frère a injustement portée.

Djem ajouta quelques mots à son interprète, qui reprit alors :

– L'infortuné prince demande au maître de Rome la liberté afin de pouvoir aller rejoindre en Égypte sa mère et ses enfants dont il est séparé depuis sept longues années.

Innocent ne consentit pas à le libérer. Il le reçut le lendemain en plein consistoire. Quoiqu'il eût été soigneusement instruit du cérémonial usité en pareille circonstance, la fierté ottomane l'emportant, le fils du conquérant de Constantinople, indifférent aux serviles marques de respect que lui manifestèrent les cardinaux, s'avança sans faire aucune inclination jusqu'au pied du trône du pontife. En guise de salut, il se borna à placer sa main sous le menton. Cet acte d'orgueil musulman fit sourire le pape, qui l'embrassa sur les joues.

Les ambassadeurs du Soudan se présentèrent bientôt à Rome. Ils offrirent au pape 40 000 ducats pour la remise du prince, et s'engagèrent en outre à restituer aux chrétiens la ville de Jérusalem et à protéger les pèlerins qui se rendraient aux Lieux saints. Innocent VIII ne leur donna pas satisfaction. Ils repartirent le lendemain même de leur arrivée, au milieu de leur interminable et dispendieux cortège qui longea le bord du Tibre.

Djem fut logé dans un appartement situé au-dessus de la chapelle Sixtine et que surveillaient quatre cents hommes de la garde vaticane. Il fut ensuite enfermé au Belvédère, Innocent VIII craignant qu'il ne trouve bon de s'enfuir de Rome pour aller inquiéter son frère sur les frontières hongroises. Il était autorisé à tenir une cour, qui était nombreuse et d'un luxe tout oriental. Hammams, serres, bains, salles de prière étaient à sa disposition. Ses appartements étaient peuplés de statues de marbre et de vases de porphyre. Des tapisseries aux motifs turcs recouvraient les murs. On voyait même le prince dans les fêtes et réjouissances organisées au palais pontifical.

Innocent VIII expliqua au Sacré Collège son intention de placer ce fils de Mahomet à la tête de l'armée des croisés. Ainsi, en l'apercevant, les musulmans se soumettraient aux chrétiens. Djem demeura donc l'otage précieux du Vatican. Rodrigo, qui aspirait à monter un jour sur le trône de saint Pierre, mesurait chaque jour un peu plus le prix qu'il représentait.

Cependant, les enfants naturels de Rodrigo grandissaient. César Borgia étudiait le droit à Pise, d'où il écrivit à sa mère pour avoir des nouvelles de sa sœur Lucrèce et de ses deux frères Juan et Geoffrey. Vannozza lui répondit que Juan, l'aîné des enfants, vivait encore à Valence, où il s'apprêtait à épouser la propre fiancée de son frère aîné Pedro Luis, Maria Enriquez, cousine du roi d'Espagne, dont il serait assuré de la protection. À la mort du même Pedro Luis, il avait hérité de son duché de Gandie. Le désir de Rodrigo était d'en faire un puissant personnage et il lui réservait de hautes destinées.

Vannozza parla longuement de Lucrèce à César. Le cœur saignant, elle lui dit qu'elle avait été retirée par son père de la maison maternelle. Le magnifique avenir que Rodrigo lui préparait exigeait une éducation plus complète et plus raffinée que celle que pouvait lui inculquer Vannozza. Elle allait avoir douze ans et demeurait à présent au palais de San Martinello, chez Adriana de Mila, veuve de Lodovico Orsini, issu de la puissante famille du même nom. Adriana de Mila, qui avait la charge de Lucrèce, était la petite-fille d'une sœur de Calixte III, Catalina, et par conséquent cousine de Rodrigo. Confidente du cardinal, âme de toutes ses intrigues, complaisante de ses faiblesses et de ses passions, elle jouait un grand rôle dans sa vie privée. Chez Adriana, Lucrèce reçut une haute instruction et partagea les intérêts intellectuels des grandes dames des cours italiennes les plus cultivées. Comme tous les Borgia, elle parlait l'italien aussi naturellement que l'espagnol mais elle apprit également le latin, langue internationale, le grec et le français. Comme à la plupart des grandes dames, on lui enseigna la danse, la musique, le chant et la broderie.

Rodrigo maintenait des relations toujours aussi régulières avec la mère de ses enfants. Chaque soir, sous prétexte d'aller rendre visite à des cardinaux, il se dirigeait vers sa demeure, y passait la nuit, lui accordait tous les honneurs publics d'une compagne légitime et lui adressait de longues et fréquentes lettres pleines de tendresse, dans lesquelles il lui demandait de l'attendre : « Vannozza, ma bien aimée, lui écrivit-il un jour, demeure chaste jusqu'au jour où il me sera possible de venir te retrouver pour confondre notre amour dans des voluptés infinies. Jusque-là, qu'aucune bouche ne profane tes charmes, qu'aucune main ne soulève ces voiles qui cachent mon bien. Encore un peu de patience et je serai pape. En attendant, prends un soin extrême de l'éducation de nos enfants, car ils sont destinés à gouverner les peuples et les rois. »

Puis la tiare devenant toute proche, du moins le pressentait-il, le vice-chancelier agit avec Vannozza comme agiraient plus tard les rois de France avec leurs favorites en leur donnant un rang, une qualité et surtout un époux complaisant, ceci pour leur permettre d'être admises sans scandale à la cour. Ainsi Rodrigo organisa-t-il le mariage de sa maîtresse avec un gentilhomme mantouan du nom de Carlo Canale, camérier du cardinal Gonzague, qui avait du crédit et de l'influence à la cour vaticane. Originaire de Mantoue, sa réputation de grand érudit, de brillant auteur d'ouvrages et de poésies, avait précédé Canale à Rome, où il s'était établi quatre ans plus tôt. Le fameux Ange Politien, alors jeune, lui avait même recommandé son *Orfeo*, et Canale l'avait encouragé. Canale était si fier d'être l'époux de la favorite de Rodrigo qu'il écartela les armes des Borgia sur les siennes.

Rodrigo versa une dot de 1 000 ducats d'or à Vannozza et, pour que le couple s'y établisse, lui offrit une demeure Piazza di Merlo, une belle demeure irradiée de céramiques vert émeraude et pourvue de nombreuses pièces, d'une citerne, d'un jardin et de vignes. Il s'agissait en réalité des troisièmes noces de Vannozza. Veuve d'Antonio de Bricia puis de Giorgio da Canale, elle avait eu deux enfants, aujourd'hui décédés. Au lendemain de ce nouveau mariage, elle prit subitement peur de ne plus voir ses enfants. Rodrigo, en leur attribuant des dignités, manifestait peut-être le désir de les éloigner un par un de Rome. Et elle, qu'il avait enfermée dans un nouveau rôle d'épouse, se sentait de plus en plus impuissante à les retenir. César lui manquait mais ses frères et sa sœur se trouvaient encore à Rome. Elle les réunit un soir, sous prétexte de leur faire connaître sa nouvelle demeure. Juan embaumait une magnificence ruineuse. Il était vêtu d'un ample et épais surcot de vair serti de pierreries et aux manches fendues et traînantes, et coiffé d'un grand bonnet orné d'un rubis enchâssé et d'une plume garnie de cannetille d'or. De son père, qui avait une physionomie plus effacée que lui, Juan n'avait que le regard un peu rigide, sa haute taille et la parfaite élégance de ses manières. Il avait un caractère un brin violent et se montrait souvent arrogant. Lucrèce portait une robe de taffetas et de satin brodée de perles et de paillettes de jais blanc, et était chaussée de souliers en cordouan. Son opulente chevelure blonde était chargée de perles et d'entrelacs. Geoffrey avait un profil hardi et un regard indécis qui lui donnait l'air mélancolique. Il était enserré dans un manteau grenat dont les manches bouffantes, si pesantes avec leur garniture de fourrure, s'allongeaient jusqu'à lui cacher les mains.

Vannozza leur tendit un coffret d'ivoire en disant :

– Ce sont là les bijoux d'une de mes aïeules qui les avait reçus en dot au moment de son mariage. Si vous devez partir de Rome, Lucrèce, peut-être même d'Italie, du moins vous ne me quitterez pas les mains vides. Je vous prie de porter aujourd'hui ces bijoux, pour l'amour de moi… Pour vous, Geoffrey, ce médaillon d'or ciselé et rehaussé de perles et de saphirs. Mon fils Ottaviano y serrait autrefois le portrait de sa belle. Puissiez-vous, mon enfant, si vous trouvez en Italie la fiancée que mon cœur vous souhaite, glisser à votre tour son image dans ce médaillon. À vous, Juan, j'offre cet autre médaillon, qui appartenait à mon second fils disparu, Giambattista.

Vannozza n'avait pas tort de considérer que ses enfants la quitteraient bientôt. En cette année 1492, ce fut d'abord Juan que son père fit repartir à Valence. Personne n'ignorait qu'il était le fils préféré de Rodrigo, qui le préparait à succéder à Pedro Luis comme capitaine au service du roi catholique, et le destinait à la fonction de condottiere. Par son mariage avec Maria Enriquez, la cousine du roi d'Espagne, Juan, à dix-huit ans, allait entrer dans l'une des plus grandes maisons régnantes d'Europe. Rodrigo lui préparait des noces somptueuses. Il avait confié au plus grand orfèvre d'Italie le soin de sertir des pierres précieuses en bagues et en colliers. Depuis de longs mois, il passait ses journées à choisir les plus grosses perles, les plus gros rubis, les plus parfaits diamants, les plus pures émeraudes, les saphirs les plus éclatants, tous destinés à Juan. Son père lui réservait également des fourrures de lynx, de zibeline, d'hermine, de vair, des brocarts, des velours, des draps précieux, des tapisseries et autres tentures magnifiquement ornées de scènes bibliques.

C'est avec tous ces trésors que Juan, en août, s'embarqua pour l'Espagne, précédant l'ambassade de Lopez de Haro. Sa suite nombreuse était composée de cardinaux, de chanoines, de secrétaires et de trésoriers. Rodrigo lui avait adjoint l'archevêque d'Oristano, en Sardaigne, et Jaime Serra en qualité de conseiller principal. Barcelone lui fit un accueil triomphal. L'infant don Juan et la famille Enriquez le reçurent publiquement, Maria, sa fiancée, en tête, couverte de perles et de soie. Le séjour espagnol de Juan fut un ravissement pour ses hôtes jusqu'aux noces, célébrées en début septembre. Au lendemain de la cérémonie, le jeune époux, très amateur de femmes, délaissa Maria pour se jeter dans les bras de quelques courtisanes de la ville. Dès lors, il ne parut que de manière épisodique dans la chambre matrimoniale. Rodrigo en fut informé et César écrivit à son frère :

> « J'ai moins de joie de ma promotion au cardinalat que de peine à apprendre, par un rapport fait au pape, votre mauvaise conduite à Barcelone. Vous passez vos nuits à courir les rues, tuant les chiens et les chats, fréquentant le bordel, jouant grand jeu, plutôt que d'obéir à votre beau-père don Enriquez et à rendre l'hommage que vous devez à doña Maria. »

Après ce rappel à l'ordre, Juan sembla s'assagir. Il partit pour Valence avec sa femme, puis s'installa avec elle dans leur duché de Gandie, au château familial construit par les ducs de Borgia sur les bords de l'Alcoy. Il reprit bientôt sa vie dissolue, abandonnant la duchesse aux conversations et passe-temps de ses dames d'atour. Il fréquenta une meute bruyante et scandaleuse de cyniques et francs libertins de la région qui finissaient leurs nuits dans les lieux les plus sordides. Maria, solitaire, ingénue et dévote, ne sut rien des scènes adultères du mari débauché qu'on lui avait donné. Elle ne sut rien non plus des sommes astronomiques qu'il perdit au jeu. Pour expliquer ses dettes, ou plutôt pour les dissimuler, il fit accuser de concussion l'un de ses trésoriers, par la prétendue faute duquel il se trouvait démuni d'argent.

À Rome, la conduite de Rodrigo n'était pas plus louable. Depuis quelque temps, il fréquentait le cardinal Piero Riario, neveu du défunt Sixte IV, qui stupéfiait Rome par ses fêtes scandaleuses et ses banquets recherchés. Sur ses tables magnifiques, les viandes étaient servies poudrées de perles, d'or et d'ambre gris. Quarante-quatre plats composaient un seul service, au nombre de trois à chaque souper. Un sénéchal monté sur un coursier annonçait les faisans lardés de rubis, les perdrix aux pattes dorées, les levrauts couronnés et passementés de diamants ou d'émeraudes, les gelées multicolores tremblotant dans l'or, les salades confites dans le sucre et parfumées à la rivette, les turbots à la mosaïque, mille pâtés, mille friandises, des conserves précieuses, des citrons espagnolisés, des olives à la sévillane.

Riario recherchait dans les tripots romains la compagnie de gens d'esprit et de talent. Lui-même fieffé grivois, amant de plusieurs femmes qu'il couvrait d'or et de perles, il introduisit Rodrigo auprès de toute une pléiade de poètes obscènes et gaillards. Le Borgia se mêla à cette coterie avec une aisance déconcertante et devint désormais avide de connaître le monde et de vivre sa vie.

Rodrigo était devenu assez puissant pour se faire autant d'amis qu'il le souhaitait, et assez riche pour les acheter, grâce à la fortune héritée de son frère Pedro Luis et aux revenus que lui fournissaient ses nombreux bénéfices. Seul le pape était son supérieur. Restait à devenir lui-même le vicaire du Christ, le pontife. Il venait d'avoir soixante et un ans lorsque Innocent VIII commença soudain à montrer des signes de faiblesse physique. Il comprit que le temps était venu de s'emparer de la tiare. En juillet, malade, profondément amoindri par l'âge, le pape déclinant fit venir un médecin juif, qui lui promit de rétablir sa santé. Pour cela, il invita chez lui trois garçons âgés de dix ans auxquels il donna un ducat chacun en échange d'une grande quantité de leur sang. Il confectionna alors un savant élixir qu'il fit boire au pontife, dans l'espoir de lui rendre et sa jeunesse et la santé. Les trois garçons moururent le jour même et le pape ne se sentit pas mieux. En outre, en apprenant le meurtre commis par le Juif, sa colère lui provoqua une syncope qui allait précipiter sa mort. Le médecin criminel parvint à prendre la fuite pour échapper à la pendaison, tandis qu'Innocent VIII se confessait publiquement aux cardinaux rassemblés à son chevet. Avant de mourir, il demanda Rodrigo et lui dit :

– Il m'est souvent arrivé d'avoir une pensée pour toi, qui te distingues par tes nobles dons et tes remarquables vertus. De l'éclatante dignité cardinalice tu as servi l'Église de Rome sous mes prédécesseurs d'heureuse mémoire et moi-même pendant presque trente ans. Durant tout ce temps, tu m'as aidé à supporter les obligations de l'Église, pliant les épaules sous un travail constant, avec une diligence qui résiste à tous les efforts, en m'assistant avec ton exceptionnelle prudence, ta finesse subtile, ton jugement prompt, ta fidélité à la foi jurée, ta longue expérience et toutes les autres vertus que l'on te reconnaît. Tu n'as pas cessé une seule fois de m'être utile jusqu'à ce jour. Sois-en remercié le restant de ta vie.

Il s'éteignit dans la nuit du 25 au 26 juillet. Aux premiers feux de l'aurore, la grande cloche du Capitole se mit à sonner le glas. Au lendemain de sa mort, le premier mouvement du peuple fut de piller le palais du défunt et de s'emparer de ses biens. Des séditions prirent naissance aux plus grands carrefours de Rome. Rodrigo chargea Rafaele Galeotti, cardinal diacre de San Giorgio et chambellan de la Sainte Église romaine, d'expédier aux portes de la ville des patrouilles de *caporioni*, qui réprimèrent en quelques heures les désordres et les divers soulèvements.

Innocent VIII étant mort, la succession au pontificat était ouverte. Les vingt-sept cardinaux composant le Sacré Collège réunirent un conclave le 6 août et procédèrent au début des élections. Des émeutes ayant à nouveau éclaté dans plusieurs quartiers de Rome, ils furent contraints de placer des soldats dans leurs palais et de pointer des canons aux avenues pour préserver du pillage leurs somptueuses demeures. Ils firent garnir de troupes à pied et à cheval les rues des faubourgs qui avoisinaient le Vatican, et fermèrent toutes les issues avec d'énormes poutres. Dès lors deux factions se formèrent, la première obéissant à Rodrigo Borgia, la seconde au très influent cardinal Giuliano della Rovere, neveu de Sixte IV, qui s'était ménagé l'appui de quatorze autres cardinaux grâce à des promesses de bénéfices et de dons. Pour della Rovere, la partie s'annonçait difficile, compte tenu de l'immense richesse de son rival Rodrigo et des origines espagnoles de celui-ci. L'Espagne était incontestablement devenue la puissance croissante de l'Europe, avec laquelle l'Église cherchait à faire alliance. Mais en revanche elle n'était pas dévouée à la France, dont le roi Charles VIII soutenait della Rovere plutôt que les intérêts espagnols. Quelques jours avant le début du conclave, le souverain français avait déposé 200 000 ducats dans une banque romaine afin d'acheter les votes des cardinaux en faveur de Giuliano della Rovere. Mais cet argent était ridiculement insignifiant en comparaison de la fabuleuse fortune, de la détermination et des alliés de Rodrigo Borgia. D'ailleurs, peu avant le début des votes, la population romaine était si assurée de l'élection du cardinal espagnol qu'elle se préparait, selon la coutume, à s'emparer des biens du nouveau pape. Rodrigo fit mettre à l'abri les objets d'or et d'argent qu'il conservait dans son palais. Quatre mules partirent ainsi vers la maison du cardinal Sforza, qui s'était engagé à les faire garder en sécurité. Pour le prix de son vote, Rodrigo lui céda de splendides tapisseries de Venise, d'opulentes pierreries, de magnifiques joyaux.

Ascanio Sforza, puissant représentant de la Maison régnante de Milan et ennemi héréditaire de la France, faisait donc partie des votants les plus acquis à la cause de Rodrigo Borgia. À la fin du premier tour, le soir du 6 août, le cardinal espagnol comptait sept voix contre cinq à della Rovere. Sforza, lui aussi candidat, n'avait aucune voix, ayant donné des consignes précises à ses plus fidèles affidés. Le scrutin fut donc nul. Della Rovere, voyant déjà la tiare lui échapper, et s'adressant aux autres cardinaux, se mit à geindre :

– Voulez-vous donc élire pour votre chef un infâme qui ne prononce pas une seule phrase sans l'accompagner d'un juron obscène ? Voulez-vous donc, en choisissant pour souverain pontife un homme de mœurs abominables, attirer sur le Siège de Rome la réprobation des peuples de l'Europe entière ?

Les collègues de della Rovere auraient pu lui parler de la propre vie dissipée qu'il menait. Lui-même se vautrait souvent dans les orgies, entretenait plusieurs maîtresses, avait une fille naturelle, Felice, était un grand buveur et avait toujours usé des expédients les plus violents pour accumuler sa colossale fortune.

Le jour suivant, à neuf heures du matin, le second tour fut à nouveau favorable à Rodrigo, qui gagna une voix supplémentaire sur della Rovere et deux autres cardinaux, eux aussi gagnés à sa cause, Carafa et Michieli. Le 11 août, il fut élu avec une majorité de vingt-deux voix sur vingt-trois. Il prononça, le regard plein de feu :

– Enfin je suis pape, le vicaire du Christ sur la terre !

Chacun mit un genou à terre. Ascanio Sforza s'inclina en déclarant à Rodrigo :

– Cette élection, Votre Béatitude, est assurément l'œuvre de Dieu. Nous espérons par elle avoir donné le repos à l'Église et la joie à la Chrétienté, parce que vous avez été choisi par l'Esprit saint comme le plus digne de tous nos frères.

– Quoique le fardeau dont je suis chargé soit accablant, répondit le nouveau pape, j'espère que Dieu m'accordera, comme à saint Pierre, la force de le soutenir glorieusement. Je ne doute pas non plus de l'appui que je trouverai dans le concours de vos lumières et surtout dans votre obéissance qui sera telle, je l'espère, que je n'aurai jamais à vous rappeler que le troupeau du Christ doit avoir une soumission aveugle pour le prince des apôtres.

Le cardinal-archidiacre Francesco Piccolomini et le second cardinal diacre proclamèrent le couronnement à la porte du conclave que l'on venait d'ouvrir en grand. Rodrigo avait choisi le nom pontifical d'Alexandre pour rappeler les exploits et les prouesses d'Alexandre III, qui avait contraint l'empereur Frédéric Barberousse à respecter l'Église de Rome. La population défila en procession en portant des torches. De magnifiques lumières coulaient le long de nombreux édifices agrémentés de tapisseries. Des arcs de triomphe, élevés souvent par des groupes populaires, se succédaient aux carrefours et dans les principales artères de la ville. Les conservateurs et bourgeois de Rome allèrent porter leurs hommages au Vatican.

En soirée, Rodrigo-Alexandre VI se rendit à la basilique et se retira derrière l'autel pour quitter sa pourpre cardinalice et mettre l'habit papal de taffetas blanc avec sa ceinture, son rochet de beau lin, son étole de pourpre brodée, son almuce et ses souliers d'hermine et de velours pourpre. Puis, précédé par les cardinaux, il alla prendre place dans la Chaise d'Or. Malgré la chaleur suffocante, tout Rome assistait à la grande cérémonie, à laquelle avaient pris part la noblesse romaine, le peuple et tous les princes des États de l'Église. Après une messe et une prière, où le nouveau pape invoqua le secours divin, le cardinal Sanseverini le prit dans ses bras et le couronna. Selon le rite, un chanoine enflamma un paquet d'étoupe en lui disant :

– Saint-Père, ainsi passe la gloire du monde.

Le Sacré Collège lui rendit un premier hommage en embrassant la croix brodée sur son soulier et sur les bouts de l'étole, à la hauteur de son genou. Le jurisconsulte Jason del Maino prononça un discours qui s'acheva ainsi :

– Alexandre, tu n'as rien à apprendre des autres pendant ton pontificat, tu es seul à ne pouvoir être accusé d'ignorance. Tu connais bien les besoins du Saint-Siège et de la religion, ce que doit faire un pontife romain, ce qui lui est permis et ce qui lui est utile. Tu n'as besoin des conseils de personne dans ta grande sagesse. Consulte-toi toi-même, obéis à toi-même, suis tes inclinations, prends-toi toi-même pour modèle. Tu ne tomberas jamais dans l'erreur, si tu te fies à ton jugement.

Les chanoines furent ensuite admis à la cérémonie du baisement de pieds. Sanseverini baisa l'Anneau du Pêcheur sur son index droit. Puis, précédée par des princes bardés de fer et par un clergé resplendissant d'or, une procession sortit de la basilique. Rodrigo était monté sur un cheval blanc au frein d'argent, suivi de quatre-vingts évêques, d'une foule de prêtres, d'archers, de cavaliers vêtus à la turque, de la garde palatine avec ses longues hallebardes et ses boucliers luisants. Le cortège, conduit par le comte de la Mirandole brandissant l'étendard pontifical, gagna lentement l'église de Saint-Jean-de-Latran, en passant par le château Saint-Ange, où tonnaient les bombardes. Une délégation de Juifs venus à sa rencontre rendirent hommage au nouveau pape et lui tendirent le Livre de la Loi couvert d'ornements d'or. À Saint-Jean-de-Latran, le cortège se disloqua. Rodrigo revint de nuit au Vatican, sous les applaudissements du peuple et au milieu des illuminations de la ville.

À Florence, à Milan, dans bon nombre des autres villes de la péninsule, toutes celles sur lesquelles l'Église exerçait sa suzeraineté, on célébra la nouvelle élection et les princes-vicaires s'associèrent à la joie populaire. Pierre de Médicis présida en personne l'ambassade florentine qui se rendit à Rome pour saluer le nouveau pape, le marquis de Mantoue envoya son frère Giovanni de Gonzague, la ville de Sienne fut représentée par le célèbre humaniste et poète Angelo Ambrogini, dit Ange Politien.

César Borgia reçut à Pise la nouvelle de l'élection de son père. Rodrigo l'enjoignit de se rendre au château de Spolète, où il lui fit parvenir une bulle le nommant cardinal de Valence. Le jeune homme avait dix-sept ans. Déjà évêque de Pampelune, il n'avait cependant pris que la première tonsure. Son frère Juan fit lui aussi son retour en Italie, laissant au château de Gandie son épouse, enceinte de leur premier enfant. Il assista à la cérémonie pendant laquelle le cardinal d'Alexandrie conféra successivement à César les quatre ordres mineurs et ceux du sous-diaconat. Cette prise de pourpre cardinalice le mettait en possession de la dignité de Primat du royaume d'Espagne.

Le mois suivant, César fit son entrée à Rome, où il devait désormais loger dans une maison du Transtevere, avec ses familiers, sa cour, son rang personnel. L'arrivée de Juan suivit de près la sienne. On lui avait assigné un appartement situé au palais pontifical, où il s'installa. Deux jours plus tard, le cardinal-archidiacre procéda au couronnement de son père sur les marches mêmes de la basilique Saint-Pierre du Vatican, en présence des ambassadeurs des plus grandes puissances d'Europe. Dans les semaines qui suivirent, des Borgia envahirent le Vatican, ceux de Rome et d'Italie arrivèrent les premiers, bientôt suivis par ceux d'Espagne, hommes, femmes, enfants, cousins, oncles, tous autant que les autres aussi avides de fortune. Les Lançol, les Doms, les Mila montèrent de leur Catalogne pour se jeter sur les biens de l'Église. Rodrigo leur distribua à outrance des pourpres cardinalices, des sièges épiscopaux, des charges de Curie les plus fructueuses.

Au palais de San Martinello, aux côtés de Lucrèce et Adriana de Mila, vivait un humaniste d'origine allemande, Laurent Behaim de Nuremberg. Latiniste et membre de la brillante académie romaine de Pomponius Lastus, il demeurait influent sur l'éducation de Lucrèce. Gravitait également autour de Lucrèce la belle-fille d'Adriana de Mila, Giulia Farnèse. Elle était issue d'une famille d'antique noblesse provinciale qui, aux environs de Bolsena, de Capodimonte, de Marta, régnait sur de nombreuses terres. Rodrigo en était tombé éperdument amoureux le jour des noces de la jeune femme et d'Orsino Orsini, célébrées au Vatican. Sa passion pour elle s'accrut au fil de leurs rencontres chez Adriana de

Mila. Cette dernière comprit rapidement l'amour qu'il portait à l'épouse de son fils.

Dès sa jeunesse, faite pour les plaisirs par sa beauté et ses grâces, Giulia était douée d'une grande sensibilité qui la tournait vers l'amour et avait eu une foule d'amants. Rodrigo n'avait pu résister à ses séductions. Elle l'accompagnait dans tous ses voyages pontificaux, assistait à ses côtés à tous les soupers, toutes les fêtes, tous les plaisirs, toutes les cérémonies. Elle était la femme des fêtes et apportait dans les réceptions une attitude à la fois superbe et simple, une grande majesté et une bonhomie séduisante. On la remarquait même dans les processions, les interminables séances de consistoire, on la voyait à la promenade, à la chapelle, aux divertissements, partout où se tenait le pape et où il était possible de l'approcher. Rodrigo quittait souvent Rome en sa compagnie, vêtu de soie, coiffé de sa seule calotte pontificale, presque imperceptible au sommet de sa tête. Élégant, insouciant comme dans sa première jeunesse, personne ne songeait, en le rencontrant dans les plaines du Pô, surtout chevauchant aux côtés d'une femme au décolleté provocant, qu'il s'agissait du vicaire du Christ.

Sa relation avec Giulia finit par devenir tellement publique et la liaison si continue et si régulière, que le scandale s'établit rapidement, même si plus rien ne surprenait de ce débauché sans pudeur qu'était le pape. Vannozza qui, dans les premiers temps, n'avait pas soupçonné sa chute prochaine, devint alors hautaine avec Rodrigo et chercha à le dominer, ce qui allait accélérer sa disgrâce. Au contraire, Giulia était devenue précieuse au pontife car elle avait l'art de ranimer ses désirs. Cet amant flétri, usé par ses soixante ans, avait pourtant vu passer bien des femmes dans son lit.

Le palais de San Martinello, situé de l'autre côté de l'escalier de Saint-Pierre, communiquait par sa chapelle privée avec la chapelle Sixtine. Rodrigo pouvait ainsi aisément passer, sans être aperçu, de Saint-Pierre à la résidence de Giulia. Peu avant la tombée de la nuit, il emprunta l'escalier dérobé qui menait aux appartements de sa maîtresse. Au fond des petites niches creusées dans la pierre, la lueur des bougies s'amenuisait. L'une d'elles s'était même éteinte et le pape, un instant plongé dans l'obscurité, manqua une marche et faillit se rompre le cou. En débouchant sur la galerie qui desservait les différentes chambres, il hésita et pensa même à faire demi-tour. Puis il haussa les épaules et continua son chemin. Des pas se firent entendre non loin de là. Rodrigo parcourut à la hâte la petite distance qui le séparait encore de la suite occupée par Giulia. Il frappa doucement à la porte, deux coups rapprochés, puis un troisième. La clé tourna dans la serrure et le battant s'écarta pour le laisser entrer. Une fois à l'intérieur, sans un regard pour la jeune chambrière qui lui avait ouvert, Rodrigo poussa la portière de velours et de satin broché pour pénétrer dans un luxueux boudoir. Des bougies achevant de se consumer dans leurs candélabres d'argent arrachaient des éclats étranges au marbre des consoles, au bois précieux des meubles, aux soieries des tentures. Un parfum entêtant flottait dans la chambre. C'était une pièce toute tendue de brocatelle de Venise. Deux fenêtres donnant sur les jardins du palais l'éclairaient de la lumière tamisée du crépuscule par des rideaux de toile damassée et par un vaste paravent couvert d'une étoffe à ramages. La cheminée portait des amphores de terre rouge et quelques délicats sujets de porcelaine aux colorations fanées. Une glace monumentale, surmontée d'un chapiteau sculpté, renvoyait, du haut de son support d'acier, l'image d'un sofa recouvert d'une étoffe de Gênes pourpre. Au mitan de la chambre, le lit érigeait quatre hauts piliers de noyer arrondis en pomme à leur extrémité et couronnés d'aigrettes de laine blanche.

Giulia attendait Rodrigo, étendue sur la courtepointe de damas à fond rouge et chair parsemée de houppes de soie. Dès qu'elle le vit, elle se leva et vint au-devant de lui. C'était une jeune femme de vingt ans avec une opulente chevelure d'ébène, des yeux verts étirés sur les tempes et frangés de longs cils noirs, une bouche vermeille en forme de cœur. Son teint était d'une éblouissante pureté qui se nuançait du plus frais incarnat. Elle se dirigea vers la cheminée pour y ajouter une bûche, car à toute époque de l'année, il faisait froid dans le palais. Dans le mouvement, son déshabillé de satin s'entrouvrit. Elle était nue sous l'étoffe, et la lueur de la flamme joua un instant sur sa peau laiteuse, soulignant l'arrondi d'un sein, le galbe parfait d'une cuisse, une épaule nacrée et bellement arrondie. Le pape la regarda se lever brusquement et se débarrasser de son vêtement. Giulia marcha vers lui et lui passa les bras autour du cou. Ils se laissèrent tomber, enlacés, sur le lit surmonté d'un haut baldaquin couvert de soie bleue et de mousseline blanche dont les larges plis s'échappaient d'une corolle d'anges dorés. Ils s'éternisèrent dans de profonds baisers, puis Giulia retira lentement la robe de Rodrigo.

Le pape partit à l'aube, alors que Giulia dormait encore. Lorsque la jeune femme s'éveilla, sa servante Lucia entra et ouvrit la fenêtre du balcon qui donnait sur un parterre d'ancolies.

– Pendant que vous dormiez, dit-elle à sa maîtresse, Sa Sainteté vous a dépêché un messager. Elle souhaite que vous soyez le chaperon de Madonna Lucrèce le jour de son mariage.

– Vraiment ? s'exclama Giulia.

– Le messager a laissé une robe pour vous, reprit la servante en désignant la chambre attenante.

Giulia s'y précipita. Une splendide robe de satin blanc brodée de perles et de saphirs était étalée sur le lit.

Parmi les affaires familiales qui occupaient le nouveau pape, la recherche d'un époux pour sa fille Lucrèce avait été l'une de ses priorités. Il s'était laissé séduire par la proposition du cardinal Ascanio Sforza, qui, en accord avec son frère Ludovic, dit le More, duc de Milan, lui avait mis en avant le projet de mariage de sa fille avec leur parent Giovanni Sforza, bâtard de Costanzo de Pesaro, ce qui allait permettre de sceller l'alliance vaticane avec Milan. Le pape avait agréé Giovanni pour gendre. Bien qu'il ne fût que comte de Cotognola et vicaire ecclésiastique de Pesaro, il était souverain indépendant.

En juin 1493, Giovanni Sforza fit son entrée solennelle à Rome. César vint à sa rencontre aux portes de la ville. Le jour suivant, conduits par des écuyers en costumes de brocart, le fiancé et son cortège s'acheminèrent vers le palais de Santa-Maria in Portico. Une délégation de cardinaux se porta au-devant d'eux. Giovanni avait revêtu un habit de brocart de velours noir brodé d'argent fermé par une ceinture de perles. Au son des fifres et des trompettes, après avoir franchi le Campo dei Fiori, on gagna le Borgo pour se rendre lentement sous les fenêtres de Lucrèce. La future mariée venait d'être parée par les soins d'Adriana de Mila et de sa mère Vannozza, qui attendaient à présent la visite annoncée du pape. Précédé de deux huissiers, Rodrigo pénétra dans l'appartement de sa fille alors qu'on entendait au loin les premiers éclats des trompettes. Sur son bliaud de soie blanche, brodé de velours noir et de joyaux, Lucrèce portait une robe damassée aux amples manches bouffantes de satin cramoisi. Le pape prit place sur le balcon, au milieu de la petite cour féminine de sa fille. Cette dernière s'installa au poste d'honneur de la loggia. Le cortège nuptial fit son entrée sur la place, au milieu d'une énorme foule de Romains. Environné d'ambassadeurs, Giovanni Sforza augmenta l'allure de son coursier pour aller s'arrêter sous la loggia. Il s'acquitta du traditionnel devoir de courtoisie en s'inclinant vers Lucrèce, dont la chevelure blonde, flottant lestement sur ses épaules, était ceinte d'un diadème en or ciselé incrusté d'émaux. La jeune femme répondit par une gracieuse révérence. Derrière Sforza, le cortège de cardinaux s'immobilisa pour attendre Sa Sainteté. Rodrigo se leva pour se rendre sur la place, où Giovanni Sforza s'avança vers lui, fit une génuflexion, et dans un bref discours, lui offrit sa personne et son État. La foule l'acclama. Le lendemain, dans les nouveaux appartements du Vatican peints par le Pinturicchio, eut lieu la cérémonie nuptiale.

Lucrèce partit avec son mari à Pesaro, où elle devait vivre désormais. Elle ne revint à Rome que pour assister au mariage de son jeune frère Geoffrey avec Sancia d'Aragon, fille bâtarde d'Alfonso, duc de Calabre. La fiancée fut conduite par le pape à l'autel de la chapelle du Castel Nuovo, où l'évêque de Gravina célébra la messe. Selon la tradition, l'évêque, après avoir communié, appliqua un baiser sur la bouche du diacre, qui le transmit à Geoffrey, puis Geoffrey à Sancia. Au terme de la messe et de la bénédiction, les convives assistèrent à un concert avant de s'installer à la table d'un long banquet. Le soir venu, Rodrigo demanda à Sancia de le rejoindre dans sa chambre, où elle se laissa dévêtir par lui. Geoffrey gagnait cependant sa nouvelle demeure, située non loin du Castel Nuovo, pour y attendre sa femme. Sancia arriva tard dans la soirée. La chambre nuptiale enfermait dans son mystère les six chaises « caquetoires ». De la lingerie fine débordait des armoires. Dans le garde-meuble, c'était un prodigieux amas de sièges et de tables, de tentures, de rideaux, de paravents. Les bois de lit y pullulaient, et les matelas, et leurs parements tout confectionnés de damas rouge ou blanc, de velours vert ou pourpre, de soie feuille morte ou jaune, de taffetas olive, de serge violette. Des dames déshabillèrent les jeunes mariés avant de les mettre au lit en leur découvrant la poitrine jusqu'à la taille, selon les prescriptions du cérémonial.

DIARIUM III

Où l'on voit le roi de France Charles VIII envahir l'Italie et le Grand Turc venir en aide à un pape sans scrupule.

Bientôt, Giulia Farnèse devint officiellement la favorite de Rodrigo et par là même la grande dispensatrice des faveurs, des grâces et des nominations, dont elle disposait à tour de bras. Comme Lucrèce, elle avait désormais l'accès le plus facile auprès du pape et c'est à sa porte que les diplomates ou cardinaux venaient d'abord frapper. Étourdie du jour au lendemain par les hommages qu'elle recevait, certaine de l'empire qu'elle exerçait sur le pape, elle se faisait ouvrir la cassette pontificale pour y puiser à pleines mains.

Ornée à l'étage d'une loggia d'honneur et de fenêtres à meneaux, composée d'une enfilade de vastes et hautes pièces, la chapelle Sixtine abritait sinon le harem, du moins la véritable cour féminine d'Alexandre VI et sa suite de servantes. Le pape y puisait les femmes qui éveillaient en lui l'ardeur des sens les plus voluptueux, et Giulia, pour conserver sa faveur auprès de lui, le laissait s'abandonner dans les bras parfois juvéniles des belles créatures. Elle cherchait même à le distraire et à rompre la monotonie de leur vie sexuelle en favorisant les ébats de son amant avec de jeunes maîtresses auxquelles elle ménageait personnellement des rencontres avec le pontife. Elle veillait toutefois à ne jamais laisser une seule d'entre elles conquérir véritablement son cœur. Craignant surtout plusieurs courtisanes romaines très influentes qui gravitaient autour du pape, elle s'évertuait à jeter dans les bras de ce dernier des petites maîtresses dont elle pensait n'avoir rien à redouter. Son office d'entremetteuse scandalisait la cour et finit par déchaîner la haine contre elle.

Cependant, le roi de France Charles VIII annonça bientôt son intention de mener la guerre en Italie. Il rassemblait des bâtiments de transport dans les ports de la Provence, faisait fondre des pièces d'artillerie dans les arsenaux. On engageait les milices dans toutes les provinces du royaume, et la noblesse se tenait prête à mettre sur pied de guerre les hommes d'armes qu'elle devait fournir. Le roi informa Rodrigo par écrit de sa ferme résolution de s'en venir en Italie pour conquérir le royaume de Naples avec l'intention de loger au Vatican et même de s'y installer. Rodrigo tenta vainement, par d'habiles manœuvres, d'endiguer les envahissants projets du roi de France, puis il commença à organiser la résistance de Rome. En septembre, l'une des armées de Charles VIII, conduite par le duc d'Orléans, décima des contingents napolitains à Rapallo, située à six lieues de Gênes. À Florence, dans la vaste nef de Santa Reparata, un moine dominicain de San Marco, Girolamo Savonarole, prononça un sermon qu'il acheva en transe :

– Voici que je vais répandre les eaux sur la terre ! déclara-t-il. Regardez, regardez, les cieux sont déjà noirs. Le soleil est rouge comme du sang ! Une pluie de feu et de soufre va tomber ; il y aura une grêle de pierres et de roches incandescentes. L'arche même va se fermer. Fuis, ô Sion… *Fuge o Sion, quae habitas apud filiam Babylonis !* Ô Italie, les châtiments vont venir après les châtiments ; le châtiment de la guerre après celui de la famine, le châtiment de la peste après celui de la guerre, le châtiment ici et là, partout le châtiment !… Ô Florence ! Ô Rome ! Ô Italie ! le temps des chants et des fêtes est passé ! L'heure de la mort approche !… Pitié, pitié, Seigneur !

Michel-Ange se trouvait dans la foule des fidèles. Il avait pu constater jusqu'alors que les prophéties de Savonarole se réalisaient une par une. Saisi d'effroi à l'écoute du prédicateur, il s'enfuit à Bologne et allait vouer jusqu'à sa mort une adoration pathétique et sans bornes au prieur de San Marco.

Savonarole entreprenait de réformer les mœurs et l'état politique de Florence. Le maître de la ville, Laurent de Médicis, dit Laurent le Magnifique, en protégeant les lettres, semblait aussi protéger les plaisirs. Savonarole attaqua vivement cette corruption, instrument de servitude, réveilla la morale au profit de la liberté, et devint le véritable maître de Florence. L'archevêque de la province n'avait aucune juridiction sur lui. Il n'était soumis qu'au général des dominicains et au Saint-Siège. Pour le prédicateur, l'arrivée du roi de France en Italie était celle d'un « nouveau Cyrus », un vengeur chargé de châtier au nom de Dieu. De lui viendrait le salut de Florence. Le grand-duc de Toscane Pierre de Médicis alla au-devant de Charles VIII pour négocier son entrée dans Florence et éviter que la ville soit mise à sac. Il se montra si médiocre, comme à son habitude, qu'il fut la risée du roi de France. Savonarole, d'une ascendance incomparable auprès des Florentins, fut choisi pour se rendre à Pise afin d'y rencontrer l'envahisseur français. Exhorté par le bon accueil de Charles, il s'adressa ainsi à lui :

– Roi très chrétien, écoute mes paroles et grave-les dans ton cœur. Tu es un instrument dans la main du Seigneur pour soulager les misères de l'Italie, ainsi que je le prédis depuis plusieurs années. Tu viens pour réformer l'Église qui est prosternée dans la poussière. Mais si tu n'es pas juste et clément, si tu ne respectes pas Florence, ses femmes, ses citoyens, ses libertés, si tu oublies la mission pour laquelle Dieu t'envoie, il en choisira un autre pour la remplir. Il appesantira sur toi sa main irritée et te punira par des châtiments terribles. Ces choses, je te les dis de la part du Seigneur.

Le prophète profita de cette entrevue pour faire part au roi de France d'un projet qui lui tenait à cœur depuis longtemps, à savoir réunir un concile qui déciderait de juger comme simoniaque l'élection d'Alexandre VI et de déposer ce dernier.

– Je te jure, au nom du Seigneur, dit-il à Charles VIII, que cet Alexandre n'est point pape et ne peut être considéré comme tel, car, laissant de côté son très criminel péché de simonie, par lequel il a acheté le siège papal et chaque jour vend au plus offrant les bénéfices ecclésiastiques, laissant aussi ses autres vices manifestes, j'affirme qu'il n'est pas chrétien et ne croit point qu'il existe un Dieu, ce qui dépasse le comble de toute infidélité. C'est un usurpateur du Siège apostolique et non pas un possesseur légitime. Même si l'achat de la tiare avait été suivi d'une existence de pureté religieuse et de splendeur politique, un procès de révision s'imposerait parce que la simonie est un vice fondamental aux yeux de l'Église et qui implique l'annulation de toute charge.

Charles demeura impénétrable à ses paroles et le laissa repartir sans lui faire part de ses intentions. Il s'empara de Gênes, la fortifia, et envoya des vaisseaux transportant des troupes jeter l'ancre à l'embouchure du Tibre. Naples et

Milan étaient menacées, Rome restait sans protection, au grand désespoir de Rodrigo. N'ayant aucun soutien de la part des villes italiennes, le pontife choisit d'avoir recours au sultan Bajazet.

Peu avant Noël, Rodrigo envoya le seigneur et écrivain apostolique Giorgio Bocciardo auprès de Bajazet, à Ancône, où il s'était installé. La ville était piquée de palmiers et de dattiers. Bocciardo patienta dans une courette ombragée d'un cédratier et ouverte sur le ciel sur lequel se découpait un cortile avec des balustrades de bois bleu accrochées à la façade. Le *caïd méchouar*, au visage noir comme du jais, commandant *zouaoua* de la garde du palais, était chargé d'introduire ambassades, délégations et toutes sortes de visites.

– Le messager vient d'arriver, Altesse, vint-il prévenir en s'inclinant devant un gros homme vêtu d'un caftan de soie, chargé d'or et de rubis, des œillets fichés dans son turban de mousseline jaune.

C'était Bajazet, la joue gonflée par une boule de qat, une moustache mince comme une virgule. Flanqué de deux gardes, il traversa quelques vastes et impressionnantes pièces du palais, dont celle aux bains d'eau chaude, embaumant une essence de rose, où des grappes de femmes nues s'abandonnaient langoureusement, des pièces toutes dallées de plaques de marbre diversement colorées et disposées en échiquier. Puis il pénétra dans un immense patio contigu à la cour où l'on venait de servir les plus délicieuses collations. Il égrena un raisin en ordonnant de faire entrer le messager.

Bocciardo parut un instant plus tard, s'inclina devant Bajazet dont il baisa la main, puis se redressant, lui déclara :

– Je te salue, très puissant sultan, et te recommande la crainte et l'amour de Dieu. Sa Sainteté Alexandre te fait savoir que le roi de France, escorté d'une puissante armée de terre et de mer, aidé par l'État de Milan, par les Bretons, les Portugais, les Normands et d'autres nations, s'avance vers Rome pour enlever de nos mains le sultan Djem, frère de Son Altesse. Il veut aussi s'emparer du royaume de Naples et en chasser le roi Alfonso, à qui nous sommes très intimement unis par les liens du sang et de l'amitié. Le roi de France est devenu notre ennemi. Non content de s'avancer pour se rendre maître du sultan Djem et s'emparer du royaume de Naples, il veut, de plus, traverser la mer, passer en Grèce et mettre sous son joug le pays de Son Altesse.

Il remit à Bajazet une lettre que lui avait confiée Rodrigo. Le *caïd méchouar* fut enjoint d'en lécher l'extérieur et l'intérieur pour prévenir de toute tentative d'empoisonnement contre son maître. Puis il lut à haute voix :

« Alexandre, serviteur des serviteurs de Dieu, par la divine Providence très digne pontife suprême de l'Église romaine, au vénérable et très puissant empereur des deux continents d'Asie et d'Europe le sultan Bajazet Chan.

« Giorgio Bocciardo, notre messager et notre familier, te remettra cette lettre en notre nom pour que tu saches que nous trouvant dans la nécessité de résister et de nous défendre contre une si grande puissance, de grands efforts et de grands préparatifs s'imposent. Ayant fait ces préparatifs, et de grandes dépenses nous ayant été nécessaires pour cela, nous sommes contraint de te demander secours. Nous fondant sur la bonne et réciproque amitié qui existe entre nous, nous espérons que tu nous viendras en aide dans l'extrémité où nous sommes et que nous ferons ensemble toute la résistance possible pour empêcher le roi de France de remporter la victoire sur nous. Si les Français étaient victorieux, ce serait un grand malheur pour toi, attendu qu'ils enlèveraient ton frère Djem et qu'ils donneraient un nouvel objectif à leur expédition, qu'ils dirigeraient contre toi.

« Nous te conjurons d'envoyer à Venise un représentant pour expliquer qu'il tient de source sûre que le roi de France s'apprête à venir à Rome pour y prendre Djem ton frère ; que, de là, il s'emparera du royaume de Naples ; qu'il attaquera enfin sur terre et sur mer Sa Majesté. Nous te conjurons d'exhorter les Vénitiens à venir à notre secours, au nom de l'amitié qui t'unit à eux, de nous défendre sur terre et sur mer, nous et le roi Alfonso.

« Fait à Rome, à Saint-Pierre, l'an de l'Incarnation de Notre Seigneur 1494, troisième année de notre pontificat. »

Au printemps 1495, le Grand Turc Bajazet dépêcha à Rome son fidèle ambassadeur Kassim Bey. Suivi d'une cohue d'esclaves et de serviteurs, celui-ci fit son entrée dans la Ville éternelle par la Porta del Popolo, monté sur une haquenée blanche, au milieu de cavaliers venus d'Ancône. Les odeurs des cuirs et des crins se mêlaient à celles des grenadiers. Des fleurs jonchaient les rues, déjà bordées de lauriers-roses, d'eucalyptus et de mimosas parasols. Kassim Bey fut reçu par les écuyers pontificaux, les ambassadeurs laïques et le comte de Pitigliano, capitaine de l'Église.

– Soyez le bienvenu, lui dit ce dernier en s'inclinant. Notre seigneur et les cardinaux, en apprenant votre arrivée, nous ont envoyés vers vous pour vous honorer.

Le cortège se mit en route pour le conduire d'abord au Campo dei Fiori où vinrent le saluer les ambassadeurs des rois de France et de Naples, des États de Venise, de Florence et de Sienne. Au pont Saint-Ange, Djem l'attendait, flanqué de deux chevaliers de Saint-Jean de Jérusalem, auxquels avait été confiée sa surveillance. Il descendit de cheval et vint baiser le bord de sa robe. Puis on s'achemina vers le palais de San Martinello, sur la place Saint-Pierre. Les appartements de l'ambassadeur turc y avaient été préparés. Deux jours plus tard, il fut introduit par Ascanio Sforza au consistoire, présidé par Rodrigo. Son interprète l'accompagnait, qui traduisit ses paroles :

– Mon empereur et prince le sultan Bajazet, maître de l'Europe et de l'Asie, salue Sa Sainteté le pape et se réjouit fort de son élection à cette haute dignité. Il lui recommande son frère bien-aimé, lui demande de bien le garder, de bien le traiter et de ne le laisser manquer de rien. Il envoie au pape ses salutations et remet plusieurs lettres que voilà à Sa Sainteté.

Il prit place à même le sol après avoir porté sa main au menton en manière de remerciement. Le cardinal Demetrio, bénéficière de la basilique du prince des apôtres Saint-Pierre, lut à voix haute, en s'adressant à Rodrigo, les lettres écrites en grec et traduites en latin. Bajazet remerciait le pape du bon soin qu'il prenait de Djem, priait d'autoriser son ambassadeur à rendre visite à son frère et à lui offrir les présents qu'il lui destinait : des pièces de brocart, de velours et de taffetas en camelot de diverses couleurs. Le Saint-Père accéda aux demandes du Grand Turc. Il ajouta qu'il serait heureux d'entendre l'ambassadeur en audience privée et qu'il lui donnerait congé quand celui-ci le désirerait.

Au terme de la réunion, Kassim Bey remit aux chambellans de Rodrigo les présents pour Djem puis sortit avec ses familiers, accompagné par le cardinal Sforza et escorté jusqu'à San Martinello par des hommes en armes. Devant le palais, ces derniers s'effacèrent devant les soldats du Turc, tous armés de cimeterres, qui escortèrent à leur tour l'ambassadeur jusqu'à l'entrée de ses appartements, suivis par des trompettes.

Rodrigo reçut Kassim comme il le lui avait promis. À Constantinople, lui expliqua l'ambassadeur, Bajazet redoutait que ses mamelouks mécontents ne le déposent en faveur de Djem. Par conséquent, il proposait à Rodrigo d'échanger ce dernier contre une somme de 100 000 ducats. Le pape refusa de collaborer à ce qu'il nommait un fratricide et réclama pour commencer les 40 000 ducats que lui versait annuellement le sultan. Djem craignant que Bajazet ne tente de le faire empoisonner, Rodrigo l'avait fait transférer au château Saint-Ange, situé sur le Tibre, lieu plus sûr que le Belvédère. Depuis, fâché que l'on accorde du crédit à la méfiance de son frère, le Grand Turc cessait d'envoyer à la papauté les sommes nécessaires à l'entretien du prisonnier. Désormais, Djem n'était plus seulement l'otage du Vatican mais également son dispendieux pensionnaire. Mais Rodrigo considérait son hôte comme une précieuse garantie de la bonne conduite du sultan :

– Tant qu'il sera dans nos mains, dit-il à Kassim, il est certain que votre maître ne songera pas à lever d'armées contre les chrétiens.

Cependant, il comprenait que cette proposition de recevoir 100 000 ducats n'était rien d'autre qu'une manœuvre. D'une manière ou d'une autre, Bajazet cherchait de toute évidence à récupérer l'otage. La situation politique avait-elle évolué à Constantinople au point que la présence du prince Djem y était maintenant souhaitée ? Rodrigo ne put naturellement rien tirer de Kassim.

L'ambassadeur demeura encore quelques jours à Rome. Il put voir Djem en privé et s'entretenir avec lui sous la surveillance étroite de ses geôliers. Puis son impressionnant cortège quitta l'Italie à la fin du mois de juin, laissant l'otage à l'admiration de Juan Borgia. Le prince de Gandie éprouvait une véritable fascination pour la beauté asiatique de Djem.

D'un tempérament suffisant et vaniteux, il s'habillait à l'orientale pour lui ressembler. Les premiers temps, les Romains avaient été scandalisés de savoir qu'il passait parfois des heures en tête à tête avec l'otage. Lorsque Rodrigo visitait les églises de la ville, précédé de la grande croix, il était toujours suivi de Djem, chevauchant aux côtés de Juan, dont la monture était caparaçonnée à l'identique de la sienne. Tous deux étaient coiffés du turban des ennemis de la Chrétienté. Juan, beau comme un astre, était fier de progresser dans les rues de Rome dans le grand scintillement d'armes et d'ornements qui accompagnait le pape dans sa solennelle traversée de la ville.

En juillet, alors qu'il chevauchait le long du Tibre, il aperçut un mouvement de foule au pied du château Saint-Ange. Djem venait d'échapper à une tentative d'empoisonnement commise par un familier de Kassim, un certain Abdul, resté à Rome à l'insu du Saint-Siège et sur l'ordre de l'ambassadeur. Il avait souillé d'arsenic l'eau d'une fontaine où l'otage se rafraîchissait ordinairement, mais un serviteur l'avait aperçu. Juan se fraya un chemin jusqu'à la cour, où les sentinelles, complètement dépassées, ne parvenaient pas à contenir une horde d'esclaves, serviteurs, hommes de main et autres proches du prince turc, horde sauvage et hurlante qui cherchait à s'insinuer dans la partie de la forteresse où Abdul avait trouvé refuge.

Face à cette véritable émeute contre laquelle il n'avait aucun moyen d'intervenir, et qui montrait du reste qu'une multitude pouvait aisément maîtriser les gardes et s'emparer de Djem, Juan emprunta le passage couvert communiquant avec le Vatican et galopa en direction des casernes.

Cependant, Djem parut sur la corniche de sa fenêtre, montrant à la foule de ses courtisans qu'il était bien en vie.

– Rendons grâce à notre puissant sultan ! crièrent-ils en arabe. Que le Prophète le garde longtemps sous sa protection !

Djem les menaça des pires supplices s'ils ne mettaient pas la main sur Abdul. À l'aide d'un bélier de fortune, ils eurent raison d'une lourde porte de fer qui entravait leur passage et pénétrèrent en trombe dans la construction supérieure de l'édifice, détruisant tout dans leur emportement, statues de marbre, vases de porphyre gigantesques, rideaux, tentures, tapisseries. Ils ne se souciaient que de mettre la main sur le coupable. Les uns indiquèrent les étages, les autres les jardins en terrasses. Ils gagnèrent des pièces dédaléennes improvisées en salles de prière, traversèrent des hammams dressés tout exprès pour le prince et sa cour nombreuse.

Abdul fut finalement surpris alors qu'il tentait de gagner en désespéré le sommet de l'antique mausolée d'Hadrien. C'était un homme adipeux, qui ne serait jamais allé bien loin dans sa fuite. Une transpiration épaisse suintait de sa fine moustache. Épuisé, poisseux, il se laissa lier les mains dans le dos. Son esprit engourdi imagina la mort. On le mena dans les appartements de Djem.

– Comment veux-tu mourir ? lui demanda le prince avec mépris.

– Je ne comprends rien, Altesse, tenta de se défendre Abdul, j'ignore ce que vous me voulez.

– Suspendez une corde à un arbre ! ordonna Djem.

La foule remua dans tous les sens puis descendit dans la cour dans le plus grand désordre, traînant avec elle, tant bien que mal, le corps de celui qu'on venait de condamner. On jeta une corde sur la branche d'un grand sycomore dispensant une ombre généreuse et vers laquelle on poussa Abdul. Quand le cou de celui-ci fut cerné par le nœud coulant, des hommes le hissèrent avec force. Il grimaça de douleur, la tête à demi cassée. Alors on entendit la voix de Juan, qui venait de faire irruption dans la cour du château à la tête d'une forte et puissante troupe de soldats.

– Vous n'avez aucun droit sur cet homme, lança-t-il, veuillez le défaire de ses liens et me le remettre !

Les hommes qu'il avait entraînés avec lui firent cercle autour des lyncheurs. La foule demeura muette. Abdul grelottait de peur dans ses minces guenilles. Djem, qui observait depuis sa terrasse, se mordit les lèvres, poussa des jurons en arabe et rajusta nerveusement son turban de mousseline. Rodrigo le fit venir le soir même au palais pontifical. Il se présenta avec son habituel interprète, Gregorio, entouré d'une horde de hallebardiers.

– Savez-vous pour quelle raison je vous ai fait demander ? interrogea le pape.

– Son Altesse le prince l'ignore, répondit l'interprète.

– J'ai parfois le sentiment que vous oubliez qui dirige cette ville, reprit Rodrigo avec colère à l'adresse de Djem. Vous n'êtes rien ici, vous m'entendez, vous n'êtes rien !

Il s'emporta après un huissier venu brutalement l'interrompre puis brisa quelques vases, sous l'œil insolent du prince, qui sourit narquoisement.

Djem ressortit du palais entouré de ses gardes. Il remonta sur son cheval. Son cortège s'ébranla, soulevant une fine poussière. Robes et tuniques flottaient dans la brise légère qui apportait le parfum des orangers. Dans la cour du château Saint-Ange, il fit signe à un palefrenier au teint rouge, qui s'empressa de venir lui tenir les étriers tandis qu'il descendait de selle. Au moment où il s'apprêtait à pénétrer dans la forteresse, il aperçut, sur une corniche, le cadavre d'Abdul, suspendu par la bouche à un crochet de boucher sur l'ordre de Rodrigo.

Djem, Bajazet, Constantinople n'avaient pas fini de faire parler d'eux. L'année 1495 se poursuivit par l'arrestation de Bocciardo par Giovanni della Rovere, préfet de Rome et frère de Giuliano, cardinal de Saint-Pierre-aux-Liens. On trouva sur lui des lettres qui l'avaient chargé de la mission à remplir auprès du Grand Turc. Rodrigo n'était pas informé de la mise en détention de son émissaire. Il réunit le consistoire pour débattre de nouvelles mesures à prendre face à l'invasion française. On prit la décision d'envoyer des ambassadeurs au-devant de Charles VIII. Rodrigo choisit son neveu le cardinal de Monreale pour conduire la délégation. Puis il évoqua le déshonneur de nombreux prélats d'être récemment passés au service de Charles VIII. Le Sacré Collège était irrité par l'affaire de plusieurs évêchés et archevêchés d'Italie, où grand nombre de leurs titulaires avaient considéré que la meilleure chose restant à faire était de se mettre à la disposition de la France. Ils avaient quitté Rome pour Lyon, lieu de ralliement de l'armée de Charles VIII. Giuliano della Rovere prit brusquement la parole. Le cardinal avait un visage fripé comme un noyau de pêche, un teint fuligineux, des cheveux raides comme des crins, des yeux sombres et ronds.

– Très Saint Père, dit-il en jetant un regard circulaire sur les cardinaux assemblés, vous parlez de déshonneur au moment où je m'apprêtais à vous demander des explications concernant cette lettre trouvée en possession de votre messager Giorgio Bocciardo.

Il déplia d'un geste théâtral la lettre et la lut d'une voix pleine d'assurance. À l'issue de sa lecture, les cardinaux manifestèrent quelques mouvements d'indignation et le mot de « félonie » fut prononcé à plusieurs reprises.

– À l'heure où nous prêchons la croisade ! lança l'un d'eux.

– Della Rovere, dit Burckard à Francesco, n'ignorait point que cette alliance avec la Porte était cependant nécessaire au pape pour repousser les Français. Cela incommodait le cardinal comme une poussière dans l'œil, car vois-tu il songeait alors à trahir le Saint-Siège et à se mettre au service de Charles VIII. Il était donc légitime qu'il usât de tout son crédit pour tenter de mettre Rodrigo en péril et de détacher celui-ci de l'alliance turque qu'il avait contractée.

– Comment Rodrigo, interrogea Francesco, s'est-il défendu de cette accusation de félonie, Monseigneur ?

– Il n'eut pas besoin de se justifier. Par sa fuite, della Rovere se fit plus condamnable que lui. Car c'est précisément au lendemain du consistoire que le cardinal passa dans le camp du roi de France. Et plus tôt qu'il ne l'avait médité. Il eut vent, en effet, que Rodrigo voulait se défaire de lui pour parer ses fils de ses riches dépouilles. Il savait que tôt ou tard il le supprimerait de telle ou telle façon. Sans doute avec le poison.

– Le poison des Borgia ? Le poison dont on parle tant en Italie ?

– Écoute-moi bien, *caro* Francesco. Les témoignages de ceux qui ont fui Rome pour échapper au poison des Borgia sont nombreux. Sache que Rodrigo n'a jamais voulu se contenter de l'héritage de son frère Pedro Luis et des revenus de son évêché de Valence qu'il détenait de son oncle Calixte III. Dès qu'il fut investi de ses premières fonctions au sein de L'Église, cet homme de nature amorale chercha les moyens les plus astucieux pour accroître son trésor déjà considérable. Je sais son attirance pour la falsification des bulles et des brefs. La première, et la plus grave, consista, du vivant de son oncle, à remplacer par un autre un mot glissé dans une bulle papale relative à l'union incestueuse du comte Jean V d'Armagnac et de sa sœur Isabelle. Grâce à cette grossière substitution verbale, l'union concernée fut canoniquement validée à l'insu de Calixte III. Inutile de te préciser que le comte d'Armagnac l'avait grassement payé pour accomplir cette forfaiture. Une fois sur le trône pontifical, il s'adonna sans vergogne à la vente de dispenses, indulgences, crosses abbatiales, mitres épiscopales et autres chapeaux cardinalices. Pendant le Jubilé de 1500, il nomma neuf cardinaux et non quatre comme il l'avait laissé supposer. Cette distribution de cinq chapeaux supplémentaires lui permit de récolter 130 000 ducats de la part des prélats qu'il avait avertis et qui, dans leur exaltation, lui abandonnèrent une grande partie de leurs biens. La même année, il négocia le prix de l'annulation du mariage de Vladislas Jagellon avec Béatrice de Naples. Il obtint fièrement 30 000 ducats du roi de Hongrie. Ces heureuses expériences lui donnèrent le goût de la spoliation puis des homicides les plus mystérieux. Les plus riches barons et prélats de Rome et de tout le Latium s'en inquiétaient et vivaient dans la plus grande peur d'être supprimés à chaque instant.

– Vous m'avez parlé du très riche évêque Egerd Duerkop, dont le cas fut l'objet de l'une de vos plus violentes protestations, Monseigneur. Voulant se saisir de ses biens, Rodrigo enjoignit le gouverneur de Rome de séquestrer tout ce qui se trouvait dans son palais et de déposer tout son argent chez les banquiers de la ville.

– J'étais l'un des exécuteurs testamentaires et ignorais tout des ordres donnés par le pape. Une telle violation des droits m'a mis hors de moi. J'ai demandé le gouverneur en présence de Sa Sainteté et exigé de lui la restitution de tout ce qui avait été volé... L'exemple du cardinal Zeno n'est pas moins criant. Mort à Padoue, il avait pris soin de laisser à Venise 100 000 ducats destinés à payer en partie une prochaine croisade contre les Turcs. Borgia exigea de la Sérénissime qu'elle déclare nulles les volontés du cardinal, ce qu'il n'obtint pas. Il lui fallut la complicité du valet de chambre du défunt prélat pour se saisir de 20 000 ducats confiés par Zeno au couvent d'Ancône. Ce fut sa seule consolation dans cette affaire. Toujours est-il que depuis, te l'ai-je dit ? il a retiré aux cardinaux toute possibilité de constituer un héritier et qu'il se rue comme un rapace sur l'inventaire des trésors laissés.

– Le poison des Borgia, Monseigneur, vous deviez m'en parler.

– J'y viens, Francesco. Depuis les sordides mésaventures survenues à l'évêque Duerkop, les cardinaux se dépouillent de leurs biens dès qu'ils se sentent gravement malades. Et c'est secrètement, avant de mourir, qu'ils lèguent à leurs proches tout ce qu'ils laissent. D'autres abandonnent tout leur argent au profit de leurs monuments funéraires plutôt que de laisser Borgia en jouir à son aise. Mais si celui-ci apprend la supercherie, il se venge sur les heureux bénéficiaires ou sur le prélat lui-même s'il n'a pas encore succombé : le cardinal Ferrari, de Modène, par exemple, ou le cardinal Michieli. Les uns sont enfermés au château Saint-Ange où ils sont mystérieusement retrouvés morts, les autres sont supprimés sur-le-champ avant d'être jetés dans les eaux du Tibre. Car Borgia les supprime, parfois de ses propres mains, parfois avec l'aide d'un échanson, et la plupart du temps d'un coup de blanche poudre.

– De l'arsenic ?

– De l'acide arsénieux mais aussi de la ciguë, de la belladone, de la mandragore, du plantain, de l'ellébore, de la litharge, du stramoine, de l'aconit, du jusquiame, tout ce que l'on peut extraire de certaines plantes et que l'on peut utiliser en solutions d'une extrême puissance vénéneuse. Tous peuvent entrer dans la composition de la secrète *cantarella* des Borgia, recette d'empoisonnement aigu à base de cantharide, d'où son nom, prescrite par Giambattista della Porta, savant, alchimiste et à l'occasion astrologue de Sa Sainteté.

Ilario entra dans la pièce, portant un plateau avec deux tasses.

– Voici votre hypocras, Monseigneur, dit-il.

– Ah ! je commençais à désespérer, je pensais que tu étais allé le chercher en Grèce.

– Veuillez m'excuser, Monseigneur, j'étais en train d'ouvrir à Maria qui vient pour vous frictionner les pieds.

– J'avais oublié, comment ai-je pu ?

Ilario se retira après s'être incliné.

– J'adore me faire frictionner les pieds, dit Burckard à Francesco.

Puis en regardant les tasses :

– Ma foi, ajouta-t-il, après ce que nous avons dit de la *cantarella*, il ne faudrait pas que nous en soyons victimes.

– Vous croyez, Monseigneur ?

– Je plaisante, Francesco. Tiens, prends donc ta tasse, répondit Burckard en la tendant à Francesco.

Il se leva en prenant la sienne et prit place près de la fenêtre, dans un profond fauteuil de velours sur lequel chutait la belle lumière de juillet. Maria, la jeune servante, entra silencieusement à cet instant et alla s'agenouiller aux pieds de Burckard, qui releva les pans de sa robe de chambre. Ses mains glissèrent avec volupté sur les jambes de son maître et s'arrêtèrent en haut des cuisses pour en retirer soigneusement la paire de chausses. Burckard s'enfonça dans son fauteuil en soupirant.

– Bien, demanda-t-il, où en étions-nous restés, *caro* Francesco ?

De ses yeux pétillant de vie et de joyeuse turbulence, Francesco observait Maria frictionner les pieds de Burckard et ne pouvait détacher son regard de cette jeune beauté.

– Ne te laisse pas troubler, lui dit le maître des cérémonies.

– Euh… oui, Monseigneur.

– Où en étions-nous restés, te demandai-je ?

– Nous nous trouvions parmi les cardinaux du consistoire.

– Ah ! oui, en effet, avant l'intervention de Giuliano della Rovere, ils faisaient le point sur la situation militaire et l'invasion française. Eh bien, à présent, Charles VIII occupe une large partie de notre pays… Passons au journal suivant, mon jeune ami.

DIARIUM IV

À l'occasion de la prise de Rome, une lutte sans merci s'engage entre le pape Alexandre VI et Savonarole, qui se dit l'envoyé de Dieu.

L'armée du roi de France progressait vers Rome. Rodrigo préparait sa fuite pour Pérouse, dans le dessein, s'il était poursuivi, de traverser l'Ombrie jusqu'à Pesaro, où l'appelaient son gendre et Lucrèce, tout prêt à s'embarquer même pour la ville de Venise s'il ne pouvait trouver de sûreté que dans les lagunes. Il faisait emballer dans des coffres en chêne toute son argenterie, ses tapisseries et autres biens les plus précieux, lorsque des messagers du Vatican revinrent, annonçant l'approche des Français et la chute de Civitavecchia, ce qui mettait le pape dans l'impossibilité de fuir par voie de mer. Lorsqu'on l'informa qu'Alexandre Borgia avait refusé à ses ambassadeurs l'autorisation de faire passer ses troupes sur le territoire pontifical, Charles VIII était entré en une violente colère et avait ordonné que Rome soit prise sans attendre.

Jacobello Silvestri, évêque d'Alatri, obtint une audience de Rodrigo, devant lequel il se présenta au comble de l'émoi. Il s'inclina puis déclara :

– Je prie Votre Seigneurie de se hâter de faire donner satisfaction à Madonna Giulia Farnèse, car il me paraît déplorable qu'elle demeure ici, où il pourrait se passer des choses qui feraient peu d'honneur à tous, ainsi que le craint Monseigneur Révérendissime le cardinal Farnèse. Celui-ci se ronge de la savoir à Rome. Pour l'amour de Dieu, que Votre Seigneurie lui fasse avoir le moyen d'en partir.

Le cardinal Farnèse reçut alors l'ordre papal d'éloigner Giulia de Rome sans attendre. La jeune femme s'obstina d'abord à demeurer près de son amant, qui la supplia de toutes ses forces et ne parvint que difficilement à la convaincre de se rendre à ses exhortations. Elle quitta la ville sous bonne escorte, au milieu d'un grand nombre de chevaux et de soldats. Dans les communications que Rodrigo recevait de divers États, les souverains d'Espagne le pressaient de demeurer à Rome, tandis que Venise lui suggérait de se retirer dans la place la plus forte des États pontificaux et, à la dernière extrémité, lui offrait sa propre ville comme asile. Tout était préparé pour sa fuite lorsqu'il choisit de rester. Dans les derniers jours de décembre, Rodrigo reçut une ambassade du roi, et accepta ses déclarations, d'après lesquelles Charles VIII ne voulait pas léser ses droits. Il accorda ce qu'on lui demandait, autrement dit le libre passage par les territoires de l'Église. Mais il repoussa une autre condition du roi, qui voulait que son fils César fasse office de légat, tout comme il refusa de livrer le château Saint-Ange et d'autres places fortes pontificales, et de restaurer dans tous leurs droits et privilèges des cardinaux et barons qui avaient trahi. Tout en faisant remettre son refus à l'ultimatum, il se réfugia au château Saint-Ange, avec son bouffon Gabrieletto et 3 000 soldats. Il fit répandre le bruit qu'il avait l'intention de se présenter sur les murailles au premier coup de canon, vêtu de ses ornements pontificaux et le Saint-Sacrement dans les mains.

Le 31 décembre, débouchant de la Via Lata, l'armée royale défila dans Rome de trois heures de l'après-midi à neuf heures du soir. Plus de 3 000 nobles vêtus de tissus et de joyaux italiens ouvraient la marche, accompagnés de 5 000 arbalétriers gascons, de Suisses, d'archers écossais, de chevaliers d'élite et de mercenaires en habit court, avec piques et hallebardes. Suivaient 7 000 cavaliers armés de lances, d'arcs à l'anglaise, d'épieux ou de masses d'armes, en manteaux de soie, galons d'argent, casqués, une chaîne dorée ceignant le cou. Ils étaient flanqués de trompettes, d'écuyers, de valets, tous armés et en habit de passementerie. Le roi fut accompagné par cette armée hétéroclite jusqu'au palais San Marco, qu'il avait fait réquisitionner pour y loger. Couleuvrines, fauconneaux et canons de bronze s'alignèrent sur la place ornée de chaque côté d'un portail décoré d'or et éclairée, une fois la nuit venue, de deux mille torches qui projetaient des ombres terrifiantes. Girolamo Porcari, l'auditeur de Rote, et l'évêque de Nepi, Coronato de Planca, vinrent, au nom du pape, porter la parole à Charles, qui refusa avec mépris tous les honneurs.

Dans les jours qui suivirent, ce fut la curée. Les 30 000 soldats français se répandirent dans la cité romaine quasi abandonnée, se livrèrent au pillage des palais et des maisons, enlevèrent et forcèrent les femmes, dressèrent des potences à tous les carrefours. Sur la Piazza Branca, l'opulente demeure de Vannozza ne fut pas épargnée. Plusieurs de ses domestiques furent maltraités et elle-même ne fut pas à couvert des outrages. Au sommet des grandeurs, elle se vit réduite à subir les insultes de la soldatesque. Sous ses yeux furent pillées une partie de ses richesses. Elle songea un moment à soulever la population contre les Français, à faire mettre leurs quartiers à feu et à sang, mais elle craignit d'attirer sa ruine, celle de son fils César et celle de Rome. Les reins brisés, les poignets contusionnés, elle fut transportée par son mari au château Saint-Ange.

Rodrigo s'inquiéta de Giulia, fit envoyer de multiples lettres à Orsini et Adriana, qui lui firent parvenir des réponses rassurantes. Réfugiée dans sa demeure, elle ne fut jamais inquiétée par les Français, qui étaient passés sur la route sans même se douter de sa proche présence. Dans la nuit du 9 au 10 janvier 1495, une muraille extérieure du château Saint-Ange, en s'écroulant, prouva à Rodrigo quelle faible défense constituait cette enceinte contre la grosse artillerie des Français. Il abandonna sans tarder sa retraite. Le lendemain, revêtu du rochet et du camail, il accueillit le roi au Vatican. Charles portait une armure étincelante sous un manteau cramoisi rehaussé d'or et était coiffé d'un chapeau blanc couronné d'or. Le pape lui offrit le chapeau cardinalice pour son surintendant et conseiller Guillaume Briçonnet. Puis il le conduisit aux nouvelles pièces de l'appartement Borgia, fraîchement décoré à fresque par le Pinturicchio et qui, jusqu'à Monte Mario, était planté de vastes jardins verdoyants, d'orangers, d'oliviers et de pins odoriférants. Le discours solennel et éloquent qu'il prononça avant de se séparer du roi impressionna celui-ci, qui déclara :

– Très Saint Père, je suis venu pour faire obédience et révérence à Votre Sublimité de la même façon que l'ont fait mes prédécesseurs rois de France.

Charles fit un signe à Jean de Ganay. Le président du Parlement de Paris prit alors la parole, expliquant que son souverain avait tenu à faire en personne acte de respect envers le Saint-Siège et celui qui l'occupait, et qu'il reconnaissait en Alexandre VI le pontife légitime, le vrai vicaire du Christ et successeur des apôtres Pierre et Paul. Rodrigo célébra une messe solennelle en présence du roi, de 20 000 soldats rangés sur la grande place de Saint-Pierre, et une nombreuse population. Charles VIII tint le rôle de servant dans la scène où le prêtre se lave les mains. Il lui versa l'eau en tenant le plateau et lui passa le manuterge.

Le roi exprima un dernier désir, celui d'emmener avec lui à Naples le frère du sultan de Constantinople, Djem, destiné à garantir la neutralité des Turcs pendant sa progression sur le territoire italien. Rodrigo accéda à sa requête et, pour montrer sa bonne foi, s'engagea à lui remettre également son propre fils, César, cardinal de Valence, qui suivrait l'armée royale en qualité de légat. Il entraîna le roi au château Saint-Ange, où Djem était détenu. De vastes et somptueux appartements faisaient office de geôle où toute sa suite vivait avec lui. Lorsque les deux souverains y pénétrèrent, il était assis sur un tapis de Smyrne et, tout en divertissant son perroquet, se faisait éventer par quelques femmes à la gorge dépouillée. Des courtisanes nues, à la peau rouge, portant juste des bijoux de corail et de turquoise qui tintaient sur leurs poitrines, vinrent attiser les fines braises d'un narguilé dont le prince tenait le tuyau gainé de velours et à l'embouchure d'ambre pour aspirer par instants le tabac aromatisé aux fruits.

– Monseigneur, lui annonça le pape, le roi de France désire vous emmener avec lui. Que vous en semble-t-il ?

– Je n'appartiens ni au roi de France ni à vous, répondit Djem avec hauteur. Je suis un esclave infortuné privé de la liberté. Il m'est fort indifférent que les Français s'emparent de moi ou que vous restiez maître de ma personne.

Deux esclaves s'approchèrent pour le chausser de babouches de cuir orange, le vêtir d'un peignoir vert et lui verser une infusion de moka poivré.

– À Dieu ne plaise que vous soyez esclave ! s'écria Rodrigo.

Vous êtes, ainsi que le roi de France, fils d'un puissant monarque, et je ne suis entre vous deux qu'un interprète.

Le prince fut conduit à cheval du château Saint-Ange jusqu'au palais San Marco, où il fut remis à Charles VIII. Le 28 janvier, ce dernier prit congé de Rodrigo, qui l'attendait entouré de treize cardinaux. Il demanda la bénédiction et, alors qu'il s'inclinait pour s'agenouiller, le pape l'interrompit dans son geste pour l'embrasser. César, revêtu de la cape des cardinaux, fit ses adieux à son père, puis, une fois sur la place, enfourcha sa monture. Il rejoignit la longue colonne de soldats français, qui s'ébranla sur un signe du roi.

À peine moins d'un mois plus tard, Djem fut retrouvé mort empoisonné dans ses appartements du Castel Capuano, ancienne résidence des rois angevins. À la demande de son frère, et contre une importante somme d'argent, sa dépouille fut envoyée à Constantinople. Cet assassinat impromptu ne laissa pas d'entendre s'élever des accusations. En dépit de toute la tristesse qu'affichait le sultan Bajazet, on le tint pour le plus certain meurtrier. À Florence, Savonarole accusa publiquement Rodrigo. Il savait que l'intérêt du pape d'éliminer le frère du sultan était de voir Charles VIII privé de l'appui de Constantinople dans son expédition italienne. Pour mieux émouvoir les foules de fidèles, il prétexta que le pontife, en supprimant l'otage, voulait s'opposer à la croisade contre les Infidèles que le roi de France avait médité d'accomplir. Il souleva l'indignation de son auditoire.

– Ne nous laissons pas aveugler par les intentions malhonnêtes du tyran de Rome, déclara-t-il ; ce crime doit nous ouvrir les yeux et nous faire admettre qu'il faut destituer Borgia.

Rodrigo s'efforçait de séparer Florence de la France. Comme la république ne cédait pas, il envisageait une restauration des Médicis. Ce projet était l'une des causes de la lutte qui l'opposait à Savonarole, introducteur, dans la ville, d'un mouvement populaire dont il avait pris la tête. Mais en outre, il demeurait inquiet du pouvoir grandissant du prophète, qui mêlait la politique à la religion, la morale à la liberté pour dominer les masses incultes, et prétendait que Dieu lui inspirait directement la conduite qu'il devait tenir, les miracles qu'il accomplissait et ceux qu'il réaliserait si on lui en demandait.

Rodrigo décida de l'éloigner de Florence. Il l'invita à se rendre à Lucques, en Toscane. Le dominicain s'exécuta non sans protester. Les représentants de Florence, privés du tribun qui instituait peu à peu un nouveau régime dans leur cité, s'inquiétèrent et s'en remirent au Conseil des Dix de Venise pour qu'il engage Rodrigo à réintégrer le prédicateur dans son monastère. Le pape accepta et Savonarole fit son retour pour prêcher le carême de 1495.

Cependant, les troupes françaises s'éloignaient. Après Marino, on fit halte à Velletri. César accompagna le roi jusque dans les logements qui lui avaient été affectés, puis il se retira dans ses quartiers. Lorsque la nuit fut close, il prit le déguisement d'un palefrenier, sortit par une porte dérobée et traversa la ville. Hors les murs l'attendait secrètement Francesco dello Scacco, chevalier du Podestat de Velletri, venu avec le meilleur de ses chevaux. César reprit à bride abattue la route de Rome, et demanda asile à Antonio Florès, auditeur de Rote. Le jour suivant, la nouvelle de sa fuite était connue de tout le Vatican. Il ne se présenta pas avant plusieurs jours devant son père pour ne pas faire retomber sur lui la colère du roi de France. D'ailleurs Rodrigo dépêcha sur-le-champ auprès du roi son secrétaire privé, l'évêque de Sutri, chargé de lui assurer qu'il n'était en rien dans cette rupture des conventions. Les édiles de la ville l'imitèrent à son insu en s'empressant d'envoyer des ambassadeurs à Charles VIII. Girolamo Portius, familier de Rodrigo, Coronato Planca, le doyen des auditeurs consistoriaux, et Giacomo Sinibaldi, maître du plomb, se rendirent auprès du souverain pour lui signifier que la cité n'était nullement complice de la fuite du cardinal de Valence et le supplièrent de ne pas chercher à se venger.

On imagine la colère de Charles VIII et l'outrage ressenti en apprenant la fuite de son otage. Il s'apprêtait à aller exiger des explications au pontife lorsque parut la délégation romaine. Il refusa de croire que le père et le fils Borgia n'avaient pas agi ensemble, et qui plus est avec l'aide de la municipalité de Rome. Il fallut la mission spéciale donnée à l'émissaire Philippe de Bresse pour avoir un semblant de preuve qu'il n'y avait aucune connivence entre les Borgia et les édiles, ni même entre César et Rodrigo. On pouvait admettre qu'en dépit de son autorité, le pape avait été impuissant à imposer à César une situation aussi pénible que celle d'otage aux mains des Français. Toujours est-il que Charles VIII renonça aux représailles et dut se passer de la présence du jeune cardinal de Valence. Ce dernier, à dix-neuf ans, venait de démontrer cette force de caractère, cette résolution, cette facilité à dissimuler qui feraient un jour de lui l'un des plus puissants seigneurs d'Italie.

En février 1495, les Français pénétrèrent dans Capoue. En avril, Naples capitula en quelques jours. Même le château de l'Œuf, qui pouvait soutenir un long siège, s'était rendu sans coup férir. Charles VIII entra dans la ville à la lueur des flambeaux, achevant en quatre mois une conquête éclair. Les chefs de la bourgeoisie lui présentèrent les clefs de la ville. Les envahisseurs mirent la main sur des richesses immenses que les derniers rois avaient accumulées depuis un demi-siècle dans les divers palais de la ville. Ils s'emparèrent de baldaquins, de dressoirs, de draperies, de tentures, de mains courantes, de cent trente tapisseries, presque autant de tapis de hautes laines, de mille cent quarante ouvrages, la plupart enluminés, écrits en latin, en français, en hébreu, en grec. Tous ces trésors étaient en partie destinés à la reine Anne de Bretagne. Charles VIII connaissait la passion de son épouse pour les livres, son goût pour les meubles rares et les tissus précieux. Des tissus, Charles, au retour de sa campagne, allait lui en rapporter par milliers, des soieries comme des velours de Milan, auxquels il allait prendre soin d'ajouter des tableaux de maître, des sculptures napolitaines, qui orneraient les appartements de sa femme.

Ce n'est que quinze jours plus tard qu'il fit son entrée triomphale dans la ville, revêtu d'un costume impérial, avec le manteau de pourpre fourré d'hermine, ceint d'une couronne fermée sur son front, et tenant un globe terrestre dans une main. Il se proclama roi de Naples et de Jérusalem, et, sous prétexte qu'il avait acheté à un neveu de l'empereur Byzantin Paléologue ses droits sur l'empire grec, prit le titre d'empereur de Constantinople. Il déclara qu'il se sentait appelé par Dieu lui-même et que bientôt il repartirait pour sauver la Chrétienté des Turcs. Convaincu d'avoir définitivement gagné la partie, il séjourna avec insouciance dans cette ville séduisante qu'était Naples, ne songeant plus qu'à donner les fêtes les plus somptueuses à tous les chefs de son armée et aux notables de la ville conquise. Après dix jours de joutes et de banquets, se produisit en sa présence la liquéfaction du sang de saint Janvier. Pour Charles, ce miracle prouvait sa légitimité du pouvoir.

Il fut bientôt informé de la formation d'une Ligue contre lui. La situation devint rapidement si menaçante qu'il dut songer à une retraite. Un convoi d'œuvres d'art, saisies dans les palais et les églises, s'ébranla en même temps que prenaient la mer des vaisseaux lourdement chargés de trésors. Savants, architectes et artistes faisaient partie du cortège du roi. Il semblait inéluctable qu'ils allaient à nouveau traverser Florence. Dans la capitale toscane, Savonarole débuta son prêche du 29 mai par une citation de l'Évangile :

– « Maintenant je m'en vais vers celui qui m'a envoyé et aucun de vous ne me demande : où vas-tu ? Mais parce que je vous ai parlé de cela, la tristesse a rempli vos cœurs. » Vous, Florentins, devez vous fier à moi. Je vous assure que la ville est comme le lion malade de la fièvre, assailli par divers animaux. Mais ce lion guérira, se défendra à coups de griffes. Dieu interviendra au moment capital.

Pointant son index en direction de Rome, il acheva par un vibrant :

– Les seules difficultés viendront des ennemis de l'intérieur, ceux-là mêmes qu'il faut punir : les Borgia en particulier.

En juin, accompagné de deux frères de San Marco et escorté par des soldats en sa qualité de procureur et avocat du peuple florentin, il partit à pied à la rencontre de Charles VIII. Le roi de France, qui était encore en train de dîner, l'accueillit à Poggibonsi, à la frontière des États florentins. Il l'invita à finir le repas avec lui. Après quoi, il se confessa, reçut la communion des mains du prédicateur et, ensemble, ils suivirent la procession de la Fête-Dieu. Ils devisèrent jusqu'au soir. Savonarole fit promettre au roi d'épargner Florence dans sa retraite sous peine d'être châtié par Dieu, lui et son royaume.

Lorsque Rodrigo eut vent que Savonarole avait rencontré Charles VIII, il dicta à son secrétaire Navarrico un bref le convoquant au Saint-Siège. Le religieux comprit qu'on lui reprochait de remettre en cause l'autorité papale.

– Que Votre Sainteté, demanda-t-il à Rodrigo, daigne m'indiquer les choses sur lesquelles j'ai à me rétracter dans tout ce que j'ai écrit ou dit, et je le ferai très volontiers.

– Dans tes harangues publiques, lui répondit le pontife, tu prédis l'avenir et tu affirmes que tout ce que tu dis te vient de la Lumière éternelle et comme une inspiration du Saint-Esprit, ce qui fait que tu égares ces hommes simples hors du chemin du salut et de l'obéissance à la Sainte Église romaine. Tu aurais dû prêcher l'union et la paix, au lieu de ces choses que le vulgaire appelle prophéties et divinations. Tu devrais en outre considérer que les conditions de l'époque ne permettent pas de proclamer de telles doctrines, car si elles sont déjà par elles-mêmes susceptibles de causer des discordes là où régnerait la paix complète, à combien plus forte raison le feront-elles à un moment où il y a tant de rancunes et de factions.

Savonarole répondit simplement avec une ironie arrogante :

– Je remercie Votre Sainteté de m'avoir appelé à Rome, moi qui désire y visiter ses reliques.

– Je ne vous ai pas fait venir jusqu'à moi pour entendre vos outrages, répondit Rodrigo.

– Il n'est pas question de vous outrager, Très Saint Père. Je viens de subir les plus affreuses attaques de fièvre et me serais bien gardé de venir jusqu'à vous. Je suis si affaibli que j'ai à peine la force de me déplacer. Les médecins m'ont d'ailleurs recommandé de ne plus prêcher sous peine de perdre la vie. Si j'ai répondu à votre convocation, Votre Béatitude, c'est afin de vous montrer que je ne bafoue pas votre autorité. Mais, de grâce, ne me contraignez pas à m'éloigner de Florence, où la population a tant besoin de moi.

À ces mots, les cardinaux conseillèrent à Rodrigo de laisser Savonarole rentrer à Florence et de lever sa sentence. Le pape y consentit, la mort dans l'âme.

– Très Saint Père, ajouta le prédicateur, dès mon retour je vous ferai parvenir un traité consignant tout ce que le Seigneur m'a annoncé.

Rodrigo fit un signe pour qu'on raccompagne le dominicain.

– Souhaitons que nous n'aurons pas à regretter de l'avoir laissé partir, dit-il ensuite à ses cardinaux. Nous le tenions.

En octobre, la marche de l'armée française aurait été entravée par les troupes vénitiennes si Savonarole n'était intervenu auprès de la république. Le moine de San Marco rencontra une dernière fois Charles VIII, qui le remercia. Savonarole regrettait que le roi se soit désintéressé de la réforme de l'Église. Il lui reprocha vivement de ne pas avoir rempli son devoir et lui annonça prophétiquement que tôt ou tard la main de Dieu s'appesantirait sur lui.

Toujours est-il que le royaume de Naples venait de reconquérir son indépendance, et que l'expédition française se soldait par un échec complet.

– *Caro* Francesco, à ce point du récit il faut que je te parle de Savonarole. C'était un homme réellement pieux, dur, ascétique, et très habile, qui employait son indépendance à réformer son couvent de San Marco avec la collaboration dévouée de ses frères. Il changea délibérément le monde et brûla tous les objets de quelque beauté. Florence le suivit dans le pillage et la cendre. Les mélodies des *Canti Carnaleschi* de Laurent de Médicis furent remplacées par le *Miserere mei Deus* et les *Sept Psaumes de la Pénitence*, avec leurs *Litanies*. Son succès, son pouvoir grandissant produisaient chez lui une sorte d'ivresse. Son cerveau ne cessait de s'agiter, l'insomnie détruisait ce qui lui restait de force physique. Il montait sur le pupitre de San Marco et tonnait comme un visionnaire, prétendant avoir le Souffle divin.

À côté de Burckard, sur le rebord de la croisée ouverte, étaient posés une cruche de terre et un verre. Il se versa une rasade, but d'un trait, toussa, puis jeta un œil sur le manuscrit de Francesco pour savoir où en était le récit :

– « Toujours est-il, lut-il, que le royaume de Naples venait de reconquérir son indépendance », etc., etc. Bien, à présent, écoute la suite et continue à prendre note...

Depuis le départ de Pierre de Médicis, Florence était en proie aux luttes opposant les « Blancs », partisans de l'instauration d'une nouvelle république par Savonarole, les « Gris », qui hésitaient encore sur le parti à prendre, d'où leur surnom, et les « Enragés », favorables à un retour de Pierre II, soutenus par Rodrigo et Ludovic Sforza, duc de Milan. Ils furent rejoints par les *Tiepidi* ou « Tièdes », horde composée de moines franciscains conduite par Domenico da Ponzo, et les *Compagnacci*, autrement dit les « mauvais compagnons ». Ils intervenaient partout où Savonarole s'apprêtait à prêcher, provoquant le plus souvent des rixes en pleine ville. Rodrigo s'alarmait de cette tension populaire et surtout de l'ascendance politique de Savonarole sur les esprits. Il commençait à regretter d'avoir laissé le prédicateur retourner à Florence sans l'avoir inquiété. Il lui fit parvenir un second bref pour le convoquer à nouveau. Savonarole déclina l'invitation, prétextant une fois de plus sa mauvaise santé. À sa lettre de refus, il joignit comme il l'avait promis au pontife, son traité, *Compendium revelationum*, preuve de sa détermination à poursuivre la lutte, et dans lequel il justifiait ses actes par la mission que lui avait confiée Dieu lui-même.

L'envoyé de Dieu, comme il se nommait, s'entourait depuis peu d'une véritable milice armée, dont il avait puisé les hommes dans le bas peuple. Ses prêches devenaient de plus en plus véhéments et, après avoir réclamé la bonne entente et la paix, appelaient à présent au meurtre. Il poursuivait plusieurs buts : faire obstacle coûte que coûte au retour de Pierre II de Médicis, et lutter contre les mauvaises mœurs répandues particulièrement par les Borgia. Devant ce danger croissant, Rodrigo trouva bon de riposter violemment et accusa Savonarole d'hérésie. Il chargea le vicaire général Sebastiano Maggia d'appliquer des mesures disciplinaires à son égard. Dans le même temps, il interdit au moine de prêcher publiquement et ordonna à ses collaborateurs dominicains les plus proches de quitter leurs couvents de San Marco et San Domenico de Fiesole pour se joindre, sous peine d'excommunication, aux frères du couvent de Bologne.

Privé de ses trois principaux conseillers, Savonarole craignit de perdre son emprise religieuse. Il écrivit à Rodrigo qu'il ne se soumettrait pas au Saint-Siège tant que la preuve de son hérésie ne serait pas avancée. Malgré l'interdiction pontificale, il monta en chaire à Santa Maria del Fiore pour prendre le peuple à témoin des calomnies dont il était l'objet de la part de Rome. Rodrigo lui fit parvenir bref sur bref, tous aussi violents les uns que les autres, pour l'exhorter à cesser ses prêches. Sous la pression de son entourage, Savonarole finit par s'incliner et, pour un temps, ne communiqua plus que par écrit avec ses fidèles.

En février 1496 éclata alors un scandale. Pour assister à une messe célébrée à Saint-Pierre de Rome, deux femmes s'avisèrent de prendre place sur le pupitre de marbre réservé aux chanoines, entourées d'un harem de jolies créatures accroupies à leurs pieds et montrant ouvertement des signes d'ennui. Les deux femmes en question n'étaient autres que la fille et la belle-fille de Rodrigo, Lucrèce et Sancia. Elles étaient en outre vêtues d'habits dispendieux, faits de soieries et de velours. Le pape ne s'opposa aucunement à ce qu'elles se divertissent ainsi. Savonarole s'empara de la nouvelle à son profit. Après cinq mois de silence, il fit sa réapparition en chaire, à la cathédrale de Florence. Cet événement attira plus de 15 000 fidèles, pour lesquels on avait dû dresser un amphithéâtre dans chacun des bas-côtés, montant jusqu'aux fenêtres et munis de dix-sept gradins.

– L'image de vos dieux, fustigea Savonarole, ce sont les images et les simulacres des figures que vous faites peindre dans les églises, et les jeunes gens disent à tel ou telle : sainte Madeleine c'est une telle et saint Jean c'est un tel, car vous faites peindre les figures dans les églises à la ressemblance de telle femme ou de telle autre, au grand mépris des choses divines. Croyez-vous que la Vierge Marie se soit vêtue de cette manière dont vous la peignez ? Je vous dis qu'elle était vêtue comme une pauvresse, simplement, et si bien couverte qu'à peine lui voyait-on le visage, et sainte Élisabeth était de même austèrement vêtue. Vous représentez la Vierge Marie vêtue comme une entremetteuse à tel point que le culte divin en est souillé. Approche, Église maudite ! Je t'ai donné, dit le Seigneur, de beaux habits mais tu ne t'en es servi que pour adorer les idoles ; tu as employé les vases sacrés pour un vain faste et les sacrements pour la simonie ! Autrefois tu rougissais de tes péchés, mais tu n'as même plus cette pudeur. Autrefois, si les prêtres avaient des fils, ils les appelaient neveux ; maintenant on n'a plus de neveux, on a des fils tout court ! Église, tu as élevé une maison de débauche. Que fait la fille publique ? Assise sur le trône de Salomon, elle fait signe à tous les passants ; quiconque a de l'argent entre et fait tout ce qu'il lui plaît.

Son prêche fit un effet extraordinaire sur la foule florentine. Dans toute la ville toscane, la mode féminine prit bientôt le parti de la décence et de la simplicité. Renonçant aux décolletés généreux et aux traînes d'une richesse scandaleuse, les femmes adoptèrent des jupes qui recouvraient les pieds et ne se coiffèrent plus qu'avec simplicité. Savonarole exigea le renforcement des peines condamnant l'excentricité outrageante de la mode et remit en vigueur la condamnation à l'amputation, à la flagellation publique, au bannissement, au bûcher, réservés à celles qui prendraient exemple sur les femmes Borgia. Dans le même temps, il entreprit de détruire tous les objets de luxe indécent qu'il réprouvait. Des enfants furent envoyés de maison en maison pour se faire remettre des textes de chansons amoureuses, des tapis aux figures lascives, des tableaux et des gravures impudiques, les statues de Bencina, Lena Morella et autres beautés renommées, des cartes à jouer, des luths, des clavecins, des flacons, des ornements féminins, les bouffonneries obscènes de Boccace et de Puici. Puis le jour de Pâques, au son des cloches et des trompettes, et tandis que le peuple entonnait le *Te Deum*, on en fit un immense autodafé, place de la Seigneurie, sur un bûcher qui devait porter le nom de « bûcher des vanités ».

À Rome, Rodrigo enchaînait divertissements et cérémonies religieuses mais son esprit s'égarait régulièrement du côté de Florence, où des plaintes s'élevaient contre les attaques croissantes de Savonarole. Ascanio Sforza notamment, le frère de Ludovic le More, les accumulait et les adressait à l'ambassadeur florentin chargé de rendre compte au Saint-Siège. Rodrigo créa une commission de théologiens chargée d'examiner l'orthodoxie de la prédication de Savonarole. Mesure vaine car la Seigneurie de Florence continua à soutenir son prophète. L'été suivant, pour tenter de venir à bout de l'envoyé de Dieu, Rodrigo envoya secrètement César à Florence pour lui conférer le chapeau de cardinal. Mais Savonarole n'était pas homme que l'on achetait aussi facilement. Du haut de la chaire, il tonitrua une réponse hautaine :

– Je ne veux d'autre chapeau que celui du martyr, rougi dans mon sang ! Si je désirais des ducats ou des charges, si j'attendais du pape un chapeau ou une mitre, ô grands maîtres, j'agirais autrement. Ma conduite n'est pas de celles qui cherchent la gloire humaine. Loin de moi tout cela ! Il me suffit, ô mon Seigneur, que tu aies répandu Ton sang pour l'amour de moi ; je ne veux me glorifier qu'en Toi. Ma gloire, c'est que mon Dieu me veut du bien. Il est ma gloire et Celui qui exalte mon esprit. Je ne veux pas de chapeau, de mitres grandes ou petites. Je ne veux que ce que Tu as donné à Tes saints : la mort.

Rodrigo reçut ce refus comme un coup de massue. Il décida de sanctionner Savonarole en rattachant définitivement son couvent de San Marco à la congrégation lombarde, qui entraverait son indépendance. L'éloquent religieux augustin Mariano de Genazzano parvint même à le décider à prononcer l'excommunication du dominicain. Les choses en restèrent là pendant quelque temps.

DIARIUM V

Où le fils préféré de Rodrigo est retrouvé noyé dans le Tibre.
César, son propre frère, est suspecté de l'avoir assassiné.

Un soir de juin 1497, d'importantes personnalités furent réunies pour un splendide souper au palais du cardinal Ascanio Sforza, Piazza Navona. Juan y était convié, ainsi que quelques-uns de ses amis fidèles. De nature un peu méprisante, et le vin aidant, il s'abandonna à une vivacité de paroles qui lui était coutumière. Se levant soudain, il s'en prit hautainement aux autres convives, les qualifiant de paresseux attablés. Le duc de Brion, fin jouteur et susceptible à l'excès, se dressa pour riposter :

– Monsieur le bâtard, je crains que personne en ce lieu, ce soir, ne soit d'humeur à supporter vos remarques insolentes.

– Bâtard, avez-vous dit ?

– Bâtard, en effet. Votre ton indique que vous prenez le mot pour une insulte. Bâtard, c'est pourtant bien ce que vous êtes, que je sache.

– L'injure, Monsieur, se trouve dans la manière de le dire.

– C'est juste. Et puis reste à savoir de qui vous êtes le bâtard, reprit Brion avec arrogance.

Les méchantes langues prétendaient que Juan était le fils de Vannozza et de Giuliano della Rovere. Rodrigo lui-même n'ignorait pas que son ancienne favorite, jusqu'à la naissance de Juan, avait entretenu une liaison durable avec le cardinal. Cette théorie expliquerait en partie l'invincible haine que se portaient les deux hommes, haine plus sensiblement apparente chez della Rovere, dont son rival l'avait coup sur coup privé de sa maîtresse puis de la tiare.

– Naturellement, poursuivit Juan, vous retirez ce mot, Monsieur le duc.

– Non seulement je ne le retire pas mais je peux vous le répéter.

Les hommes d'armes de Juan s'apprêtèrent à tirer l'épée de leur fourreau. Il les arrêta d'un geste.

– Je pense qu'il plaira infiniment à Sa Sainteté de savoir que je ne suis pas son fils.

Et il sortit, accompagné de ses sbires, pour se rendre sur-le-champ près de son père. Une heure plus tard, une troupe de soldats fit irruption chez Sforza et demanda le duc de Brion.

– Je suis le duc de Brion, répondit l'intéressé.

– Nous avons ordre de vous arrêter.

– Et l'immunité cardinalice, s'indigna Sforza en avançant d'un pas menaçant, qu'en faites-vous ?

– Nous avons l'ordre du pape de nous emparer de votre convive.

– Je ne vous laisserai pas faire.

– Si, Monseigneur, intervint Brion. Je me ferai un plaisir d'aller rendre compte à Sa Sainteté des propos de son fils.

– Je crains que vous n'en ayez point l'opportunité, dit le capitaine qui conduisait la troupe. Vous allez être pendu.

Il y eut un mouvement dans la petite assemblée, accompagné de murmures. Sforza s'avança.

– Vous n'y pensez pas, capitaine, dit-il. Je vous exhorte à la clémence.

Deux soldats se saisirent du duc.

– Veuillez lâcher cet homme immédiatement, poursuivit Sforza.

Déjà, les amis de Brion se levaient et portaient la main à leurs épées. Des soldats firent un pas vers eux et les neutralisèrent. Puis le duc de Brion fut emmené hors du palais, sous les regards consternés d'Ascanio Sforza et de ses invités.

Avoir insulté son fils le duc de Gandie avait enflammé un désir de vengeance chez l'orgueilleux Rodrigo Borgia, dont l'amour paternel était connu de tous. Le duc de Brion fut pendu haut et court dans une plaine proche du palais du cardinal Sforza. Juan se sentit grandi après cette justice. D'une suffisance immodérée, il fanfaronna de plus belle auprès de ses amis, multiplia les intrigues avec assurance, faisait le beau partout où il passait. Il fréquenta les plus belles créatures de Rome, de splendides courtisanes dont certaines s'amourachaient de lui. Lui-même éprouvait une amitié sans équivoque pour sa belle-sœur Sancia et s'éprit de la fille du comte Antonio Maria de la Mirandole, Francesca, dont un gentilhomme de l'entourage du cardinal Sforza, nommé Jaches, était un prétendant de longue date à sa main.

Amoureux, riche, beau, Juan reçut en outre des honneurs de la part de son père qui le nomma capitaine général de l'armée pontificale et lui concéda les titres de comte de Chiaramonte, Lauria et Cerignola, de Tyran de Benevento et de Tarracina, et de Grand Connétable de Naples.

Le 14 juin suivant, pour célébrer les titres de son fils, Vannozza organisa un grand dîner dans une de ses villas située près de Saint-Pierre-aux-Liens, au milieu d'une vigne qu'elle possédait entre l'église de San Martino et celle de Santa Lucia in Selci. Juan, naturellement, César, Geoffrey, sa femme Sancia, et Lucrèce y furent invités, ainsi que le cardinal Borgia de Monreale et quelques amis intimes. Blond, souple, gracieux, Juan, vêtu d'un pourpoint mauve ennuagé de dentelles, arriva le dernier. Il n'avait pas vu sa mère depuis longtemps et se présenta avec un petit cadeau pour elle. Vannozza lui fit un affable accueil de sa voix charmante et musicale, et le conduisit à travers un cabinet de verdure puis une série de pièces luxueuses. Un cabinet tendu de tapisserie, meublé de plusieurs tables revêtues de tapis de drap vert à franges de soie, précédait l'immense salle à manger, où attendaient les autres invités. Sur les murs décorés de cuir doré à fond rouge, un miroir de Venise encadré d'ébène, une peinture sur bois représentant des personnages, une toile où s'épanouissait un clair paysage souriaient entre les fenêtres ornées de rideaux de taffetas cramoisi. Autour d'une pendule en bois d'ébène fileté de cuivre, montée sur un support de fer poli, des bibelots en faïence paraient la cheminée. Un guéridon supportait la boîte à table, le coffre revêtu de maroquin où étaient rangés les coiffes de gaze, les masques de velours et de soie, les écharpes de dentelle, les tabliers de satin et de taffetas embellis de mollets d'or, les éventails de bois ajouré. Un léger bureau de cèdre bâillait, montrant son écritoire d'ébène, les cires, les cachets armoriés, les plumes d'oie. Dans un coin, se dressait une table de jeu avec ses cornets, son damier, ses jetons et ses dés d'ivoire.

Juan embrassa Lucrèce avec effusion et prit place sur un sofa, à côté de ses frères et de Sancia. Ils burent à la santé des dames puis se mirent à table. Toute l'argenterie de Vannozza resplendissait sur la nappe blanche de toile damassée : les assiettes décorées de fleurs, les couverts finement ciselés, les hautes aiguières où pétillaient les vins. Des valets distribuèrent de larges rasades de vin d'Espagne et disposèrent les plats sur la table. Trois chapons étaient posés sur un lit d'ortolans et des cailles étagées en pyramide mélangeaient leurs fumets aux arômes des salades d'olives et de persil de Macédoine. Pendant tout le repas, Juan fut le centre de la plupart des conversations. Le jeune homme se vantait de ravager les cœurs féminins et évoquait ses liaisons sentimentales. Furieusement vaniteux, il clamait notamment qu'il avait récemment obtenu d'une princesse, lors d'un repas, la faveur de lui caresser les cuisses sous la table, à l'insu de son époux. Une autre fois, il avait été invité à dîner par une courtisane napolitaine qui le préférait à son mari et à maints prétendants affairés autour d'elle. Elle lui prodiguait publiquement des faveurs, lui baisait les yeux, lui adressait mille mots doux. Juan affirma qu'il n'avait pas osé céder à ses avances. Vannozza le traita gentiment d'imbécile. La belle n'avait demandé qu'à se faire baiser, il aurait dû la contenter sur-le-champ plutôt que de lui montrer un peu trop de respect.

On servit de grands bassins d'oranges, de confitures sèches et liquides, de macarons, de beignets et de massepains. Geoffrey et le cardinal de Monreale réclamèrent du vin. Juan raconta avec beaucoup de salacité que lors d'une soirée festive, il avait comploté avec des compagnons pour enivrer et exciter quelques dames. Lorsqu'elles avaient eu la raison perdue dans le vin, ils les avaient débraillées et joué avec leurs tétons comme de grosses outres molles. Lucrèce et Sancia protestèrent à peine à l'écoute de cette évocation lubrique. Avec les autres, elles se joignirent aux rires de Vannozza, que les aventures de son fils enchantaient. Seul César semblait un peu irrité. Il parla d'autre chose, de banalités, disant qu'il était heureux d'avoir fait, sur les chemins ombragés, une belle promenade pour venir jusqu'ici. Puis il demanda à sa mère des nouvelles de sa santé, elle qui avait été maltraitée par des soldats de Charles VIII. Vannozza déclara que tout cela n'était qu'un mauvais souvenir et qu'elle se portait à merveille. Du reste, à plus de cinquante ans, elle restait magnifique de force et de vie. Elle était heureuse d'avoir ses enfants auprès d'elle. Le soleil, disait-elle, le parfum, le sourire de cette soirée printanière semblaient pénétrer dans la pièce. Elle leva son verre en l'honneur de Juan, de ses titres et de sa nomination de capitaine général de l'armée pontificale. Des branches d'acacia blanc se faufilaient par la croisée ouverte, égrenant par instants sur la table leurs fleurs délicates et odorantes.

La nuit était proche et couvrait Rome d'une teinte pâle. On acheva la soirée en confidences réciproques. Lucrèce, surtout, déchargea son cœur. Elle se plaignit de Giovanni, qui la délaissait beaucoup. Vannozza surprit une larme qui brillait sur sa joue. Sancia tira profit de cet instant pour manifester le désir de se retirer. Geoffrey étant ivre, le cardinal de Monreale convainquit la jeune femme qu'à cette heure tardive elle serait la proie des voleurs et que mieux valait pour elle passer la nuit chez Vannozza.

César et Juan se disposèrent à partir. Le trajet était long et ils ne voulaient pas être surpris par la nuit dans la boue fétide de Rome. Ils quittèrent la maison de leur mère pour rentrer au Vatican, où ils étaient logés. Tous deux à cheval, ils se séparèrent devant le palais du cardinal Sforza, après que Juan eut dit à son frère vouloir aller se divertir dans quelque endroit fréquenté par des courtisanes. Il prit la direction du quartier juif, dans la région du Ponte. Rome était divisée en quatorze régions. Le palais du vice-chancelier, sur le Banchi Vecchi, se trouvait dans celle nommée Ponte, qui s'étendait de l'église de San Giovanni de Fiorentini au quartier Santangelo. Elle était essentiellement habitée par la faction Orsini, tout comme celles de Trevi et de Ripa étaient occupées par les Colonna et les Savelli. Les Juifs de Rome y avaient leurs demeures.

Parvenu non loin de la Piazza degli Ebrei, Juan, la gorge asséchée par les dernières moiteurs de la soirée, arrêta sa monture pour boire à sa gourde, lorsqu'il fut abordé par un vieux mendiant édenté qui s'accrocha au pommeau de sa selle.

– Une petite pièce, *messer*, lui demanda-t-il, que Dieu vous rendra au centuple.

À la clarté de la lune, Juan dévisagea son interlocuteur avec un rare mépris, puis, le faisant basculer d'un coup de botte :

– Va-t'en au diable, vieille chose ! lui lança-t-il.

Une voix répondit dans son dos :

– Viens m'en faire autant.

Il se retourna et aperçut un cavalier masqué qui s'immobilisait à sa hauteur.

– Qui donc êtes-vous pour le prendre sur ce ton ? répliqua le duc de Gandie.

– Qu'importe mon nom, je suis votre ennemi et nous allons mesurer nos forces et nous faire justice.

– Vous avez vos raisons pour cacher votre visage et, me semble-t-il, transformer votre voix ? Serait-ce par peur des témoins ? Vous vous ferez connaître ou je refuse de me battre avec vous.

– Je suis votre bonne lame.

– Si vous êtes mon ennemi, alors je vous hais.

– Ce dernier mot vous portera malheur, acheva l'inconnu masqué.

À cet instant, Juan porta la main à sa dague. Le mendiant

s'était entre-temps relevé et l'arrêta dans son geste avec une force que le duc de Gandie n'aurait pas soupçonnée.

– C'est un traquenard ou je ne m'y connais plus, dit le fils du pape dont les lèvres avaient subitement blanchi.

Il n'avait pas achevé de parler que l'inconnu masqué tira subitement son épée hors du fourreau. Il aperçut l'éclair blafard de la lame que l'homme, d'un geste foudroyant, lui plongea dans le cœur. Il jeta un cri, tomba de son cheval, se releva convulsivement sur un genou, et retomba mort l'instant suivant.

Son meurtrier descendit de selle. Par sécurité, il lui trancha la gorge avec sa dague. Puis il tendit son arme poissée de sang au mendiant, qu'il commanda de transpercer le cadavre à maints endroits.

– *Messer*, comprit le mendiant en s'exécutant, veut faire croire que cet homme a été attaqué par une bande de brigands.

– Tu parles trop, répliqua l'inconnu. Aide-moi plutôt à le mettre sur la croupe de mon cheval.

Le mendiant obtempéra, puis tous deux prirent la direction du Tibre. Lorsqu'ils furent arrivés au bord du fleuve, à quelques encablures du château Saint-Ange, ils saisirent le cadavre et le précipitèrent dans l'eau. L'écho nocturne répondit au bruit de l'impact. La besogne était achevée.

– Approche donc que je te donne ta récompense, dit l'inconnu au mendiant qui s'avança sans méfiance.

– Non, *messer*, cria ce dernier, épouvanté en voyant son interlocuteur tirer son épée, je n'ai pas vu votre visage, j'ignore qui vous êtes, je ne parlerai pas.

Il subit le même sort que le duc de Gandie.

Lorsque le criminel s'éloigna, la nuit était encore douce et chaude, comme la main que Rodrigo, au matin, glissa entre les cuisses de Giulia.

– Mon âme, dit le pape à sa favorite, les nuits ne sont jamais assez longues quand je suis avec toi.

– Puis-je vous faire un compliment, Très Saint Père ?

– Ce sont les jeunes femmes qui doivent recevoir des compliments, des femmes comme toi, belles comme l'amour.

– Laissez-moi quand même vous dire que je vous ai trouvé particulièrement bel étalon cette nuit.

– Me flatter ainsi, un vieillard comme moi ! J'en ai presque la sève qui monte.

Il s'inclina vers la bouche de Giulia pour l'embrasser voracement. Puis il lui caressa les seins, les excita de ses lèvres, lui souleva les reins, enveloppa de la paume le relief léger de la petite toison brune, atteignit la perle d'où sourdait l'élixir de la jouissance.

On frappa à cet instant à la porte de la chambre à coucher, derrière laquelle Navarrico s'annonça, la voix teintée d'inquiétude. À demi nu, le pape vint ouvrir l'un des lourds battants. La tête de son secrétaire parut, pâle et glacée. Il l'admonesta :

– J'espère que tu as de bonnes raisons de me déranger, sans quoi j'ignore ce que je suis capable de te faire subir.

– Très Saint Père, le duc de Gandie n'est pas rentré cette nuit et…

– Il était chez Madonna Vannozza hier soir, imbécile, l'interrompit brutalement Rodrigo.

– Il en est parti en même temps que César.

– Et alors, ne sais-tu pas qu'il peut arriver à tout Borgia qui se respecte de passer la nuit dans les bras d'une belle ?

– Il est bientôt midi, Très Saint Père.

– Il aura traîné, voilà tout.

Navarrico observa que le regard du pape venait de se troubler. Il reprit :

– Dois-je faire procéder à des recherches, Votre Sainteté ?

Rodrigo demeura dans un étrange état de prostration, les yeux creusant le sol. Derrière lui, assise sur le lit aux draps de satin couleur saumon, Giulia écoutait, le pubis exhibé, les cuisses jolies. À l'apparition de Navarrico, elle avait porté ses mains à sa poitrine mais on apercevait les tétons épais et superbes qui fuyaient entre ses doigts.

– Midi, dis-tu ? reprit Rodrigo à l'adresse de son secrétaire. Il est en effet curieux qu'il ne soit pas encore rentré.

Le gouverneur de Rome fut chargé d'enquêter. Mais le surlendemain le mystère de la disparition du duc de Gandie n'était toujours pas éclairci. Il fallut attendre le troisième jour pour voir le comte Philippe de Rubeis convoquer trois cents pêcheurs et mariniers qui avaient fouillé le lit du Tibre et déclaré pouvoir apporter quelque information aux enquêteurs. Un batelier-charpentier du nom de Giorgio Schiavone attira plus particulièrement l'attention du comte. Après l'avoir interrogé, il demanda une audience au pape, l'obtint sur-le-champ et s'y rendit avec lui. On annonça leur arrivée puis on les fit entrer dans la grande salle :

– Très Saint Père, déclara le comte après s'être incliné devant le pape, voici le batelier dont je vous ai parlé.

Puis à l'adresse de Giorgio :

– Raconte à Sa Sainteté tout ce que tu sais.

L'homme, au regard sauvage, retira sa toque de laine.

– Alors que je gardais mon bateau sur le Tibre pendant la nuit, expliqua-t-il, j'ai aperçu deux hommes venus voir sur la rive s'il y avait quelqu'un. Comme je me trouvais à l'intérieur de mon bateau, je n'ai pas pu entendre leurs propos. Quand ils se furent assurés que l'endroit était désert, ils se sont éloignés un instant puis sont revenus en traînant avec eux un homme mort. Une fois arrivés au bord du fleuve, ils ont fait glisser le cadavre et l'ont jeté dans les flots.

Rodrigo soupira profondément et reprocha au batelier-charpentier de ne pas avoir signalé immédiatement aux *bargelli* le crime auquel il avait assisté.

– Pourquoi n'as-tu pas parlé plus tôt ?

– Dans le cours de ma vie, répondit Giorgio, j'ai bien vu jeter cent cadavres dans le fleuve à cet endroit sans que personne n'en soit jamais inquiété.

Son récit permit de retrouver facilement le cadavre de Juan dans le Tibre, à hauteur de l'hospice San Girolamo des Esclavons, les mains liées, la gorge coupée, le cœur transpercé, la poitrine couverte de onze blessures. Il était encore revêtu de son pourpoint de velours et chaussé de ses bottes à éperons d'argent. Sa dague était demeurée dans sa gaine, et sa bourse, ornée de joyaux de grand prix, était intacte et pleine. On ne pouvait donc invoquer le vol comme mobile de son assassinat.

On transporta le corps tout gonflé de Juan dans une barque jusqu'au château Saint-Ange, où, après l'avoir dépouillé de ses habits et purifié, on le revêtit des insignes de capitaine général de l'Église. Rodrigo vint se recueillir sur sa dépouille. Il pleura longuement ce fils préféré de vingt-trois ans en lequel il avait placé l'espoir et la gloire de sa race et que la mort venait de lui prendre brutalement.

Son entourage songea à une vengeance et prononça les noms de plusieurs amis du duc de Brion, pendu sur ordre de Rodrigo après son altercation avec Juan lors de la soirée chez le cardinal Ascanio Sforza. Tandis que de leur côté les seigneurs de la ville accusaient tour à tour les Orsini, les Colonna, Bartolomeo d'Alviano, tous ceux dont le jeune duc de Gandie s'était fait des ennemis mortels, Rodrigo soupçonna un instant Ascanio Sforza lui-même et le fit appeler à comparaître devant lui. Le cardinal accepta de se présenter sous la condition qu'on lui donne un sauf-conduit signé des deux ambassadeurs de Naples et des rois catholiques. La démarche demandait du temps, et Rodrigo, de toute manière, finit rapidement par être convaincu de son innocence.

Une rumeur se mit à courir les rues de Rome. Le nom de César Borgia fut d'abord murmuré. Puis on commença à le prononcer à voix haute. Il est vrai que César avait tout contre lui. Le mariage de Juan une fois conclu avec Maria, les importantes ressources fournies par l'évêché de Valence, désormais fief inaliénable des Borgia, seraient passées à Geoffrey et non à César. Juan avait reçu de son père les seigneuries de Bénévent, Pontecorvo et Terracina, autrefois fiefs de l'Église. S'il avait reçu la pourpre, César, lui, en revanche, considérait cette élévation comme étant une voie sans issue. En outre, en déposant l'habit ecclésiastique, il aurait toujours trouvé devant lui son frère le duc de Gandie, qui avait toutes les faveurs de son père et un magnifique destin tout tracé. Contre Juan, sur qui se concentraient les plus belles espérances de Rodrigo Borgia, une rancœur secrète avait ainsi fini par grandir dans l'esprit de César. Lui seul nourrissait dans son esprit une haine profonde envers son frère dont la présence le condamnait à une vie étroite et monotone. Il avait vécu jusqu'alors presque toujours dans l'ombre, s'occupant de chasse, des femmes et des cérémonies religieuses, ne donnant jamais motif aux ambassadeurs de soupçonner ses secrètes aspirations politiques et de découvrir ses instincts criminels.

L'enquête judiciaire fut vaine. Les limiers du Vatican, qui avaient d'abord fait preuve d'un grand intérêt pour cette affaire, montrèrent soudain une démotivation totale, comme si quelqu'un, en l'occurrence le pape, leur avait ordonné de cesser toute investigation. Rodrigo semblait être dans le secret du meurtrier. De tous les cardinaux venus lui présenter leurs condoléances, il ne manquait que César. Il n'assista même pas au consistoire du 19 juin où son père exposa de nouveau la douleur que lui causait la perte de Juan. Le même jour, sans avoir salué le pontife, il partit en effet pour Naples assister au couronnement du roi Ferdinand.

Dans ce crime mystérieux, Rodrigo avait vu avant tous les autres un sombre drame de famille. Peut-être en avait-il recueilli la nouvelle directe par l'intermédiaire de quelque dénonciateur ou grâce à l'enquête de la police. Toujours est-il que pour cette raison César était resté à l'écart pendant quelques jours, sachant que son père, prompt à la colère, l'aurait peut-être publiquement accusé. Pour l'un comme pour l'autre, il ne fallait pas compromettre l'avenir de la famille.

– Sais-tu, Francesco, déclara Johannes Burckard, que des mains inconnues ont arraché les pages que j'avais écrites dans mon Journal après le dramatique événement et qui contenaient de clairs indices sur l'instigateur de l'assassinat ? Car je savais tout, tu m'entends, *caro* Francesco ? je savais tout.

– Que saviez-vous, Monseigneur ?

– Que César était le meurtrier de son frère. Machiavel, plus tard, n'en aura lui non plus aucun doute. Plus encore que dans les motivations politiques, il verra même l'un des mobiles du crime dans la jalousie de César à l'égard de sa propre sœur Lucrèce : « Le cardinal de Valence, écrira-t-il, dont l'esprit était aussi éloigné que possible de la vocation sacerdotale, aspirait à porter les armes et ne pouvait souffrir que son frère occupât cette place. Outre cela, impatient de voir que son frère avait une part plus grande que lui dans l'amour de Lucrèce, leur sœur à tous deux, poussé par la passion et par l'ambition, il le fit, une nuit qu'il chevauchait seul à travers Rome, tuer et jeter secrètement dans le Tibre. »

– Vous-même, Monseigneur, comment pouvez-vous être certain de la culpabilité de César ?

– Tu jugeras par la suite qu'il n'y a pas lieu d'avoir de doutes.

Au lendemain de la mort de Juan circulèrent de sanglantes épigrammes contre le fils du pape. Ambassadeurs et chanceliers n'osaient rapporter au Saint-Père ce qu'ils voyaient et entendaient à travers la ville. Peut-être Rodrigo en sut-il malgré tout quelque chose. En tout cas il préférait cacher sa colère. Cette colère fut bientôt supplantée par sa douleur, et lorsque les bruits infâmes qui accusaient nommément César se turent enfin, il avait déjà écrit plus de vingt lettres aux autres cours d'Italie pour manifester son chagrin. Terrassé par la peine immense, il était méconnaissable aux yeux de tous ceux qui le qualifiaient ordinairement de bœuf tant il était solide et puissant de corps comme du mental.

Vint le jour de l'inhumation de Juan. Dans sa paroisse de Santa-Maria del Popolo, il fut placé sur un somptueux lit funéraire, le visage découvert, revêtu du costume de gonfalonier. Le cortège funèbre s'ébranla et, éclairé par deux cents torches, suivit la rive du Tibre. Depuis le château Saint-Ange, Rodrigo regarda passer la dépouille de son fils sous sa fenêtre. On l'entendit clairement pousser un immense cri de douleur. Le corps de son Juan adoré fut déposé en grande pompe dans la chapelle de la famille de Vannozza.

Anéanti, ahuri, le cœur brisé, Rodrigo s'enferma dans ses appartements, refusa de se nourrir, pleura, gémit de toute son âme, sous les yeux du cardinal de Ségovie, qui, pendant trois jours, fit tout ce qui lui était humainement possible pour le contraindre à s'accrocher à la vie qu'il semblait vouloir fuir. Il parla d'abdiquer, de changer son existence, de vouloir être conduit à la Trappe. Il prit de bonnes résolutions, fit de magnifiques présents aux églises, nomma une commission de six cardinaux pour corriger les abus ecclésiastiques. Puis lorsqu'il recouvra ses esprits, sa douleur se mua soudain en une terrible colère. Il réclama justice contre le meurtrier, fit appeler le gouverneur de Rome pour que l'on démasquât ce dernier. Comme un signe du Ciel, pendant qu'il exigeait le bourreau, la foudre frappa à plusieurs reprises ses appartements et le château Saint-Ange, dont plusieurs statues furent précipitées de leurs socles. Pendant qu'on reprenait l'enquête, Rodrigo semblait touché par la grâce et le repentir. Il multipliait ses prières, faisait tous les soirs son chemin de Croix dans sa chapelle privée, s'arrêtant devant les stations pour expier, souffrir, se frapper la poitrine. Le reste du temps, il s'accusait de tous les péchés auprès de ses cardinaux, demandait pardon, faisait le serment de réformer les mœurs du Vatican, se remettait à pleurer. Devant le Sacré Collège assemblé, il déclara :

– Si j'avais sept trônes, je les donnerais tous pour la vie du duc de Gandie.

Bientôt, les accusations contre César reprirent. Elles venaient de l'envoyé du duc de Ferrare, Giovanni Alberto de la Pigna, qui parvint à convaincre l'opinion publique du geste fratricide du cardinal de Valence. Il écrivit avec certitude à son maître : « J'ai de nouveau appris que la mort du duc de Gandie doit être imputée à son frère le cardinal, et cette opinion au sujet de la mort en question, je la tiens de bonne source. » Rodrigo, informé de cette lettre, réagit avec violence.

– Il a entendu cela à Venise ! cria-t-il à ses cardinaux, à Venise, loin de Rome, et il le transmet à Ferrare, où l'on n'en a pas entendu parler ! Cette nouvelle rumeur n'a pas plus de fondement que les autres !

Enfermé dans son palais du Borgo San Angelo, où il faisait les préparatifs nécessaires pour son ambassade à Naples, César Borgia, ouvertement accusé, ne démentit rien publiquement. Des témoins assurèrent toutefois qu'il se défendit, tant bien que mal, avant de renoncer à prouver l'impossible. Rodrigo affectait une réserve austère. Sa douleur était toujours profonde et sincère. Constamment enfermé, refusant une foule d'audiences, il travaillait avec sa commission de cardinaux. Il déclara que désormais il n'aurait égard ni à la parenté, ni aux relations privées, ni aux intrigues, et s'en référerait en toute chose à ce qui était droit et à ce qui était juste.

La mort de son fils semblait en avoir fait un autre homme. Des ambassadeurs chargés de lui présenter des condoléances au nom de leurs souverains arrivèrent de toutes les puissances d'Europe, particulièrement d'Angleterre, du Saint Empire romain, de Venise, Naples, d'Espagne, qui formaient la Sainte Ligue avec la Papauté. Rodrigo envoyait aux princes des remerciements dans lesquels il épanchait dignement sa douleur. Savonarole lui-même lui adressa une lettre de consolation : « Très Saint Père, la foi absolue aux miracles et aux œuvres surnaturelles, confirmée par le sang des martyrs, est seule capable de procurer au cœur de l'homme le calme et les véritables consolations. La foi est supérieure aux sens et à la raison. Elle nous élève au-dessus du monde, nous conduit vers les choses invisibles, élargit notre esprit. C'est elle qui nous aide à supporter les afflictions, à nous réjouir au milieu de l'adversité. Aussi est-il écrit que le juste ne sera jamais abattu, et le juste est celui qui, par la foi, vit dans le Seigneur.

Bienheureux est l'homme qui est appelé à cette grâce de la foi. Que Votre Sainteté réponde donc à cet heureux appel, afin que sa tristesse se change tout de suite en joie. La bonté du Seigneur dépasse la grandeur de nos péchés. »

Alors que les accusations contre César s'étaient à nouveau dissipées, Rodrigo réapparut en public. Il réunit un consistoire et se présenta à ses cardinaux et à ses ambassadeurs revêtu des insignes pontificaux. Après avoir reçu leurs condoléances, il s'adressa ainsi à eux :

– La mort du duc de Gandie m'a causé le plus profond chagrin. Il me serait impossible de connaître une affliction plus grande, car je l'aimais tendrement. Je n'attache plus de prix à la papauté, ni à rien d'autre. Dieu m'a puni de mes péchés, car le duc de Gandie ne méritait pas une mort si terrible.

DIARIUM VI

Où Rodrigo parvient à obtenir la condamnation à mort de Savonarole.

Au lendemain de la mort de son frère Juan, César demanda à renoncer à son cardinalat, à rentrer dans le rang séculier, à épouser une princesse royale afin d'entrer dans la carrière des armes pour y perpétuer la dynastie des Borgia. Il voulait être délié pour toujours de tout engagement et de tout bien ecclésiastique. Il se fit préparer une épée de cérémonie, un glaive en forme de *stocco*[1] d'apparat portant sur sa lame des inscriptions consacrées à la glorification du César romain. Elle était riche en scènes, devises, emblèmes et symboles. Dans un cercle gravé on remarquait un taureau s'érigeant sur un piédestal au pied duquel un homme tué était étendu. César voulait enfin descendre dans l'arène. Au consistoire, il déclara aux cardinaux qu'il n'avait jamais eu de goût pour la vie ecclésiastique et que, s'il l'avait menée, et jusqu'au point d'y atteindre un si haut grade, c'était par l'ordre et la grâce du

1. Rapière.

pontife. Malgré le temps écoulé, son inclination persistait pour la vie laïque. Par conséquent il supplia ses collègues de demander au Saint-Père de lui accorder la concession de retourner dans le monde, d'y contracter un mariage et de servir sous les drapeaux.

Tout d'abord, son père s'opposa à ce qu'il entame une carrière militaire. Son comportement à l'égard de César n'avait jamais été celui d'un père, mais d'un patron et d'un bienfaiteur qui s'occupait de lui et le comblait. Puis il mesura combien le gouvernement relâché de son prédécesseur, Innocent VIII, avait causé de grands ravages dans les vastes domaines de l'Ombrie, d'Ancône, et de la Romagne, royaume du nord-est de l'Italie ouvert sur la mer Adriatique, où quelques tyrans audacieux avaient toujours rejeté sa suzeraineté. Enfermés dans leurs places fortes, ces tyrans sans foi ni loi ne payaient aucun tribut féodal à leur pontife et, de temps à autre, quittaient leurs forteresses avec des condottieres armés pour piller les villes et les villages. Rodrigo, décidé à corriger la situation, envoya César en qualité de légat apostolique en Ombrie à la fin de l'été 1497. Le jour de son arrivée à Narrai, César s'était déjà formé une opinion, qu'il communiqua à son père : « Il est très nécessaire de me fournir une armée pour lutter contre ces démons ; ce n'est pas en leur jetant de l'eau bénite qu'ils s'en iront. » Le brigand Bartolomeo d'Alviano s'empara de Todi, place forte appartenant au Saint-Siège, et la mit à sac sous les yeux de César. Ce dernier le convoqua et lui proposa la paix, que d'Alviano repoussa avec mépris. Il fut plus hardi à Pérouse, où il procéda à l'expulsion massive des principaux agitateurs. Il captura lui-même deux voleurs et assassins et les jeta dans la forteresse de la ville, qui ne servait même plus de prison. Le lendemain, il fit pendre l'un des deux pour l'exemple, ce qui mit rapidement un terme aux actes violents. La population de Pérouse fut agréablement impressionnée par le calme et la sécurité qui régna dès lors dans la ville. En débarrassant la cité de ses vermines, César prouvait qu'il était capable de faire régner l'ordre et se présentait pour la première fois dans le rôle de maître qu'il entendait à présent jouer, avec son incontestable personnalité et sa maîtrise de l'action prompte.

Le mois suivant, à son retour au Vatican, Rodrigo, avec le plein consentement des cardinaux, accepta qu'il dépose la pourpre cardinalice et envisagea son mariage. Il lui destina plusieurs épouses, parmi lesquelles la veuve du roi Ferdinand de Naples et même, car rien ne l'arrêtait, sa propre belle-fille, Sancia d'Aragon, femme de Geoffrey. Celui-ci, nommé cardinal, remplacerait alors son frère au Sacré Collège une fois ses liens matrimoniaux rompus, et César, dans le cas où Frédéric d'Aragon n'aurait pas approuvé son alliance avec la veuve de Ferdinand, épouserait sa belle-sœur.

Devenu libre et laïque, César se fit remettre l'épée qui l'attendait. Rodrigo l'intitula capitaine général des armées pontificales et l'autorisa à nouer des alliances avec la Maison royale de Naples et à se constituer une armée. Il n'en fallut pas davantage pour faire à nouveau murmurer les grands seigneurs d'Italie. L'ambassadeur de Ferrare à Venise, les Orsini, les Cappello, les Savelli supputèrent à l'envi que César était bien le meurtrier de son frère, dont il avait voulu prendre la place auprès du pape en qualité de fils-soldat.

Mais César n'avait cure de ces discours qu'il considérait comme des calomnies. Il n'avait de pensées que pour son belliqueux avenir et poursuivait en toute quiétude son existence de prince. Ses familiers étaient aussi nombreux que ceux de son père. Au Transtevere, une véritable petite cour lui était attachée, comprenant plusieurs apothicaires, de nombreux pages, un astrologue, des échansons, des maîtresses toutes plus belles les unes que les autres. Excellent cavalier, meilleur bretteur encore, amateur de tauromachie, il organisait des joutes, des quintaines, des courses, où il apparaissait sur un cheval moresque au harnais émaillé avec des canailles d'or, des pierreries et un caparaçon rouge. Ses compagnons d'armes, des hommes de main plutôt, étaient surtout recrutés parmi ses amis espagnols : Juan de Cervillon, don Guillem Ramon de Borja, mais également celui qui deviendra peu à peu son principal capitaine, son *bravo*, son âme damnée : le Napolitain Miguel Corella, dit Michelotto. Ils montaient toujours des coursiers magnifiques dont le chanfrein se distinguait par le port d'une touffe de plumes vertes et jaunes. À Rome, César avait remis au goût du jour la naumachie de l'empereur Claude et était parvenu à faire admettre la tauromachie, spectacle typiquement catalan, auquel assistaient jusqu'à dix mille personnes. Le fils du pape imposait chaque fois huit mises à mort et combattait lui-même un taureau.

À Florence, l'année 1498 débuta, pour Savonarole, par la publication, en janvier, de son *Triomphe de la Croix*, traité de la doctrine catholique qui allait inspirer Le Titien dans sa représentation du quadrige de Zeus. Pendant que Bonsi, envoyé de la Seigneurie à Rome, mettait tout en œuvre pour obtenir la levée de l'excommunication qui frappait le chef de la cité, les magistrats se rendaient régulièrement en procession à San Marco pour s'incliner devant le prieur. Devant ces marques de soutien à Savonarole, Rodrigo tenta un compromis et annonça qu'il lèverait l'excommunication si Florence acceptait de rentrer dans la Sainte Ligue contre la France. Dans le même temps, il apprit que Savonarole parlait haut et fort de reprendre ses prédications à la cathédrale de Florence. La capitale de la Toscane tout entière prenait fait et cause pour son réformateur et ne craignait pas la foudre du Saint-Siège.

Cependant, Rodrigo ne s'avoua pas vaincu. Il convoqua à Rome les magistrats florentins et exigea qu'ils prennent les mesures nécessaires pour qu'un religieux excommunié cesse de répandre la mésintelligence entre lui et Florence. Dans une harangue énergique, il expliqua que Savonarole avait dépassé les bornes et que si lui, le pape, avait jusqu'à présent pris des mesures contre le prédicateur seulement, il envisageait désormais de geler ou même de saisir les biens des Florentins dans les États de l'Église. Or, Florence connaissait l'une des plus importantes crises économiques de cette fin de siècle. Ses propos ébranlèrent considérablement les magistrats qui, cette fois, allaient s'entendre pour accélérer la chute de Savonarole. Rodrigo leur réclama l'arrestation du dominicain et son envoi à Rome. Il s'engagea à l'accueillir paternellement et à ne pas le mettre à mort pourvu qu'il se convertisse et ne sème plus le scandale. Pour les hâter, il renouvela son décret d'embargo commercial sur les marchandises en provenance de Florence. Alors les magistrats s'activèrent en effet et harcelèrent le frère à San Marco afin qu'il cesse pour de bon ses prédications. Le lendemain, dans le dernier sermon qu'il prononça de sa vie, l'envoyé de Dieu tonitrua en désespéré :

– Ceux qui me persécutent tomberont. Que de places on prépare à présent en enfer ! Je vous le dis, à vous qui tentez d'assassiner celui qui vous dit la vérité, ces yeux-ci verront votre défaite ! De nouveaux malheurs sont réservés à Florence, de nouvelles calamités vont fondre sur elle ! Vous craignez l'interdit ? Mais le Seigneur saura en envoyer un qui coûtera aux méchants leurs biens et leur vie.

À ce moment, chacun le disait devenu fou. Et sa démence allait s'accroître. Son auditoire était à présent bien mince. Il était abandonné de tous excepté de ses deux fidèles acolytes, les frères Domenico Buonvicini da Pescia et Silvestro Maruffi. Les autres frères osèrent le braver. Francesco di Puglia, prédicateur franciscain de Santa Croce, l'interpella :

– Je te demande, lui dit-il, de prouver que tu es bien un envoyé du Ciel et de te soumettre à mes côtés au Jugement de Dieu en subissant l'épreuve du feu. On croira celui de nous deux qui en sortira sain et sauf. Je périrai peut-être mais j'aurai eu l'avantage de détruire un hérésiarque, qui entraînerait tant d'âmes dans la perdition.

Dans la foule, on cria :

– S'il va dans le feu, il sera brûlé ; s'il n'y va pas, il perdra la confiance de ses partisans ; il y aura tumulte et nous pourrons nous emparer de lui.

– Si tu crois au miracle, répliqua Savonarole à Puglia, je suis prêt, mais si tu n'y crois pas, je ne puis consentir, car tu commets un homicide en entrant au bûcher avec la certitude d'être brûlé. C'est une mauvaise action que je ne dois pas favoriser.

Les personnes avisées prévirent que Savonarole n'accepterait pas. En effet, il refusa cette épreuve impie. Des laïques, des religieuses, des femmes, des enfants s'offrirent pour entrer dans le feu à sa place. Devant tant de fidèles prêts à se sacrifier pour lui, le dominicain ne pouvait plus se rétracter et devait s'exécuter lui-même. Alors il accepta mais se tourna d'abord vers Francesco di Puglia pour lui glisser quelques mots à l'oreille. Le religieux de Santa Croce éclata d'un grand rire cynique, et, afin de couvrir Savonarole de confusion, répéta ses propos à la foule :

– Frère Girolamo pose des conditions. Il exige la présence de tous les ambassadeurs de tous les princes chrétiens.

Un rire s'éleva de la multitude.

– Cela révèle bien qu'il manque de cran, poursuivit Francesco di Puglia. Et naturellement, je demande que ces conditions soient rejetées.

Domenico Buonvicini fut ébranlé par les quolibets et les railleries de la foule. Il s'avança et dit avec vigueur :

– Je remplacerai mon maître, je traverserai moi-même les flammes.

Il s'était montré si éloquent en si peu de mots que personne n'osa s'opposer à son sacrifice. Ce fut la dernière scène de l'ultime sermon de Savonarole.

Sur la place du palais de Florence, à l'aube du 7 avril, fut dressée une estrade longue de cinquante bras, autrement dit de plus de vingt-six mètres, recouverte de plâtre, de terre et de briques, et sur laquelle étaient entassés des fagots de bois sec, enduits d'huile et de poudre à canon. L'épreuve débuta dans l'après-midi, devant une foule qui, à l'arrivée des frères de San Marco, vêtus d'une chape de velours cramoisi, manifesta bruyamment sa faveur pour Savonarole. Tandis que le prédicateur, en chape blanche et tenant le Saint-Sacrement, prenait place dans la loggia de Lanzi, une pluie torrentielle commença à s'abattre sur la ville, interrompant l'épreuve pour quelques minutes. Lorsqu'elle cessa, on enflamma le bûcher puis Frère Domenico Buonvicini s'avança. Alors s'éleva la voix des franciscains, exigeant qu'avant de rentrer dans les flammes le compagnon de Savonarole dépose le crucifix et le Saint-Sacrement qu'il tenait. Domenico refusa, les franciscains insistèrent. Savonarole, dans la loggia, se dressa pour crier lui aussi son refus. S'ensuivit une interminable querelle à laquelle la Seigneurie, exaspérée, mit un terme en annulant l'épreuve. La foule imputa les causes de l'incident à Domenico et injuria les dominicains qui rentraient à San Marco. Savonarole fut conspué. Il avait toujours flatté et excité les instincts morbides de la population, aujourd'hui il perdait tout de son ascendant. Les frères mineurs se retirèrent au contraire sous les ovations.

Savonarole fut condamné au bannissement. La Seigneurie dépêcha une estafette au pape lui demandant l'absolution de toutes les sentences prononcées contre Florence ainsi que l'autorisation de lever trois décimes sur les religieux de San Marco. Rodrigo accorda absolution, indulgences et décimes. Son pardon fut naturellement accueilli avec joie mais les rares partisans du prisonnier s'indignèrent en ces termes : « Ce *frate* a été vendu trente deniers comme le Sauveur. »

Savonarole refusa de quitter Florence, pensant que la population se rangerait à ses côtés et résisterait avec lui. Mais il comprit rapidement qu'il ne pouvait plus compter sur le soutien de la ville, « fatiguée et ennuyée de ses prophéties sinistres », selon le mot de Machiavel. Les Florentins se muèrent en émeutiers et partirent investir le couvent de San Marco. Malgré les appels au calme de Savonarole, les frères s'armèrent, s'organisèrent et soutinrent vainement le siège jusqu'au lendemain. À l'aube, en effet, le prédicateur se livra aux édiles de la ville. Sur le chemin du Palazzo Vecchio, où il fut conduit en compagnie des frères Domenico et Silvestro, Savonarole subit les insultes et les coups des curieux massés depuis la veille. Rodrigo, sans l'obtenir, demanda qu'il lui soit remis. Il déclara à la Seigneurie qu'il désirait qu'on lui envoie le moine sous bonne escorte, auquel cas il le traiterait bien car il désirait, assura-t-il, sa conversion et non pas son châtiment.

Savonarole fut soumis plusieurs fois à la torture. La Seigneurie nomma une commission d'examinateurs chargés d'instruire son procès, tandis que les dominicains écrivaient à Rodrigo : « Votre Sainteté nous a libérés des épaisses ténèbres où nous nous trouvions égarés par les astuces habiles du frère Girolamo. Que Votre Sainteté considère le frère Girolamo comme chef et source des erreurs et qu'il en souffre le châtiment s'il est possible d'en trouver d'assez grand pour un tel crime. »

En France, le roi et la reine se trouvaient à Amboise. Les travaux d'agrandissement et d'embellissement y étaient presque achevés et l'on y entassait encore les richesses rapportées d'Italie par le souverain. De nombreux artistes italiens travaillaient à la décoration : l'ingénieur Luca Vigeno, inventeur d'un four capable de couver 1 200 œufs, le sculpteur Solobrino de Forli, des facteurs d'orgue, et, en outre, des tailleurs d'habits et de nombreux parfumeurs. Le 7 avril, le jour même de l'épreuve du feu à Florence, Charles VIII partit chasser avant l'aube et revint tard, juste pour donner une audience publique. Il sortit de la chambre de la reine, qui l'accompagna dans la cour, ainsi que son confesseur Jean de Rély, évêque d'Angers, et quelques-uns de ses familiers. Des gentilshommes avaient commencé une partie de paume dans les fossés et on s'apprêtait à aller les voir jouer. Anne et Charles pénétrèrent dans la galerie Haquelebac, fréquentée seulement par les domestiques et nommée ainsi parce qu'un certain Haquelebac en avait eu autrefois la garde : « C'était le plus déshonnête lieu de céans, car tout le monde y pissait », lit-on dans les *Mémoires* de Commynes. En raison des travaux effectués, la galerie se trouvait aveuglée par des échafaudages. La porte était si basse que le roi se heurta le front et resta un instant ébloui par la violence du coup. Il se redressa, reprit sa marche, descendit au fossé. Pendant la partie, il s'adressa à Jean de Rély :

– J'espère bien ne commettre aucun péché, soit mortel, soit véniel.

Puis il tomba à la renverse. Transporté dans une chambre voisine, la plus sale du château, où il n'y avait pas même un lit garni de couche et de draps blancs, il reçut l'extrême-onction. Il retrouva trois fois la parole pour murmurer :

– Mon Dieu et la glorieuse Vierge Marie, monseigneur saint Claude et monseigneur saint Blaise me soient en aide !

C'est dans ce misérable lieu qu'il rendit l'âme après neuf heures de souffrances, à l'âge de presque vingt-huit ans. Le bruit courut qu'il était mort empoisonné. On l'avait vu en effet flairer une orange au moment où l'apoplexie l'avait frappé.

Dans sa cellule, en apprenant la mort de Charles VIII, Savonarole, qui l'avait mis en garde lors de leur dernière entrevue, n'eut aucun doute que le roi avait été puni par Dieu pour avoir manqué à son devoir auprès de l'Église militante. Pendant ce temps, Rodrigo s'obstinait à vouloir que son procès se tienne à Rome. Mais on décida que le frère serait jugé et, sans connaître encore le verdict, exécuté à Florence. Le pape dépêcha alors deux commissaires apostoliques pour interroger l'accusé sur les questions intéressant la doctrine de l'Église. Ils siégèrent avec les délégués du gouvernement florentin et soumirent Savonarole à la question. Ils voulurent savoir s'il avait eu l'intention de diviser l'Église du Christ.

– Jamais, répondit le religieux, à moins qu'on ne veuille parler de quelques usages que j'ai introduits à San Marco pour soumettre les frères à une vie plus sévère. Il est bien vrai que je n'ai jamais pensé tomber sous le coup de l'excommunication.

Dans les jours qui suivirent, on tenta de lui faire avouer qu'il était hérétique. L'inconscience dans laquelle il s'enfonçait à mesure qu'on le suppliciait lui fit prononcer des réponses souvent pleines d'ambiguïté. L'Espagnol Francisco Remolines da Ilerda, l'un des commissaires de Florence, dirigea les interrogatoires. Il était l'ami intime de César Borgia.

– N'as-tu jamais prétendu que Jésus-Christ était seulement un homme ? demanda-t-il à l'accusé.

– Une telle affirmation serait une folie, répondit Savonarole.

– Crois-tu aux incantations ?

– Je m'en suis toujours moqué.

Il finit par reconnaître avoir entretenu des intelligences avec Naples et son cardinal, Caraffa. Ensemble, ils avaient projeté de réunir un concile pour déposer le pape. Quelques jours plus tard, il se ravisa.

– Je confirme tout ce que j'ai avoué précédemment, déclara-t-il à Francisco Remolines, hormis ce que j'ai dit du cardinal de Naples, car il s'agissait d'un aveu arraché sous l'emprise de la peur. Je n'ai pas non plus ourdi quoi que ce soit avec d'autres cardinaux, toujours en ce qui concerne le concile.

– Et ce que tu as dit au sujet des Saintes Écritures ? lui demanda un commissaire.

– Jamais je n'ai dit que je me croyais inspiré, mais que je m'appuyais sur les Saintes Écritures, en effet. Loin d'être mû par la cupidité et l'ambition, je n'avais d'autre désir que d'arriver à la convocation d'un concile afin que l'on réforme les mœurs à l'exemple des temps apostoliques.

Tard dans la nuit, dans sa cellule, il reçut la visite de Remolines.

– Qu'as-tu à dire au pape ? lui demanda celui-ci.

– J'ai vu certains pasteurs de l'Église, répondit Savonarole d'une voix faible, entraîner dans l'erreur par leur mauvais exemple et leurs enseignements corrompus. J'ai cru que mon devoir me commandait de défendre, pour l'honneur de Dieu et pour le triomphe de la foi, la vérité de la doctrine catholique et qu'il m'imposait de relever et d'amender les mœurs avilies. Dieu a tout mis en œuvre pour démontrer cette vérité en faveur de laquelle nous endurons maintenant tant de maux venant de Sa Sainteté. Je ne puis plus compter sur le secours que le vicaire de Jésus-Christ devait équitablement me prêter, et comme chrétien, et comme pasteur suprême. Le pouvoir de sévir contre moi a été accordé à des loups féroces. Je me confie en Celui qui choisit les plus faibles instruments humains afin de confondre les puissants de la Terre. J'espère être exaucé par Lui à cause de cette vérité pour laquelle je souffre ; j'espère voir punir tous ceux qui me persécutent, tous ceux qui entravent l'œuvre divine. Suivant l'exemple du Christ, je ne recherche point ma gloire personnelle. J'attends la mort, je la désire de toutes les forces de mon cœur. Que Sa Sainteté se hâte de songer à son propre salut.

Dans la même nuit, il acheva l'œuvre écrite qu'il avait commencée un mois plus tôt : un commentaire du *Miserere*, qu'il appelait également le *Psaume cinquante-unième*. Puis il se confessa à son geôlier et, harassé, posa sa tête sur ses genoux pour s'endormir. Pendant son sommeil, il parla et ricana.

Aux premiers feux de l'aurore, on vint le chercher pour lui faire entendre sa sentence de mort et celle de Domenico Buonvicini et Silvestro Maruffi. Le Grand Conseil les déclara tous trois convaincus d'hérésie. Ils reçurent les sacrements de pénitence et d'eucharistie, en dépit de l'excommunication de Savonarole. L'heure suivante, ils entendirent la messe. Savonarole donna la communion à ses disciples agenouillés à ses pieds, puis les bénit une dernière fois avant de prendre lui-même l'hostie et de s'abîmer en prières.

À dix heures, une fois dégradés par les juges ecclésiastiques et violemment dépouillés de leurs scapulaires, ils furent conduits au bûcher dressé sur la place du palais de la Seigneurie, envahie par la foule. L'évêque Remolines leur fit la lecture de la sentence qui les condamnait à être pendus puis brûlés. Il ajouta :

– Il a plu à notre Saint-Père le pape de vous délivrer des peines du Purgatoire en vous accordant une indulgence plénière pour vos péchés, vous restituant ainsi à votre innocence première. L'acceptez-vous ?

Les trois condamnés approuvèrent d'un signe de tête. Le père Thomas Sardi, poète et insigne orateur, les précéda jusqu'à l'échelle de l'échafaud, que le frère Silvestro gravit le premier, accompagné d'un moine et d'un pénitent tous deux vêtus de noir. Girolamo Savonarole, tout en récitant le *Credo*, fut le dernier à monter. Il fut aussi le dernier à être pendu. Le bourreau embrasa le bûcher, enchaîna les trois corps sans vie et les hissa au-dessus des flammes.

Rodrigo fut avisé de l'exécution de Savonarole. Il donna des ordres à la Seigneurie de Florence pour que rien ne reste de l'hérétique. Ses écrits, les croix rouges qu'il avait coutume de distribuer furent purifiés par le feu. Quelques femmes exaltées allèrent nuitamment s'agenouiller dans les charbons du bûcher où le martyr avait été brûlé, et s'abîmèrent en prières avant de chercher vainement ses reliques. Elles avaient été éparpillées dans la rivière Arno.

Burckard s'approcha de la fenêtre et, tout en contemplant les parterres de fleurs de son jardin, dit à Francesco :

– Sais-tu, mon jeune ami, la condamnation de Savonarole était d'une profonde injustice. J'ai dit que le pape ne voulait tirer de lui rien d'autre qu'une vengeance personnelle. Rodrigo tenait sa victoire grâce aux notables florentins pressés de revenir à leurs affaires, et il se donnait le beau rôle. Les intérêts des Borgia étaient hors de cause. Les institutions de Florence ne l'intéressaient en rien. Lui qui s'élevait contre l'Inquisition laissait, pour la défense de ses intérêts, utiliser les méthodes éprouvées par celle-ci, pour arracher des aveux à un adversaire personnel déguisé en hérétique avant de le livrer aux flammes, tout en prenant Dieu à témoin du devoir accompli. D'ailleurs, dans l'énoncé de la sentence, il n'a jamais été question de tentatives pour convoquer un concile, et pas davantage de trahison ou d'intelligence avec une ou plusieurs puissances étrangères. Cela était bien égal au pape.

Il revint vers le fauteuil où Francesco était assis et poursuivit :

– Savonarole ne pouvait pas déposer Borgia, et Borgia le savait très bien. La démarche du prieur aurait été vouée à l'échec car si l'on se penche sur ce pape à la vie tumultueuse on s'aperçoit qu'on ne peut relever aucune dérive doctrinale. De toute façon, en aucun cas un souverain pontife ne peut être déposé sans une procédure contre laquelle bien des recours sont possibles. Tu vois que Borgia n'avait vraiment rien à craindre de Savonarole. Son intérêt était de voir mourir celui qui avait jeté un sort sur sa famille.

Francesco écoutait Burckard avec une attention aussi vive que celle d'un moine novice.

– Lorsque Remolines, poursuivit le maître de cérémonie, est venu le voir dans sa cellule la nuit précédant son exécution, il lui a également confié qu'il avait eu l'espoir que le pape viendrait à son aide et combattrait avec lui les ennemis de la foi. C'est précisément le contraire qui est arrivé. Borgia n'a point voulu accueillir les arguments tant de fois invoqués en faveur de l'innocence de Savonarole et entendre toutes les bonnes raisons qu'il lui donnait, non pour excuser des fautes, mais pour établir l'intégrité des doctrines contenues dans ses sermons et prouver ses sentiments d'humilité à l'égard de la Sainte Église romaine. Quant aux prophéties de Savonarole, il n'y a pas lieu de les discréditer. L'un de nos contemporains, messire Philippe de Commynes, qui fut au service de plusieurs rois de France, est persuadé de ses talents de devin. Il écrit : « Je puis dire avec assurance qu'il prédit beaucoup de choses dont aucun mortel n'aurait pu être informé. Il devina que le roi perdrait son fils et lui survivrait peu ; or j'ai lu moi-même au roi les lettres sur tout cela. » Tu sais, Francesco, que le petit Charles-Orland, l'héritier de Charles VIII, est mort en 1495, et le roi à peine trois ans après lui.

Il se laissa tomber dans un fauteuil et soupira longuement.

– Enfin ! tout cela est du passé ! souffla-t-il avec un air de profond regret. Cinq ans se sont écoulés depuis l'exécution du prieur de San Marco et rien ne le fera revenir. Et puis certains lui rendent justice. Peu de temps après son exécution, Raphaël le peignit dans le Vatican parmi les docteurs de l'Église. À Sainte-Marie-Nouvelle de Florence, son portrait figure dans l'une des lunettes représentant le Christ prêchant et la naissance de saint Dominique… Bien, à présent, mon jeune ami, il se fait tard et j'ai besoin de repos. Je te propose que nous nous revoyions demain.

Francesco referma son manuscrit et posa sa plume sur la couverture.

– À demain, Monseigneur, dit-il à Johannes Burckard avant de lui demander : Quelle sera la suite ?

– Nous parlerons de l'avènement de Louis XII, en France. Nous verrons combien Rodrigo a su tirer profit du successeur de Charles VIII. Allez, à demain !

Francesco lui souhaita une bonne nuit, s'inclina devant lui et se fit raccompagner à la porte par Ilario.

DIARIUM VII

Comment César devient duc, se marie et part en guerre au nom de son auguste père le pape.

Le nouveau roi de France s'était fait sacrer à Reims le 27 mai, quatre jours après l'exécution de Savonarole et de ses disciples. Une fois son gouvernement formé, sa préoccupation première fut de songer aux moyens d'empêcher la Bretagne de se séparer à nouveau du royaume de France. Le contrat de mariage de feu Charles VIII stipulait que s'il n'avait pas d'enfants avec Anne de Bretagne, les deux époux se feraient donation pleine et entière de leurs droits respectifs sur la Bretagne. Veuve du roi de France, la duchesse Anne ne pouvait donc s'unir qu'à Louis XII. Cependant, pour l'épouser, ce dernier devait faire annuler son mariage avec sa femme Jeanne, désormais reine. Il s'en remit à l'Église, seule autorité compétente pour dissoudre une union, et dépêcha un ambassadeur à Rome, chargé d'exposer à Rodrigo les différentes causes de la nullité du mariage.

– Sa Majesté supplie Votre Béatitude de députer des gens capables et de condition requise pour connaître de cette affaire, la terminer définitivement et remettre sa dite Majesté en ses droits et liberté pour pouvoir traiter ailleurs librement et où bon lui semblera.

Autrement dit, Louis XII comptait bien sortir vainqueur du procès en annulation de son mariage et avait donné la consigne à son négociateur de faire en son nom les offres les plus séduisantes au pape. Mais Rodrigo les rejeta une par une. Il fit venir César.

– Lorsque tu as eu seize ans, mon fils, lui dit-il, j'ai obtenu pour toi d'importants canonicats avec de grasses prébendes. Je t'ai aussi octroyé l'évêché de Pampelune. À mon avènement, je t'ai cédé mon siège de Valence, le plus riche d'Espagne. Il rapporte au-delà de 16 000 ducats par an. En dépit de l'opposition des membres du Sacré Collège, je t'ai conféré la pourpre alors que tu n'avais que dix-neuf ans. Je te ferai encore moissonner avec facilité les honneurs et les richesses. Je t'obtiendrai un duché, je t'offrirai un corps d'armée et un merveilleux mariage d'intérêt. Je t'en fais le serment.

La semaine suivante, il reçut Georges d'Amboise, venu à Rome pour négocier la dissolution du mariage royal.

– J'ai déjà entendu l'émissaire de Sa Majesté, lui expliqua Rodrigo. Il me proposait des offres auxquelles je n'ai point voulu être accessible. La reine Anne a récemment reçu mon fils à la cour d'Amboise. César y a rencontré une jeune demoiselle d'honneur fort belle, Carlotta d'Aragon, princesse de Tarente, fille de Frédéric III de Naples et de Sicile. Il a envisagé de l'épouser mais son père s'y est opposé. Nous avons employé tous les moyens pour obtenir l'intervention de la reine. Le roi Frédéric a fini par céder, mais c'est la princesse, cette fois, qui s'est permis de rejeter le mariage avec orgueil. Savez-vous ce qu'elle a invoqué ?

– Non, Très Saint Père.

– Elle ne voulait point pour mari un prêtre et fils de prêtre, un sanguinaire, un fratricide, infâme par la naissance et plus encore par ses mauvaises actions.

– Que Votre Sainteté me dise ce qu'Elle attend de Sa Majesté en échange de la bulle d'annulation.

– La main de Carlotta d'Aragon pour César. La princesse est riche et mène un grand train de maison. Elle représente un bon parti pour mon fils.

– Je m'engage à insister auprès du roi pour qu'il rencontre la princesse et se montre convaincant.

– Ce n'est pas tout. J'exige, toujours pour mon fils, une pension annuelle de 20 000 écus d'or et le collier de l'ordre de Saint-Michel. J'attends encore du roi le duché de Valentinois, le comté de Diois et un corps d'armée. Pour César naturellement. Si le roi intervient en Italie, une partie de ses conquêtes devront revenir au duc de Valentinois, mon fils.

Louis XII accepta les conditions, et Rodrigo lui fit parvenir un bref dans lequel il nommait deux commissaires ecclésiastiques auxquels il confiait ses pleins pouvoirs pour le procès. Le tribunal siégea à Tours. Louis XII choisit pour procureur Antoine de L'Estang, docteur en droit, conseiller au Grand Conseil, à l'effet de poursuivre la dissolution de son mariage par-devant les commissaires désignés par le pape et siégeant en la ville de Tours. L'Estang s'occupa immédiatement de rédiger la plainte de son royal client. Les chefs d'arguments qu'il développa très longuement étaient fondés sur le degré de parenté des deux conjoints et sur le défaut de consommation du mariage avec Jeanne.

La reine se présenta pour subir son premier interrogatoire, avec les notaires de la cause et le sien. Elle était vêtue d'habits de deuil, accompagnée de son confesseur et de l'une de ses dames d'honneur. Dès qu'elle fut introduite et qu'elle s'assit, les commissaires procédèrent à son audition après avoir rappelé à Jean de Vesse et aux autres conseillers de la reine les peines qu'ils encourraient s'ils refusaient de répondre. Puis, la main sur l'Évangile, le procureur du roi déposa les questions sur le bureau et jura qu'elles ne contenaient que l'exacte vérité. Les commissaires apostoliques les transmirent à Jeanne, qui prêta à son tour serment. Assise dans un fauteuil royal, elle parla constamment avec calme et dignité, avec bienveillance et retenue.

Dans le même temps, Louis XII remettait à César le duché de Valentinois. Sans même attendre le résultat du procès, le pape signa alors les dispenses nécessaires au futur mariage du roi et d'Anne de Bretagne, preuve évidente que l'issue des débats avait été convenue d'avance et escomptée par Rome. César quitta Rome pour la France, sous le regard de son père demeuré à la fenêtre. Monté sur un coursier blanc richement enharnaché, coiffé d'un béret surmonté d'une plume noire, vêtu d'un pourpoint de damas blanc à bordure d'or et recouvert d'un manteau de velours noir, ses houseaux entièrement couverts de perles, il était accompagné de cent serviteurs, écuyers, pages et estafiers. Douze chariots et trente mulets aux selles, brides et harnais agrémentés de velours cramoisi portaient ses bagages, ses bahuts, et des coffres avec écusson et armes du Valentinois contenant des bijoux et des pierres précieuses.

Le long cortège dispendieux prit la direction du Tibre et du Transtevere. À Ostie, le nouveau duc de Valentinois embarqua sur un vaisseau affrété par Louis XII et escorté par cinq galères sous le commandement du seigneur de Sarenon. Après dix jours de navigation sur une mer aux eaux calmes comme celles d'un lac, il fut reçu au môle de Marseille par l'archevêque de Dijon. Le jour suivant, il gagna Avignon, où il fit son entrée sur un cheval barbe offert par le marquis de Mantoue. Il retrouva Giuliano della Rovere. Le cardinal, on le sait, en rupture avec le Saint-Siège et le Sacré Collège, vivait à la cour de France mais, au vu des bonnes grâces de Louis XII dont bénéficiait à présent son rival du Vatican, il demanda à faire son retour à Rome.

– Seigneur, dit-il à César, je proteste de ma grande affection à l'égard de Sa Sainteté et lui en donne la preuve en venant au-devant de son fils. Je demande l'autorisation de rentrer à Rome, et s'il plaît à Sa Sainteté de me l'accorder j'aimerais y faire mon retour au printemps prochain, afin de ne pas m'exposer aux intempéries de l'hiver pendant mon voyage.

César promit de s'entremettre auprès de son père dès son retour de France. Il ignorait alors que della Rovere, une fois devenu pape, quelques années plus tard, précipiterait sa ruine.

– Je ne cacherai pas à Votre Seigneurie, poursuivit le cardinal, qu'elle est si plein de modestie, de prudence, d'habileté et doué de tels avantages au physique et au moral, que tout le monde en est fou. Vous êtes en haute faveur à la cour et auprès du roi. Tout le monde vous aime et vous estime. J'éprouve à le dire une véritable satisfaction.

César et sa suite demeurèrent dix jours à Avignon. Le duc de Valentinois fut entièrement entretenu aux frais de Giuliano della Rovere, qui dépensa plus de 7 000 ducats et lui fit offrir de superbes habits de brocart et de velours. Fin octobre, il reprit son chemin et pénétra dans Valence, capitale de son nouveau duché. Dans l'attente d'en être officiellement mis en possession par le roi, il reçut les honneurs du château royal et le cordon de Saint-Michel, réservé d'ordinaire aux seuls princes du sang et aux plus grands du royaume. En novembre, il était à Lyon. Le jour de son entrée, le consulat de la ville fit jouer des mystères et des farces, organisa des danses moresques, au milieu de décors réalisés par les peintres François de Rochefort et Claude Chevallet. Pendant plusieurs jours, ce ne furent que banquets et agapes. En une seule soirée furent servis vingt-huit chapons, vingt-quatre lapins, quatorze douzaines de perdrix blanches, trente-cinq tourterelles, six levreaux, douze paons, dix faisans, une rouelle de veau, une pièce de bœuf, dix-huit pâtés de coings, autant de darioles d'Angleterre, de rissoles et de plats de gelée, vingt pâtés d'alouettes. Le tout fut accompagné de deux livres de cannelle, trois livres d'orangeat, une livre d'anis, trente-deux cimaises d'hypocras, du gingembre, des muscades, de la giroflée, du sucre de Portugal, de la malvoisie, des raisins de Corinthe, des prunes, des dattes et autres grenades d'Espagne.

Le procès de Jeanne parvenait cependant à son terme. Après les plaidoyers de ses avocats, la délibération fut confiée, début décembre, à un conseil de notables. Le 17, le tribunal apostolique se réunit dans l'église paroissiale de Saint-Denis d'Amboise pour lire l'arrêt. Fatiguée par les interrogatoires qui s'étaient succédé, Jeanne était absente, retirée au château de Montils-sous-Blois. Dès le début de la procédure, les populations de toute la Touraine avaient pris fait et cause pour elle. Elles avaient suivi toutes les séances et se répandaient à présent dans les rues en criant : « Rendez-nous notre reine ! Rendez-nous notre sainte reine ! » Le cardinal de Luxembourg se leva, tenant dans les mains un long rouleau de parchemin dont l'une des extrémités, garnie de trois sceaux attachés par un ruban rouge et deux cordonnets de soie rouge et verte, pendait jusqu'à terre. Il déclara : « Disons, déclarons et prononçons le mariage contracté entre les deux parties n'avoir valu et ne valoir, mais avoir été et être nul, de nul effet et obligation ; et donnons, en tant que de besoin, audit demandeur, en vertu de l'autorité apostolique, congé et licence de contracter un mariage valable avec telle femme que bon lui semblera, sans dépens de ladite cause. »

Sitôt la lecture achevée, une épaisse nuée s'éleva dans toute la ville. La clarté du jour se mua en une nuit sombre et affreuse. Dans les rues, les Tourangeaux criaient :

– Que l'on fait grand tort à Madame Jeanne ! Comme Dieu le démontre clairement !

Aux juges qui regagnèrent leurs escortes respectives, on criait :

– Voilà Caïphe ! Voilà Hérode ! Voilà Ponce Pilate. Ils ont donné la sentence contre la sainte Dame, qui n'est plus reine de France !

Avec des équipages d'un luxe dispendieux, d'un faste d'une extravagance insolente, César Borgia poursuivait sa lente progression sur le sol français, ayant reçu l'instruction de n'arriver qu'après la fin du procès à Chinon, où il devait remettre au roi la bulle d'annulation de son mariage. De Lyon, il se rendit en Touraine, où résidait la cour de France, cour errante, qui passait constamment de ville en ville, d'Amboise à Chinon, puis à Loches, puis à Blois, résidence de Louis XII. À Blois, le roi ne voulut pas traiter son hôte en fils de souverain. Il feignit donc de le rencontrer par hasard, sous prétexte d'aller à la chasse, à deux lieues du château. Il lui laissa le soin de faire seul son entrée, qu'il avait lui-même si cérémonieusement organisée avant son départ de Rome. Aux portes de la ville, le fils du pape fut accueilli par Monseigneur Ravestain, cardinal de Rouen, le sénéchal de Toulouse et Monsieur de Clermont, suivis tous trois d'une brillante escorte représentant le roi. À Valence, il avait fait recouvrir ses mulets des armes et écussons de son duché. Ces bêtes de somme portaient la livrée royale, de satin jaune et rouge pour les uns, de drap d'or pour les autres. Les représentants des plus hautes familles françaises ouvraient la marche. Ils précédaient dix-huit pages, que l'on disait être les mignons du duc, vêtus de velours cramoisi et tenant par la bride de grands coursiers couverts de drap d'or et ferrés d'argent. Les gentilshommes de César chevauchaient devant leur maître, fiers et beaux, étalant une profusion d'or, de diamants, de satins et de perles. Les ménétriers, trompettes, clairons, tambourinaires, joueurs de viole et de rebec, escortés de vingt-quatre laquais habillés de velours mi-parti jaune et cramoisi, entouraient César, vêtu d'un manteau de drap d'or et de satin rouge, brodé de pierreries et de perles. Une double couronne de rubis entourait son bonnet. Ses bottes, lacées de fils d'or, étaient serties de perles. Son cheval, enveloppé de feuilles d'or, avait un harnachement d'orfèvrerie incrusté de gemmes et de perles.

Tout ce monde richement bigarré prit le chemin du château, où César devait loger. La garde royale de deux cents archers le reçut devant l'entrée. Il descendit de sa monture pour se rendre auprès de Louis XII. Le roi l'attendait dans la grande salle d'armes en compagnie d'une foule de gentilshommes, de chambellans et de cardinaux. Regardant derrière une fenêtre la cavalcade éblouissante qui venait de s'immobiliser dans la cour, il souffla :

– C'est vraiment beaucoup pour un petit duc de Valentinois !

Ses familiers se mirent à rire à l'écoute de ce bon mot, puis un garde vint annoncer l'arrivée de César. Le duc avait monté lestement l'escalier. Il s'arrêta un instant sur le seuil de la lourde porte, la main posée sur la garde de son épée d'apparat. Puis il s'avança et s'inclina profondément et à plusieurs reprises devant son hôte. Il commença à se prosterner à ses pieds lorsque le roi le releva pour l'en empêcher. Lui ayant alors baisé la main, il lui signifia l'honneur qu'il avait de le rencontrer, lui présenta les hommes qui l'accompagnaient et ajouta quelques paroles de courtoisie. Le cardinal de Rouen le conduisit à la salle du banquet où une partie de la cour vint lui rendre hommage.

Après avoir dîné, Louis XII le pria de venir s'entretenir avec lui. Le duc lui remit la bulle de dissolution signée par son père et les dispenses nécessaires que celui-ci lui accordait pour régulariser son union avec Anne de Bretagne.

– Sa Sainteté, dit-il au roi, désirant entretenir et accroître les douceurs de la paix parmi les fidèles du Christ et éviter la naissance des scandales et discordes, accorde à Votre Majesté et à la reine Anne, par un don de sa grâce spéciale et au cas où le mariage du roi et de sa première femme serait annulé, la permission de convoler librement en secondes noces et de vivre désormais dans cette union licite qui leur promet des fruits légitimes.

Ils eurent de nouvelles conversations le lendemain, pendant de longues promenades qu'ils firent dans les jardins. Après quoi le roi partit pour Angers puis pour Nantes, où devait être célébré son mariage avec la duchesse de Bretagne.

Le 8 janvier 1499 eut lieu la cérémonie nuptiale de Louis XII et d'Anne de Bretagne. César y assista et mit à profit les fêtes qui lui succédèrent pour courtiser Carlotta, fille d'honneur de la reine. Le roi, en vertu du traité passé entre lui et Rodrigo, faisait tout pour mettre la princesse dans les bras du duc de Valentinois. Mais, comme autrefois, Carlotta demeura insensible aux avances du fils Borgia et persista à ne pas vouloir être appelée la Cardinale.

Lors d'un banquet, Louis fit asseoir les deux jeunes gens l'un en face de l'autre. Ce jour-là, César, arrivé sur un grand coursier couvert de feuilles d'or, de roses et de perles, s'était habillé avec autant de recherche que de richesse. Il avait revêtu une robe de satin rouge et drap d'or brodée de grosses perles, son bonnet était chargé d'un double rang de six énormes rubis étincelants, ses bottes étaient lardées de cordons d'or et semées d'émeraudes, et son collier, estimé à 30 000 ducats, ruisselait de vingt pierres précieuses différentes. Son luxe et toutes les grâces affables qu'il savait en outre déployer commencèrent enfin à vaincre l'opposition de Carlotta. Elle ne fut pas loin de consentir, à condition cependant d'obtenir l'autorisation de son père, ce qui pouvait être un moyen habile de se dérober aux instances du prétendant sans lui opposer un refus trop brusque comme la première fois. Peut-être est-ce elle qui insista auprès du roi Frédéric pour que celui-ci refuse aussi nettement qu'il le fit quelques jours plus tard. Louis XII feignit d'en être désolé.

En apprenant que le roi de France n'était prétendument pas parvenu à obtenir pour son fils la main de Carlotta d'Aragon, Rodrigo commença à montrer des signes d'impatience et à tenir des propos amers envers Louis XII. Politique clairvoyant, il comprenait que ce séjour menaçait de devenir une défaite morale pour les Borgia. Le bruit courait du reste que cinq souverains d'Europe avaient daigné écrire au roi de France de prendre garde à ce que Carlotta ne soit pas maltraitée par le fils du pape. Rodrigo se sentit irrité et songea à plusieurs reprises à faire revenir César à Rome pour lui faire épouser une princesse italienne, liant ainsi son destin à celui de l'Italie.

César finit bientôt par s'intéresser à une autre « Carlotta », qui avait pour nom Charlotte d'Albret, elle aussi demoiselle d'honneur d'Anne de Bretagne. Elle était la sœur du roi Jean de Navarre et la fille du seigneur breton Alain d'Albret, duc de Guyenne. La reine l'avait appelée à Paris dès sa jeunesse. Elle avait grandi près d'elle, prenant le haut ton de la cour, au milieu des seigneurs les plus brillants, les plus nobles et les plus braves. Louis XII se sentit contraint de tenir compte du désir de César et de négocier avec d'Albret. Il chargea le seigneur de la Romagère de rencontrer le père de Charlotte. Alain le Grand vit ce mariage avec répugnance, et se proposa d'en discuter longuement les conditions et de ne rien accepter que sous bénéfice d'inventaire. Avide d'argent, il se révéla plein d'âpreté et de méfiance. Il fallut le vaincre à force de promesses, de concessions et de faits, car, pour lui, les actes valaient mieux que la parole royale. Saisi de la demande, il transmit ses réponses au seigneur de la Romagère avec lequel il signa un premier acte officiel. Le roi ayant déclaré donner à César une dot de 100 000 livres, d'Albret exigea la conversion des livres en ducats, avec garantie et époques de paiement. Il voulut qu'on établisse, en dehors de cette dot et des revenus du duché de Valence, la liste des biens de César pour savoir ce que sa fille hériterait au cas où le duc viendrait à mourir avant elle. Lui-même donna à Charlotte une dot de 30 000 livres tournois après la célébration du mariage, et 1 500 livres par an.

Seule Charlotte ne se réjouit pas de cette alliance qu'elle n'acceptait qu'à contrecœur. César la répugnait et il lui venait des nausées à l'idée de devoir le suivre en Italie. Ses grands yeux noirs et l'opulence de ses cheveux étaient magnifiques. Les noces furent célébrées à Chinon en mai. À peine informé des événements de la nuit nuptiale, Pedro Calderon, émissaire et premier camérier de Rodrigo, sauta sur son cheval et, en cinq jours, arriva à Rome. Il trouva le pape à genoux sur son prie-Dieu dans son oratoire. Il lui décrivit longuement la cérémonie et le grand festin offert par le duc de Valentinois au roi, à la reine, au duc de Lorraine et à toute la noblesse de la cour de France. Les salles du palais ne suffisant pas à recevoir tous les convives, on avait dû dresser le couvert dans une vaste prairie que des tapisseries tendues divisaient en salles et en chambres. Louis XII avait offert au nouvel époux cent barriques de vin de Bourgogne et Anne de Bretagne un cheval et un anneau d'or d'une valeur de cent ducats.

Rodrigo prit place sur sa chaise d'apparat recouverte de tissu d'or. Le dais fut dressé au-dessus de sa tête. Pedro Calderon poursuivit son récit. Il raconta que des comédies satiriques avaient représenté le mariage de César, qui s'en était offensé. Mises en scène par les étudiants de Paris, elles étaient si infamantes pour lui et pour le pape que Louis XII avait envoyé dans la capitale le grand chancelier et le comte de Ligny afin qu'ils fassent cesser le scandale. Mais les deux délégués s'étant trouvés en face de 6 000 étudiants armés et menaçant de se révolter, le roi avait dû quitter Blois précipitamment afin de rétablir l'ordre parmi ses sujets.

L'union de César avec Charlotte d'Albret avait affermi l'alliance française avec le Saint-Siège. Quelques jours après le mariage, César reçut de Louis XII le collier de l'ordre de Saint-Michel, fait de coquilles d'or et de lacs d'amour en soie noire avec l'image du Saint Archange. C'était une haute distinction que Rodrigo avait également réclamée au roi en échange du bref d'annulation. Un nouveau courrier parvenu à Rome en informa le pape, qui célébra l'événement en organisant des fêtes publiques dans toute la cité. La métropole de la Chrétienté fut illuminée sur son ordre. Le château Saint-Ange, le palais du cardinal Orsini, celui de Lucrèce furent particulièrement flamboyants.

César, escorté de sa suite, prit le chemin de l'Italie avec Charlotte. À mesure que l'on descendait la vallée du Rhône, le paysage se transformait. De jour en jour, la lumière se faisait plus dorée et revêtait toutes choses d'un manteau de beauté. Bientôt apparurent les premiers oliviers, dont le vent rebroussait le feuillage comme des bouquets de plumes d'argent. Puis on passa les Alpes, avec son cortège de splendeurs, et on parvint à Venise, où les voyageurs restèrent quelques jours en cette période de carnaval dont la durée était de six mois. Lors d'un bal place Saint-Marc, le fidèle lieutenant de César, Michelotto Corella, trouva une lettre au pied de la nouvelle mariée, qui, sans nul doute, l'avait fait tomber par mégarde. Il la ramassa, l'ouvrit et la fit passer de main en main parmi les sbires du duc. Elle contenait ces seuls mots : « Je ne peux pas souffrir cet affreux Valentinois. Il me fait mal au cœur et je vous prie de m'en délivrer. » Michelotto s'approcha de Charlotte d'Albret et l'interrompit dans la danse qu'elle exécutait avec un quelconque galant de la ville :

– Vous êtes bien imprudente, chère Madame, lui dit-il, d'avoir laissé tomber ceci.

Charlotte eut un hoquet de surprise.

– Est-ce bien votre écriture ? reprit l'homme.

Le mutisme de la duchesse fut un aveu.

– Je suis dans l'obligation d'informer Monsieur le duc.

En achevant ces mots, il fit un signe à des compagnons, qui entourèrent Charlotte. César, assis dans une loggia, était en grande conversation avec le doge.

– Monseigneur, vint les interrompre Michelotto en s'inclinant, nous avons trouvé cela aux pieds de Madame la duchesse de Valentinois.

César prit un air de dédain et ordonna qu'on lui amène son épouse sur-le-champ. Charlotte approcha, les yeux creusant le sol, la tête baissée. Le duc fit un pas vers elle, lui redressa le menton.

– Madame, à qui s'adresse cette lettre, je vous prie ? l'interrogea-t-il d'un ton vibrant.

– C'est vrai, Monsieur, répondit l'épouse, que je ne peux vous souffrir. Je n'ai même jamais cessé de vous haïr. J'espérais qu'un gentilhomme de Venise me délivrerait de vous.

César rassembla ses hommes. Ensemble, ils gagnèrent le canal où attendaient plusieurs gondoles, rejoignirent leurs chevaux et partirent pour Rome. Charlotte fit le voyage dans un chariot branlant, enfermée dans une cage recouverte d'un drap de velours. Lorsqu'il fut en vue de Rome, le duc délivra son épouse, lui lia lui-même les mains dans le dos et la mit en travers de son cheval. Laissant ses hommes dresser un campement au milieu des oliviers, il poussa sa monture vers le Ponte Milvio, franchit le Tibre, et fit halte sur la rive. Il attendit la nuit pour pénétrer dans la ville, passa la porte Settimiana, se rendit dans sa demeure du Transtevere et enferma sa femme à double tour dans une chambre isolée. Il donna des consignes à Eduardo, son domestique le plus sûr, qui devait veiller sur elle et ne la laisser sortir sous aucun prétexte jusqu'à nouvel ordre. Il partit rejoindre son escorte, avec laquelle il fit son entrée dans la ville peu avant midi.

Fort de son alliance avec Rome, le roi de France passa les Alpes et marcha droit à la conquête de Milan. Comme Charles VIII quelques années plus tôt, l'esprit de Louis XII était absorbé par la question du Milanais, prétendument usurpé par Ludovic le More. Venise, son alliée, porta son armée sur les bords de l'Oglio et enleva toutes les places situées en amont de l'Adda. Sous les ordres de Louis de Luxembourg, Robert Stuart et Jean-Jacques Trivulce, les troupes françaises, en quelques jours, soumirent les villes de

Valence, Tortone, Alexandrie, passèrent le Pô et le Tessin et s'avancèrent vers Milan. La ville se rendit sans résistance. Louis XII confia le gouvernement de sa nouvelle conquête à Trivulce et remit une petite armée à César.

Rodrigo commençait avec bonheur et avidité à dessiner le futur royaume des Borgia, qui enveloppait la Romagne, État situé au nord-est de l'Italie et ouvert sur la mer Adriatique. Il investit César du vicariat de Romagne et lui remit solennellement le gonfalon du Saint-Siège avec le bâton de capitaine général des troupes pontificales. Il lui décerna également la Rose d'or qui le désignait comme étant celui ayant le mieux servi l'Église. À la chambre du Papagallo, il versa l'encens dans une cassolette, aspergea le gonfalon, l'encensa, et coiffa la mitre pour recevoir le serment solennel de son fils. César s'agenouilla devant lui et prononça à voix haute :

– Moi, César Borgia de France, duc de Valentinois, gonfalonier porte-drapeau, capitaine général de la Sainte Église romaine, à partir de cette heure je serai fidèle et obéissant au bienheureux Pierre, à vous mon très saint maître, Alexandre VI, pape, et à vos successeurs institués canoniquement. Ni de fait ni de consentement, je n'entrerai jamais dans un complot ayant pour but de vous enlever la vie, ou de vous faire perdre un membre, ou de vous emprisonner traîtreusement, enfin de porter violemment la main sur vous ou vos dits successeurs, de quelque façon que ce soit ou pour vous faire aucune violence, sous quelque jour qu'on la veuille présenter. Les desseins, au contraire, que vous me confierez, vous ou vos dits successeurs, soit directement, soit par vos nonces, soit par lettres, personne, à mon escient, n'en recevra de moi un avis qui puisse tourner à votre dommage ou à celui de vos dits successeurs. Je vous aiderai, vous et ceux qui viendront après vous, à conserver et à défendre contre qui que ce soit le pontificat romain et les droits royaux de saint Pierre. Je traiterai avec honneur le légat du Siège apostolique à sa venue et à son départ, et je l'aiderai quand il en aura besoin ; je prendrai soin de conserver, défendre, augmenter et étendre les droits, honneurs, privilèges et autorité de l'Église romaine, sous vous et sous vos successeurs ; je ne participerai ni aux projets, ni aux actes, ni aux traités qui pourraient recouvrir quelque entreprise criminelle ou préjudiciable contre vous ou contre vos successeurs, ou enfin contre l'Église romaine ; et si j'apprends qu'il soit constaté ou préparé semblable machination par quiconque, je l'entraverai de toutes mes forces et le plus vite possible j'en avertirai ou vous, ou vos dits successeurs, ou toute personne qui pourra vous transmettre mon avertissement. Que Dieu et ses saints Évangiles me viennent en aide !

Le cardinal de Saint-Clément remit la rose à Rodrigo :

– Reçois cette rose de nos mains, dit le pape en la présentant au nouveau gonfalonier, des mains de celui qui tient la place de Dieu sur la Terre. Elle signifie la joie de l'une et l'autre Jérusalem, c'est-à-dire de l'Église triomphante et militante, et, pour tous les fidèles du Christ, elle symbolise l'admirable fleur qui fait la joie de tous les saints et forme leur couronne. Reçois-la donc, très cher fils, toi qui es noble selon le siècle, et qui es doué de tant de vertus, reçois-la afin de croître encore davantage en vertu dans le Christ notre Seigneur, semblable à la rose qui croît sur les rives aux eaux abondantes. Que le Christ notre Seigneur daigne t'accorder en grâce, et que dans sa clémence infinie, tu sois béni par Celui qui est trois et un dans les siècles des siècles. Amen.

Rodrigo rédigea une bulle par laquelle il déclarait déchus de leurs fiefs les seigneurs de Pesaro, Imola, Forli, Faenza, et autres Urbin, alléguant qu'ils n'avaient pas payé régulièrement les redevances dues à l'Église. Mais les princes refusèrent de voir leur autorité renversée par une simple bulle. Toujours en armes et dans les factions, ils occupaient des places fortes jusqu'en vue de Rome. Les uns traitèrent chacun pour soi, d'autres, comme les Colonna et les Orsini, se déclarèrent pour la France, à laquelle ils donnèrent tout le patrimoine de saint Pierre.

Le duc de Valentinois disposait à présent d'une armée digne des plus grands conquérants. Trois cents lances et 2 000 hommes formaient le contingent français, 6 000 Italiens et Espagnols, en pourpoint rouge et jaune à ses armes, composaient ses troupes personnelles. Il avait soigneusement choisi les membres de son état-major : un trésorier en la personne de l'évêque d'Elne, un secrétaire, Carlo Valgulio, un scribe, son fidèle Agapito Gerardino da Amalia, un médecin de renom à Rome, Gaspare Torella, un historiographe, des poètes, des joueurs de luth et même un montreur d'ours.

En novembre 1499, il mit en branle son armée et, de Milan, descendit vers la Romagne. Le seigneur d'Urbin, Guidobaldo de Montefeltro, soupait dans le jardin du monastère des Zoccolanti, lorsqu'on lui annonça que l'armée de César était en vue. Perclus de terreur, il rentra en hâte dans son palais pour prendre ses armes et son trésor, puis prit aussitôt la fuite vers Mantoue, où son beau-frère Gonzague le mit sous sa protection. Quatre heures plus tard, César lui enleva Urbin en un éclair, sous les yeux subjugués de Nicolas Machiavel, représentant diplomatique de Florence. Il saisit la bibliothèque du palais, ses œuvres d'art, ses tapisseries, sa vaisselle, ses tableaux. Il demeura plusieurs semaines dans la ville, le temps d'y établir une nouvelle administration. À l'annonce de la prise d'Urbin, Isabelle d'Este, marquise de Mantoue, lui adressa une supplique, celle de lui faire parvenir deux statues dont il s'était emparé : le *Cupidon endormi*, exécutée par Michel-Ange, et une *Vénus*.

Parmi les princes de Romagne que César se faisait fort d'expulser de leurs places figurait également Caterina Sforza, comtesse de Forli. C'était la sœur de l'impératrice Bianca Maria d'Allemagne, fille de Galeazzo Sforza, petite-fille du fondateur de la dynastie Sforza, Francesco Sforza, et sujette du roi de France. Le massacre de son père par la population révoltée de Forli, puis celui de son mari, et enfin de son amant Giacomo Feo de Savone, avait fait d'elle une femme aux sentiments vifs, un fauve indomptable, une prédatrice dont la réputation dépassait les frontières italiennes. En France les soldats de Louis XII avaient même donné le nom de « dame de Forli » à plusieurs de leurs canons. Intelligente, puissante, énergique, en outre d'une beauté qui, à plus de quarante ans, n'avait pas encore terni, elle portait l'armure comme un homme, maniait l'épée avec une rare dextérité et était l'auteur de cinquante-huit crimes. En 1495, elle provoqua en duel l'un des assassins de Giacomo. Son agilité impressionna son adversaire. Au moment où celui-ci pensait l'avoir touchée à la poitrine, Caterina déchira le haut de sa chemise d'un geste vigoureux. Ses deux seins apparurent, beaux et fermes. Elle profita de la stupéfaction de son adversaire pour le désarmer et le transpercer de son arme de part en part. À un prince d'Italie qui la menaçait de tuer ses enfants si elle ne lui remettait pas ses fiefs, elle répondit avec défi, en soulevant sa jupe : « Tuez-les donc, j'ai le moule pour en faire d'autres ! » Jusqu'à la chute de Milan, cette audacieuse et remuante guerrière avait été capitaine des armées milanaises de son oncle Ludovic Sforza.

Rodrigo l'avait connue étant cardinal. Il avait même tenu sur les fonts baptismaux l'un de ses enfants, Ottaviano, pour qui Caterina avait du reste refusé la main de Lucrèce en 1493, et accordé un évêché à un autre de ses fils. Par intérêt, le pape se montrait toujours aussi courtois avec les émissaires de la comtesse parce qu'il savait que Forli représentait la clef de la Romagne, l'une des places capitales que son fils devait enlever. Cependant, le 14 octobre, il lui avait fait parvenir la bulle la déclarant « fille d'iniquité » et, comme les autres, déchue de ses fiefs, de fait d'Imola et de Forli, sous le prétexte de ne pas avoir payé depuis trois ans ses redevances à la Chambre apostolique.

De son côté, César refusait d'employer les flatteries avec cette cruelle amazone et marchait inexorablement sur Imola et Forli. La comtesse abandonna les préparatifs de défense d'Imola à son beau-père Pietro Landriani et au gouverneur de la ville, Dionigi di Naldi, seigneur de Lamona, son plus fidèle condottiere. De son côté, à Forli, elle s'occupait de mettre en place tout un système ingénieux de résistance, avec l'aide de son fils Ottaviano. Afin de priver l'ennemi de tout refuge, elle fit inonder les environs de la ville, raser tous les arbres, même ceux de son parc, et abattre les maisons proches de la citadelle. Elle ordonna aux paysans de ne plus sortir de leurs demeures et de laisser leur bétail dans les granges. Les citadins furent enjoints de faire des provisions de vivres pour plusieurs mois et de verser leur or à la banque. Puis, dans l'attente d'apercevoir l'armée de César percer l'horizon, elle s'enferma elle-même dans la ville, avec son frère Alessandro Sforza, ses beaux-frères Paolo et Scipione Riario, et son secrétaire Michelle Marullo Piccoli, qui fut poète à la cour de Laurent le Magnifique avant de devenir mercenaire.

Fin novembre, César se présenta d'abord sous les murs d'Imola. Il envoya un émissaire, Achille Tiberti, à la tête d'une troupe de cinq cents hommes, chargé de sommer le gouverneur de rendre la ville au nom de l'Église. Les hauts personnages vinrent se mettre à la disposition du duc. Di

Naldi choisit de résister. Il fit dire au duc qu'il était résolu à rester fidèle à la comtesse de Forli et qu'il avait même pris la précaution de se faire administrer les derniers sacrements pour pouvoir mourir en bon soldat et en bon chrétien. Ces soins ne lui furent pas inutiles puisque le 11 décembre, pendant l'attaque de la citadelle, il succomba sous le fer de Vitellozzo Vitelli, l'un des plus brillants condottieres de César.

Machiavel, chargé deux jours plus tôt de négocier avec Caterina Sforza, avait averti le duc que celle-ci entendait se défendre bec et ongles contre l'attaque qu'il préparait. Pendant que César s'acheminait vers Forli, la ville était en pleine effervescence. Chef de l'une des plus puissantes maisons de Forli, Luffo Numai faisait tout ce qui était en son pouvoir pour convaincre le Conseil d'ouvrir la porte à l'ennemi. Dans le même temps, mettant personnellement en cause le gouvernement de Caterina Sforza, il harangua la population.

– Je vous demande de me dire, déclara-t-il, ce que nous avons connu sous l'administration de Madonna Caterina, si ce n'est les exils, les bannissements, les confiscations de biens ? Qui d'entre vous peut affirmer avoir eu la liberté de marier ses filles à qui il voulait ? Préférez-vous donc le gouvernement de Madonna Caterina à celui de l'Église ?

La foule répondit négativement. Le Conseil destitua les commandants de la comtesse de Forli et s'investit de tous les pouvoirs. Isolée, Caterina tenta alors de traiter avec Rodrigo. Un cavalier partit à bride abattue pour Rome et informa le pape que sa maîtresse acceptait de lui livrer Forli contre un domaine de l'Église pouvant lui rapporter plus de 5 000 ducats par an.

– Il n'en est pas question, répondit Rodrigo, car elle m'abandonne une ville dont je suis déjà maître.

Le 18 décembre, à huit heures, parut sous les remparts de Forli un puissant contingent de troupes toutes panachées d'étendards et divisées en deux groupes, dont l'un, commandé par Michelotto, vint s'établir au nord de la ville, tandis que l'autre, conduit par le duc, déployait son effectif un peu plus à l'est. Son dispositif une fois en place, Michelotto, par la voix d'un héraut envoyé à un jet d'arbalète, somma Caterina d'avoir à lui faire obéissance. Mais l'ultimatum resta sans effet.

César fit alors donner l'assaut. Antonio Lepoli, chef d'une compagnie de quartier de Forli, gardait la porte avec ses gens armés d'arcs, d'arbalètes et de couleuvrines à main. Il empêcha l'incursion du Valentinois grâce à une violente pluie de traits. Les hommes de César cherchèrent un couvert dans les jardins et les maisons bordant la cathédrale della Santa Croce. Mais beaucoup d'entre eux furent massacrés. Face à tant d'efforts inutiles, le duc fit cesser l'attaque.

Du côté de la porte située près de l'abbaye de San Mercuriale, l'attaque de Michelotto fut encore plus foudroyante, plus acharnée, plus sanglante. Pensant bénéficier de l'effet de surprise par une irruption soudaine de ses forces, l'adjoint de César donna l'ordre d'attaquer au moment où tous les regards des ennemis se portaient vers le massacre victorieux de la cathédrale della Santa Croce. À cet endroit, la garnison était composée de gens d'armes et d'habitants postés aux portes comme sur les remparts. Des membres du Chapitre faisaient même partie des gens du guet. Pour enfoncer la porte, il fallait des madriers, que les hommes de Michelotto ne possédaient pas. Un capitaine disposa deux canons mais ne fit sauter qu'un fragment de porte. Si ce n'était pas le passage forcé ni la ville ouverte cela représentait un danger mortel pour les assiégés, et le moindre secours apporté aux assaillants pouvait décider du sort de la ville.

Caterina Sforza s'était transportée vers ce lieu en danger. Elle commanda de mettre le feu à la porte et on entretint le brasier toute la journée en y jetant de la paille, des planches, des solives, de l'huile bouillante dont on arrosait les entours pour interdire le passage et même les approches de la voûte. Les habitants de Forli se battirent dans un véritable enfer, Caterina elle-même au beau milieu de ses hommes, portant l'épée au côté, vêtue d'un pantalon à la turque, d'une cotte de maille et d'une cuirasse. César, venu en renfort, déconfit et furieux, dut bientôt ordonner la retraite.

– Je jure, hurla-t-il, tu m'entends, Michelotto, je jure que j'aurai raison de la ville et que je la prendrai à coups d'échelles.

La hauteur de ses remparts allait sauver Forli, car les échelles de l'ennemi étaient trop courtes. César en fit appliquer une contre la muraille, et lorsqu'il parvint au dernier échelon, c'est à peine si sa tête affleurait le mur de pierre. Pour en atteindre le sommet, il lui fallut s'accrocher au glacis fortement incliné qui le dominait, ce qu'il ne put faire que par un rétablissement sur les poignets, en tout temps très difficile mais rendu plus périlleux encore par le poids des armes et par la présence de l'adversaire qui l'attendait en haut. Une simple poussée et c'était l'écrasement au bas de l'échelle, dans le fossé. Il s'obstina et enjoignit ses hommes de l'imiter. L'attaque par escalade s'étendit bientôt, mais sans autre résultat que d'accroître le nombre des morts chez les assiégeants. Tout Forli était là, derrière Caterina Sforza, repoussant les attaques avec une rare vigueur, implorant la Madonna del fuoco, dont la ville possédait plusieurs reliques honorées des habitants. Le soir, à l'arrivée du crépuscule, et devant son impuissance à pénétrer dans la ville, César battit une nouvelle fois en retraite.

Dans la nuit, Caterina envoya à Rome, sous le faux prétexte de proposer des conditions de paix, un ambassadeur du nom de Battista di Meldola, chargé de remettre à Rodrigo une lettre imprégnée de poison et dissimulée dans un bâton creux. Songeant que César, dans le cas où le pape mourrait, renoncerait à son expédition, l'audacieuse comtesse envisageait de supprimer son père. Le complot fut éventé grâce à la présence d'esprit du chambellan du pape, Tommaso da Forli. Intrigué par l'étoffe rouge qui enveloppait la missive, il ouvrit la lettre pour l'examiner. Il s'aperçut que l'étoffe rouge en question avait été utilisée par Battista pour ne pas être contaminé. L'Italie entière crut à la mort du pape et s'abîma en prières pour que son âme repose en paix.

Comme il fallait un coupable, Battista di Meldola fut soumis à la torture. Il avoua que sa maîtresse avait coutume de préparer des substances vénéneuses. Une sorcière juive lui enseignait l'art de confectionner des philtres et des enchantements de toutes sortes que la comtesse de Forli faisait passer pour des produits de beauté. Ses recettes d'eaux spéciales et célestes qui donnaient de la couleur aux teints pâles, aidaient les cheveux à pousser, éveillaient le regard, ses poudres, ses élixirs, ses mixtures, ses teintures, ses potions, ses onguents aux vertus les plus diverses, faisaient partie de la pharmacopée qu'elle entretenait. Dans la région de Forli, on ne se lassait pas de prétendre que les hommes de sa vie avaient en réalité été expédiés dans la tombe par ses soins.

Après cette tentative d'empoisonnement, Rodrigo attendit avec empressement que César lui envoie saine et sauve cette « fille de perdition », comme il la nommait, pour l'incarcérer. Il devrait la juger pour son geste et non la faire jeter dans le Tibre sans procès, comme à son habitude. Belle-sœur de l'empereur Maximilien, la furie Caterina ne pouvait pas être traitée comme un autre criminel. Le pape devrait même user de voies détournées pour justifier son éventuel emprisonnement auprès de Louis XII, à l'autorité duquel elle était soumise.

DIARIUM VIII

Où il est question du flamboyant et ambitieux César, de sa victoire contre la sulfureuse Caterina Sforza et de ses relations avec Léonard de Vinci qu'il prend à son service.

À Forli, au troisième jour de siège, César, à cheval et précédé de quelques trompettes, s'avança jusqu'aux fossés de la citadelle pour négocier avec Caterina.

– Madonna Caterina, cria-t-il, vous savez combien est changeante la fortune des États. Il me souvient qu'à Rome, parmi bien des choses, on louait en vous l'amour de la lecture et la connaissance de l'histoire. Voici venu le moment de mettre à profit votre esprit et votre savoir. Il n'est nul besoin que je vous expose l'état des choses et la raison de ma venue : vous savez déjà tout cela. Mais il me tient fortement à cœur de vous montrer la haute estime dans laquelle je vous tiens et vous persuader que je ne voudrais jamais non seulement maltraiter mais même contrister plus qu'il n'est nécessaire votre personne. C'est pourquoi je vous conjure même de me céder spontanément cette forteresse ! Je vous promets les conditions les plus avantageuses.

Le visage de la comtesse, regard noir de révolte et brûlant

de fureur, sourcils tordus en serpents, parut entre deux créneaux de la tour Maschi.

– Qui donc pourrait jamais ajouter foi aux paroles d'un Borgia ! répondit-elle froidement.

César insista :

– Je vous ferai assigner par le pape des États et des revenus qui soient dignes de vous et de vos enfants. Je m'en porte personnellement garant. Vous pourrez vous établir où vous voudrez, même à Rome si cela vous convient. Ainsi pour vous-même et pour tous les vôtres vous épargnerez des travaux et des périls plus grands encore que vous ne l'imaginez. Vous ne verrez pas une horrible effusion de sang. Capitulez à temps, vous apparaîtrez comme une femme juste et valeureuse, aimable, et éviterez que toute l'Italie ne se rie et parle de vous comme d'une femme aveugle et folle qui s'obstine à lutter contre des forces si supérieures. Cédez, cédez donc, Madame ! Cédez à mes prières !

– Borgia, reprit Caterina, la fortune aide les intrépides et abandonne les couards. Je suis fille d'un homme qui ne connut pas la peur et quoi qu'il puisse m'arriver, je suis résolue à marcher sur ses traces jusqu'à la mort. Je sais trop combien est inconstante la fortune des États. Il est vrai que j'ai lu bien des livres d'histoire, mais ce serait la pire des choses que d'oublier qui fut mon père et qui furent mes ancêtres et que de me résigner à retomber dans une condition privée. Tu me dis ne pas vouloir parler des raisons de ta venue, mais c'est seulement parce que tu as peur d'entendre ce que j'aurais le courage de te répondre.

– Vous vous égarez, Madonna Caterina, assura César, je n'ai peur de rien, et surtout pas de ce que vous pourriez me répondre.

– Je te rends grâce de la bonne opinion que tu dis avoir

encore de moi, mais pour ce qui concerne la promesse qu'aujourd'hui tu me fais en ton nom et en celui du pape, je suis contrainte de te répondre que comme les prétextes invoqués par ton père pour me déclarer déchue de ces États, moi et mes fils, ont été jugés par tout le monde faux, iniques, misérables, de la même manière je tiens pour fausses et mensongères tes promesses et celles de ton père. J'ai des forces suffisantes pour me défendre et je ne crois pas que les tiennes soient irrésistibles. Si Dieu voulait que du duc de Milan, mon oncle, je puisse recevoir l'aide que j'ai déjà eue en d'autres temps, alors je pourrais montrer non par des paroles, mais par des actes, où est l'obstination aveugle et où est la vraie valeur. Si après avoir repoussé toutes les conditions ignominieuses, toute faiblesse indigne du nom des Sforza, j'étais écrasée par toi, sache bien et avec toi le monde entier, qu'unie par le cœur à ceux qui se trouvent enfermés ici avec moi, je trouverai une consolation dans la pensée que le nom de celui qui meurt sur le champ de bataille ne tombe jamais dans l'oubli et que sa cause souvent lui survit et triomphe.

– Vous avez tort de vous obstiner, Madonna Caterina. Vous ne vous montrez point raisonnable. Depuis des jours, des centaines de vos sujets ont trouvé la mort. Ne voyez-vous point que résister davantage serait inutile ? Et que ce serait plonger de nouvelles familles dans le deuil ?

– Si je te coupe les couilles, répondit l'intrépide Caterina en brandissant son épée, c'est ta bite qui sera en deuil !

La grivoise formule fit sourire les quelques condottieres qui entouraient César.

– Peine perdue, leur souffla celui-ci. Cette femme est folle !

– Et toi, Borgia, continua la comtesse du haut de son fortin, combien as-tu perdu d'hommes ? Suffisamment pour tu n'aies point de conseil de ce genre à me donner.

Après cette harangue, elle descendit au milieu de ses combattants pour les inciter à résister :

– Compagnons, leur lança-t-elle, le duc vient de me quitter. S'il a tenté de me berner, il n'y a pas réussi. Maintenant, il va vouloir une terrible vengeance. Moi, je n'ai pas trahi l'honneur de ma maison. Je ne suis pas issue d'hommes vils à l'âme basse. Ainsi le monde pourra voir combien les Borgia de Valence sont différents des Sforza de Milan. Souvenez-vous que j'ai une sœur impératrice, je sais qu'elle a prié son mari de m'envoyer de l'aide. Que sera-t-il alors du duc et de toutes ses forces ? Courage ! Courage !

Un murmure d'approbation parcourut la multitude de soldats.

– Peut-on faire un pacte avec un ennemi avant de s'être mesuré à lui ? reprit Caterina. Montrons-nous intrépides, confiants, et la victoire sera proche. Cette victoire sera la plus belle, la plus glorieuse, parce que nous n'avons d'autre motif de combattre que la défense de la justice, de la patrie, de la famille, parce que nos forces sont si inférieures à celles de l'ennemi et parce qu'à la tête de l'entreprise est une faible femme défendue par une poignée de héros. Mieux vaut un État ruiné qu'un État perdu. À présent, faites ce que vous voudrez mais moi je suis résolue à montrer aux Borgia qu'une femme est capable de tirer des coups d'artillerie !

À l'approche de Noël, les évêques de Forli organisèrent une procession pour attirer la protection du Ciel sur leur ville assiégée. Caterina leur demanda de porter la châsse de Madonna del fuoco sur la muraille. Hormis les défenseurs, affairés aux endroits menacés, la population suivit le cortège à travers les rues, les prêtres psalmodiant les litanies, les femmes et les jeunes filles chantant les cantiques. À plusieurs reprises, on entendit Caterina implorer :

– Glorieuse Madonna del fuoco, aide et soutiens notre courage !

Cette pieuse agitation irrita César, qui donna l'ordre à Michelotto de faire planter un drapeau sur les murs de la cité frémissante. Un sursaut de révolte s'empara de Caterina lorsqu'elle aperçut, flottant à la crête du mur, l'étendard aux armes des Borgia, le taureau noir imprimé sur un fond couleur sang. C'était le signe du triomphe de l'ennemi, le point de ralliement des vainqueurs, une profanation de la ville, la marque infamante de la défaite de Forli. Pourtant, César ne respirait pour le moment qu'en vaincu. Dans un élan spontané, Caterina s'élança jusqu'au bord du rempart et, seule, en dépit des projectiles qui commencèrent à pleuvoir dès qu'elle parut, elle arracha le drapeau sacrilège du socle qu'il venait de souiller. Puis elle s'enfuit avec son trophée, l'emporta tout déployé à travers la ville et vint le déposer à la cathédrale della Santa Croce, où elle avait coutume de faire ses dévotions.

César, peut-être par provocation, avait cependant fait dresser des tables au milieu de ses hommes. Buvant aux tonneaux de vin défoncés, faisant ripaille comme s'il n'y avait pas lieu de garder des provisions, les troupes étaient animées d'allégresse et de gloire. À la faveur de la nuit suivante, les garnisons de la comtesse renforcèrent la défense en accumulant pierres et madriers devant plusieurs portes et en murant les diverses poternes. Le lendemain, l'armée de César était à nouveau à pied d'œuvre autour de Forli lorsque l'un des évêques de la ville, Alessandro Poltone, s'avança vers l'une des portes et en demanda l'ouverture. Personne n'osa l'interroger mais la garnison hésita et n'obéit pas. La foule grossit peu à peu et commença à murmurer. On partit en hâte prévenir Caterina, qui arriva avec le même empressement. Saisissant par la bride le cheval de l'évêque, elle tenta de le faire rebrousser chemin en lui lançant :

– Vous ne sortirez pas d'ici. Vous vivrez ou vous mourrez avec nous.

– Faites ce qu'il vous plaira, Madonna Caterina, répliqua le prélat, moi je n'en puis plus et me rends à l'ennemi.

– Il n'en est pas question, dit la comtesse en s'emparant cette fois des mors de la monture. Hé quoi ! vous portiez hier la châsse de notre Madonne, aujourd'hui vous lui faites injure !

– Nous serons bientôt à court de vin, de farine et de poudre, repartit Poltone, alors que le duc de Valentinois, ce maudit fils du pape, festoie à outrance sous nos propres murs.

– Je vous jure, Monseigneur, je vous jure sur mes yeux que nous serons vainqueurs de Borgia.

La foule se resserrait autour de Poltone. Caterina parvint à lui faire faire demi-tour. Il ne s'obstina pas et, tout en bénissant par les rues les fidèles agenouillés qui le suppliaient de ne pas les quitter, il eut soin de répéter que sa vraie place était en dehors de la ville.

Le jour de Noël, commençant à faiblir dans sa résistance, Caterina préféra bombarder sa forteresse plutôt que l'abandonner intacte à son envahisseur. Puis elle usa d'un subterfuge. Elle arbora sur un fortin une bannière portant le Lion de saint Marc, pour laisser penser qu'elle s'était abouchée avec Venise, alors en paix avec le Saint-Siège. Mais dans l'entourage de César se trouvait un Vénitien, qui affirma à son généralissime que son Sénat n'avait conclu aucune alliance avec Caterina. César désira alors en finir avec les caprices de cette virago et lui intima l'ordre de capituler. Caterina répondit qu'elle voulait négocier avec César en personne, et lorsque celui-ci s'avança vers la forteresse, elle fit relever en hâte le pont-levis, manquant de le tuer.

César ne put contenir sa colère. Ses espions le renseignaient chaque heure sur les mouvements de la ville. Après l'incident du pont-levis, il apprit que les vivres venaient à manquer aux assiégés, qui eux-mêmes commençaient à sentir les vifs effets de la famine. Les hommes de Caterina quittaient peu à peu leurs postes pour aller s'aliter et parfois mourir. Alors il accéléra les manœuvres pour enlever la ville :

– Aujourd'hui, dit-il à son état-major, nous sommes dimanche. Mardi, Caterina sera entre nos mains.

L'après-midi du 12 janvier 1500, son artillerie reprit méthodiquement ses tirs et foudroya sans répit les portes, les édifices, les remparts. Un grand nombre de maisons furent détruites, la cathédrale et des églises atteintes en maints endroits et la muraille abattue. Grâce à des attaques répétées, les soldats du pape forcèrent le passage des portes et prirent pied sur les remparts. Caterina tenta une dernière action en mettant le feu aux munitions. Mais l'explosion fut plus nuisible à ses hommes qu'à l'ennemi. À huit heures du soir, il eut enfin raison de Forli. Il s'avança à cheval jusqu'au pied de la tour du Paradisio, où la comtesse avait trouvé refuge :

– De grâce, Madonna Caterina, cria-t-il, ne me contraignez pas à aller vous chercher. Rendez-vous, c'en est fait de votre place !

La nièce de Ludovic le More, qui avait entendu ses paroles, ne se montra pas. Le duc attendit. Un instant plus tard, il vit paraître la vaincue dans l'embrasement de la porte de la tour. Elle était accompagnée de son frère Alessandro, de ses dames d'honneur et de Giovanni da Casale, gouverneur de la place. Sur ses instances, son fils Ottaviano avait pris la fuite quelques jours plus tôt. Elle observa le regard fauve et glacial de César.

– Je suis à toi, Borgia, lui dit-elle avec impassibilité.

Elle monta à cheval et sortit de la citadelle avec les honneurs de la guerre. On annonça alors au duc qu'un groupe de cavaliers, conduit par Poltone, venait à l'instant de prendre la fuite en direction de l'ouest. César avait appris par ses espions que l'évêque avait déjà tenté de fausser compagnie à Caterina.

– Je gage, lui dit la comtesse avant d'être emmenée sous bonne escorte, qu'ils se dirigent vers le port de Rimini. Poltone voudra s'embarquer pour Venise sur la galère qui lui appartient.

– Vous êtes ma prisonnière, Madonna Caterina, répondit César, mais vous vous êtes vaillamment battue et je ne permettrai pas que ceux qui vous trahissent demeurent impunis.

Il fit partir sur-le-champ deux groupes de cavaliers. Il prit la tête du premier. Michelotto, avec le second, avait l'ordre de prendre les fuyards à revers. Au beau milieu de la nuit, parvenus à une demi-lieue de Rimini, Poltone et ses complices tournèrent la bride de leurs chevaux à la vue des hommes de Michelotto qui, plus loin, surgis de l'obscurité, leur coupaient la piste. Ils n'eurent pas le temps de faire passer leurs montures de l'amble au grand galop que César et ses soldats arrivaient à franc étrier de l'autre côté. Plus nombreux, ceux-ci les contraignirent à se rabattre vers le proche littoral de l'Adriatique.

Devant la feinte de César, il était impossible aux hommes de Poltone d'échapper à leurs poursuivants. Ils scrutèrent la mer, dont un filet de jour commençait à présent à envelopper les vagues. Ils n'eurent pas d'autres ressources que de mettre pied à terre et de s'engager sur les divers sentiers conduisant au rivage. Leurs poursuivants les imitèrent. La mer battait les rochers bruns à grands paquets d'eau. Quelques grottes marines étaient ancrées sur la pente rocheuse. Plutôt que d'être noyés, les fuyards choisirent en désespérés de s'insinuer dans les anfractuosités. En un clin d'œil, les hommes de César les avaient rejoints.

– Rassemblez des fascines ! ordonna le duc.

Il plaça des soldats à l'entrée des grottes pour empêcher les fuyards d'en ressortir.

– Je veux, dit-il à Michelotto, que l'on aperçoive les flammes depuis Rimini.

– Et moi, Excellence, j'ai hâte de voir tous ces hommes griller comme des châtaignes.

Puis il fit sortir Poltone, qui crut en sa clémence. Il tira son glaive, lui remit une torche et lui donna un ordre terrible :

– Mets le feu aux fascines ou je t'ouvre la gorge.

L'évêque resta sans voix.

– Mets le feu, te dis-je, répéta César, ou tu es un homme mort.

Mais Poltone jeta sa torche à la mer en hurlant :

– Je veux bien mourir puisqu'il le faut, mais je ne veux pas être complice de cet abominable massacre.

– Comme tu voudras, répliqua César en levant son arme.

Un cri déchirant jaillit au milieu du bruit des vagues qui, plus bas, se déchiraient contre les écueils. Poltone s'effondra. Son corps glissa longuement vers une langue de sable cernée de récifs.

Rimini était peuplée de huit mille âmes et composée de maisons dans la ville et de grandes fermes dans les faubourgs. Ses remparts massifs, d'où des bouches à feu pointaient vers le large et qui enserraient le vieux port des barbaresques, se découpaient sur un littoral rocheux battu par la mer, à proximité des flancs fauves des collines environnantes. Tôt le matin, la population de Rimini aperçut des flammes s'élever à l'horizon, au-dessus de la mer. Des curieux partirent sur le littoral et revinrent anéantis d'épouvante. Ils portèrent la nouvelle du massacre et décrivirent l'horreur des cadavres calcinés, les grottes envahies d'une fumée noire, les braises qui se soulevaient en poussière brûlante et couvraient la mer.

De retour à Forli, César organisa l'administration de la ville. Puis le 21 janvier il s'enferma au palais des Numai, où il avait élu domicile. Il fit venir Caterina Sforza, que l'on débarrassa de ses chaînes. D'un regard hautain, la comtesse, reconnaissant sa défaite, lui dit :

– Seigneur duc, fais de moi ce qu'il te plaira.

– Bien que victorieux, répliqua César, je ne peux me contenter de toi. Où sont vos enfants, Madonna Caterina ?

– Je vois que tu voulais rafler toute la couvée, n'est-ce pas ? Tu peux toujours les chercher, tu ne les trouveras point.

À cet instant parut Yves d'Allègre, capitaine de Louis XII qui commandait les troupes fournies à César par le roi de France. Il objecta que Caterina s'était rendue non au duc mais à la France. Le fait était faux mais Allègre avait eu des consignes bien précises, celles de ramener à Blois cette sujette du roi de France. Une violente querelle s'éleva entre César et le capitaine français, ce qui fit sourire Caterina, fière d'observer que l'on se disputait son trophée.

– Au nom de qui avez-vous combattu, Excellence ? lui demanda Allègre avec arrogance.

– Cette guerre, *messer* d'Allègre, répliqua le duc, se fait en mon nom et non en celui du roi de France, si c'est ce que vous voulez que je vous réponde.

– Mon maître n'est-il pas tout au contraire le chef suprême de l'expédition ? Ses soldats ne sont pas vos simples auxiliaires, Excellence.

– Le fruit de la victoire m'appartient, *messer*, que vous le vouliez ou non. À moi les cités et les forteresses enlevées, à moi encore sont les prisonniers de guerre.

– La comtesse, proposa alors le Français, ne sera la prisonnière de personne. Le roi décidera de son sort et dans cette attente elle vous sera remise, au nom du pape, et conduite à Rome.

César exigea de garder Caterina contre une solde et demie, somme qu'il devait encore au bailli de Dijon pour le prêt des soldats français. Allègre accepta, au grand mécontentement de la comtesse de Forli. Machiavel, présent au débat, écrivit plus tard que Madonna Caterina fut vendue au Valentinois.

Le 23 janvier, dans une robe de satin couleur fauve, Caterina suivit Machiavel jusqu'à Cesena, où les attendait César, parti la veille. Resté seule avec la prisonnière, le duc se targua plus tard de l'avoir contrainte à passer la nuit avec lui, alléguant qu'il était légitime d'obtenir du plaisir de sa captive.

À Rome, Navarrico annonça à Rodrigo la nouvelle de la prise d'Imola puis de Forli.

– La dame de Forli, ajouta-t-il, a été conduite à Cesena par le duc. Il la garde de jour et de nuit dans sa chambre. On dit, semble-t-il avec raison, qu'il doit prendre son plaisir avec elle. Une formule bien révélatrice circule de cité en cité et de garnison en garnison, qui dit que la comtesse a mieux défendu sa forteresse que sa vertu. La liaison du duc de Valentinois avec la dame paraît une certitude puisqu'il lui a fait confectionner une robe de satin noir et deux jupes. Ceux qui les approchent en arrivent à se demander si ce n'est pas le duc le prisonnier.

Début février, César envoya Caterina à Rome, les mains liées avec des chaînes d'or. Elle fut d'abord emprisonnée au château Saint-Ange, puis, par égard à son rang, installée au palais du Belvédère. C'est là, à la fin du mois, qu'elle apprit que le roi de France venait de reprendre Milan à son oncle Ludovic Sforza et que celui-ci était en captivité en France.

Le 26 février, l'entrée de César dans la Ville éternelle fut des plus fabuleuses. Au milieu d'une chorégraphie recherchée, toute fidèle, dans sa reproduction, à celles des anciens empereurs, il avait pris place, vêtu en guerrier romain, sur un char allégorique, suivi par cinquante autres, transportant le riche butin et tirés par des chevaux blancs. Ses fantassins et ses cavaliers arboraient sur la poitrine, cousu en fil d'or et d'argent, le mot *Caesar*, qu'ils scandaient parmi l'éclat des buccins et du tir des bombardes qui saluaient ses victoires.

Il n'avait pas fini de surpasser son père en magnificence. En peu de temps, sa cour rivalisa même avec celle de Louis XII. Pour vêtir ses hommes, il dépensa en quelques années plus de brocart de velours et de soie que pendant cent ans les rois de France en avaient dépensé pour leurs cours.

En exécration, en audace, de par ses qualités criminelles, il supplantait aussi son père, se prenant à la fois pour Néron, Caligula et Tibère. Il présentait ce phénomène unique d'un être né, conformé, organisé pour le mal. Comme un fauve il obéissait à des instincts de destruction, commettait ses crimes avec une verve et un naturel déconcertants. C'était le type même de la méchanceté jeune, grandiose, florissante, pleine de génie et d'avenir, qui frappait sans que son bras ne tremble.

Il aimait réunir des condamnés à mort dans la cour du palais pontifical, bandait son arc et tirait sur ces malheureux qui tourbillonnaient, se couchaient, s'effaçaient pour esquiver ses flèches. La nuit, il entraînait fréquemment Michelotto dans les tavernes enfumées pour y provoquer des rixes. Son poignard le démangeait et il lui fallait tuer un homme. S'il ne s'occupait pas de cette besogne, il en chargeait Michelotto. Pour sonder l'état d'esprit du peuple à son égard, il se rendait dans les rues obscures de Rome, le visage masqué, en compagnie de sa suite. Il prononçait quelques paroles ignobles contre lui-même et si un passant imprudent lui donnait raison et surenchérissait, il le faisait exécuter immédiatement par l'un des siens. Rodrigo lui-même commençait à le craindre.

Un jour de novembre 1501, en sa présence, un de ses cardinaux s'avisa de reprocher à César de n'accorder d'audience à personne. Le duc lui plongea son poignard dans la gorge, et comme son père, indigné, tenta de le rudoyer, il le menaça du même sort s'il ne se taisait pas.

Le même mois, il réclama Giambattista della Porta, l'astrologue de son père. Il voulait savoir si sa prochaine campagne lui serait favorable et s'il pouvait partir en toute quiétude.

– Sa Sainteté mon père m'a beaucoup parlé de ces bâtons grecs que tu utilises pour tes prophéties, dit César sous forme de question.

– Vous auriez dû me les demander, Excellence, je les aurais pris avec moi.

– Et ton Zaroastre ?

– *Zoroastre*, rectifia della Porta, il s'agit de *la cabale de Zoroastre*.

– Bien entendu… Il est connu, reprit César très intéressé, que tu possèdes de nombreuses pratiques pour prédire l'avenir, mais j'ignore lesquelles. Il y a le blanc d'œuf, n'est-ce pas ?

– Oui, Excellence, il y a le blanc d'œuf.

– Tu prédis fort bien aussi, m'a-t-on dit, en observant la mèche d'une chandelle.

– Oui, Excellence. J'observe également dans une eau réfléchie dans un miroir, dans des cendres, dans du plomb fondu. J'utilise même un coq qui choisit pour moi des lettres alphabétiques sur lesquelles je dépose des grains de froment.

– Comme tout cela est amusant et passionnant ! fit César

en posant sur l'astrologue un regard immobile et menaçant… Bien, installons-nous et dis-moi ce que je dois faire.

Ils prirent place autour d'une petite table en acajou. Della Porta tira d'un étui de cuir un jeu de cartes qu'il plaça devant lui. Il retira le roi d'épée qu'il disposa face non cachée sur la table.

– Ce roi d'épée, Excellence, représentera si vous le voulez bien le bel esprit que vous êtes.

Il fit couper les cartes au duc de la main gauche avant de lui demander de choisir celles qu'il devait disposer autour du roi d'épée. César, pour désigner la première d'entre elles, y posa un doigt.

Della Porta fit alors une moue disgracieuse.

– Quelque chose ne va pas ? l'interrogea César.

– C'est que, voyez-vous, balbutia l'astrologue, vous venez de franchir un interdit.

– Tiens donc ! Lequel ?

– Vous ne pouvez pas ainsi toucher une carte.

– Eh bien recommençons.

– Non, Excellence, ce serait mauvais signe pour votre horoscope. Vous avez touché l'une des cartes, je ne puis rien vous prédire aujourd'hui. Il faut attendre un peu et recommencer l'horoscope.

– Attendre combien de temps ?

– Quelques jours…

César se dressa, pris d'un coup de sang.

– Comment quelques jours ? Je veux savoir tout de suite, m'entends-tu ? Et sache que je ne franchis jamais d'interdit. Va, tu es un mauvais mage, je ne sais pour quelle raison mon père te garde.

Il sortit sa dague et en plongea la lame dans la gorge de l'astrologue en disant :

– Voilà une mort que tu n'as point volée. Va au diable !

Les pamphlets relataient la sordide imagination dont César faisait preuve dans sa cruauté envers ses propres soldats qui désobéissaient et goûtaient au silo, à la barre ou à la crapaudine, humiliante brochette d'objets de torture où les suppliciés étaient enterrés dans des fosses, roués ou, pendant plusieurs jours, liés de telle manière que bras et jambes s'entrecroisaient dans le dos.

– Il en est un, Francesco, dit Burckard, qui fut témoin des cruautés de César. Il s'agit d'un maître, d'un chef-d'œuvre de la nature, ajouta-t-il avec admiration : Léonard de Vinci.

– Ce sodomite ! répliqua avec horreur le jeune rédacteur.

– Je t'en prie, *caro* Francesco !… Léonard s'enfuit de Milan au lendemain de la prise de la ville pour s'installer à Mantoue. Il laissait derrière lui de nombreux chefs-d'œuvre qu'il avait heureusement eu le temps d'achever : le duc Sforza, son maître, naturellement, mais aussi la duchesse son épouse, ses maîtresses Cecilia Gallerani et Lucrezia Crivelli. À Mantoue, il fit au charbon le portrait d'Isabelle d'Este, qui le lui réclamait depuis si longtemps. C'est tout ce qu'il eut le temps d'y faire. En mars, Venise l'employa comme architecte et ingénieur militaire. Il inventa particulièrement une sorte de vêtement étanche muni d'un appareil respiratoire ainsi que plusieurs méthodes de défense en prévision d'une attaque navale des Turcs.

– L'avez-vous rencontré, Monseigneur ?

– Oui, mon jeune ami, j'ai récemment eu ce bonheur. Je l'ai vu dans son atelier de peinture, qui flattait la toile, la caressait, y faisait gracieusement bondir son pinceau. Mais ce n'est pas de l'artiste dont je veux te parler, c'est de l'ingénieur général de César. Après la prise de Milan par le roi de France, qui ruina son pouvoir, Ludovic le More fut emprisonné au château de Lys-Saint-Georges, où, comme tu le sais, il demeure encore, dans des conditions que je n'ose du reste imaginer. Léonard avait été près de vingt ans à son service, vingt ans pendant lesquels il avait réalisé pour lui les plus belles merveilles de l'art italien, dont la *Vierge aux rochers*, que j'ai pu admirer. Il dut quitter la ville pour se chercher un autre maître. C'est à cette époque que César s'entretint de lui avec Machiavel :

– *Messer* Machiavel, savez-vous si le maître se trouve encore à Venise où s'il est revenu à Florence, et s'il a commencé quelque ouvrage ?

– Excellence, la dernière fois que je l'ai rencontré c'était à Florence, le mois dernier, mais j'ignore s'il a l'intention d'y demeurer longtemps. Ce que je sais est qu'il semble lassé de la peinture et que pour l'heure il s'adonne à la géométrie. Ses problèmes de mathématiques absorbent tant son esprit qu'il ne supporte plus la vue d'un pinceau.

– Tâchez de le trouver disposé à me satisfaire, *messer* Machiavel. Faites-lui savoir que mon désir est de le prendre à mon service. Puisque la géométrie est son affaire en ce moment, dites-lui que je songe à le faire travailler sur la reconstruction des forteresses de Romagne.

– Votre Excellence peut compter sur moi. Je m'en remettrai s'il le faut au chanoine Alessandro Amadori, son oncle, qui m'aidera à lui faire accepter votre engagement.

Au retour de Machiavel à Florence, Léonard en était parti depuis peu. Angelo Tovaglia, ami du maître et riche marchand de la ville, savait seul où le trouver. C'est par son entremise, en hiver 1501, que Léonard, à l'âge de quarante-huit ans, et alors qu'il était sur le pavé, reçut une missive de César le priant d'accepter d'être pris à sa solde en tant qu'architecte militaire. Il se rendit alors à Faenza avec son jeune compagnon et élève Gian Giacomo Caprotti da Oreno, dit Salaï, âgé de vingt ans. Lorsque je l'ai vu à Florence il y a quelques mois, reprit Burckard, il me fit le récit de sa rencontre avec César. Il connaissait le sort que le duc réservait à ses prisonniers. Le plus souvent il leur escamotait la tête ou les étranglait avec un lacet. Mais arrivé à Faenza, Léonard apprit qu'il ne se contentait point de ce procédé expéditif.

– Je les fais projeter contre un mur jusqu'à ce qu'ils aient la tête fracassée, lui confia César sans état d'âme.

Le duc fit signe à Michelotto de faire entrer quelques-uns d'entre eux, des hommes et des femmes qui, pour la plupart, avaient commis le crime d'organiser la résistance lors du siège de Rimini. Ils portaient des entraves aux pieds et au cou. César offrit à ses condottieres un festin à l'orientale, une sorte de diffa, pendant lequel ces malheureux, enfermés depuis des semaines dans des geôles infâmes, peuplées de rats, et qui n'avaient été que très peu nourris, demeuraient debout face aux invités à les regarder manger. Des esclaves auxquelles on avait enseigné les danses turques s'insinuaient entre les tables. Parmi des odeurs safranées, on buvait les vins les plus fins, on dévorait des pâtés de chameau en croûte ou des cuissots d'agneau tanné accompagnés d'olives crues.

Sur un signe de César, les danseuses se retirèrent, faisant tinter les anneaux de leurs chevilles dans leurs petits pas agiles et feutrés. On fit avancer les prisonniers, que l'on contraignit à s'agenouiller devant le duc. Certains avaient le dos labouré par le cuir du fouet. Léonard, assis à la droite de César, se dressa et s'apprêta à quitter la table.

– Vous ne restez pas ? lui demanda le duc. N'ayez crainte pour vos yeux, ce n'est point ici qu'on les tue, mais dans la cour du palais. Asseyez-vous donc.

Léonard prit à nouveau place.

– Excellence, dit-il un instant plus tard, faites-moi une faveur.

– Celle que vous voudrez, excepté de leur faire grâce.

– C'est la grâce d'un seul d'entre eux que je solliciterai.

– Un seul ? hésita César. Bien, comme vous voudrez, je ne puis rien vous refuser. Choisissez-le donc.

– C'est déjà fait, Excellence.

Il se leva, se dirigea vers un jeune prisonnier au visage glabre et gracieux, et lui mettant la main sur l'épaule :

– Excellence, faites-moi la charité de libérer celui-ci, reprit-il.

César s'inclina vers Michelotto, qui lui glissa quelques mots à l'oreille.

– Je déteste les lâches et les traîtres, lança-t-il ensuite en se référant à ce que venait de lui apprendre son lieutenant. Cet homme est un chien qui a offert sa soumission aux Français pendant le siège de Milan. Il vaut encore moins que les autres.

– Il s'appelle Antonio Lescari, Excellence, et il fut à Milan l'un de mes premiers élèves.

– Bien, souffla César après un silence, comme il vous plaira. Prenez donc une pâtisserie, ajouta-t-il en faisant un signe à un serviteur. À présent, qu'on fasse passer les autres dans la cour.

Léonard assista au piteux spectacle qui attendait dans la cour du palais. Un gibet était dressé à deux pas d'un mur contre lequel les prisonniers, pendus par les pieds, étaient projetés, tête la première, d'abord doucement, puis de plus en plus fortement. Les suppliciés jetaient d'horribles cris avant que leur bourreau n'augmente une dernière fois l'allure du balancement. Leur crâne heurtait alors violemment le mur et se fendait en deux.

Saisi d'horreur, Léonard se retira avant la fin des exécutions. César l'autorisa à monter dans ses appartements, où il retrouva Antonio Lescari. Avec des infusions de chieh et de quinine, une vieille esclave soulageait le jeune peintre des coups de fouet dont il souffrait encore. Lorsque les plaintes des derniers condamnés expirèrent, un lourd silence de glace s'installa dans la cour. La porte s'ouvrit bientôt et César parut sur le chambranle épais.

– Je suis à vous, Léonard, dit-il en l'invitant à le suivre.

Alors le maître déplia devant César des cartes savamment détaillées, sur lesquelles il avait figuré le moindre cours d'eau, la plus petite colline, des sites pris à vol d'oiseau. Il présenta aussi des croquis de machines de guerre de toutes sortes, qui stupéfièrent le conquérant.

– Ce sont ces machines, Francesco, qui avaient eu raison des remparts de Forli et s'apprêtaient à faire d'autres merveilles pendant la campagne de César.

Léonard de Vinci fut logé par César à Cesena. Il demeurait dans une riche maison au style mauresque, cernée de murs revêtus de faïences, avec un patio ombragé d'orangers, un porche en bois duquel s'amorçait un élégant escalier menant à ses appartements, aux plafonds formés de demi-coupoles. Le duc lui confia la mission d'assurer la défense des villes de Romagne conquises, d'en inspecter les forteresses, d'aménager l'arrivée et le service des eaux. Le désormais ingénieur général disposait d'une patente de libre passage signée de son maître le 18 août 1502 et qui lui ouvrait toutes les places de Romagne. Le duc y ordonnait : « À tous ceux de nos lieutenants, gouverneurs de châteaux, capitaines, condottieres, officiers et sujets que cela concerne, nous ordonnons que partout et en toute place, ils donnent libre entrée à notre très estimé et très cher familier architecte et ingénieur Léonard de Vinci, porteur des présentes par lesquelles nous l'avons chargé d'inspecter les citadelles et lieux forts de nos États et pour y faire tels changements et accroissements qu'il jugera nécessaires. Lui et sa suite doivent être bien accueillis et toute facilité lui doit être donnée pour son inspection, ses mesures, ses relevés, ses désirs. À cet effet lui fournir des hommes à sa réquisition et lui prêter aide, assistance et faveur qu'il réclamera. Voulant que sur les ouvrages à exécuter dans nos États, n'importe quel ingénieur soit tenu de conférer avec lui et de se conformer à son avis. Que personne ne s'avise de faire le contraire, s'il tient à ne pas encourir notre colère. » À Cesena, Vinci construisit un canal navigable partant de la muraille et s'achevant à Porto-Cesenatico, dont il dessina par ailleurs le port. À Bertinoro, Imola, Faenza et Forli, il établit des plans de bastions et médita sur l'amélioration à porter aux forteresses. Il éleva à Urbin un colombier et un escalier dont les emmarchements multiples partaient du même point. Il s'installa quelques mois à Pesaro, où il s'occupa d'exécuter des croquis de nouvelles machines de guerre, des balistes, des passe-volants, des catapultes, qu'il mit à l'épreuve au siège de Ceri, face à l'armée de Giulio Orsini. Lors de ce même siège de Ceri, il proposa à César d'introduire des soldats dans la place en leur faisant gravir des séries de plates-formes pour que les assaillants soient hors de portée des coups des assiégés. À Rimini, séduit par le bruit harmonieux produit par l'eau de la fontaine, il dressa tout autour de cette dernière quelques monuments d'agrément. À Sienne, il étudia la confection d'une cloche dont le battant présenterait une singularité de forme dans son attache. Il connaissait tout, il inventait tout : des boulets coniques, des navires pourvus de roues à aubes, des machines volantes, des appareils en liège pour flotter sur l'eau. Ce génie de la peinture était aussi machiniste, ingénieur, architecte, mathématicien, sculpteur, organisateur de fêtes, constructeur d'artillerie, de fortifications, de canaux et de fossés.

L'inspection générale des places fortes une fois accomplie, il partit rejoindre César à Rome. Il y exécuta plusieurs tableaux, dont le *Saint Jean-Baptiste*, et, au couvent de San Onofrio, peignit à fresque une Vierge à l'enfant, qu'il interrompit un temps pour gagner Piombino, sur le littoral de l'Adriatique. César venait de s'emparer de la ville, qui, construite sur un éperon faisant promontoire, servirait de base importante à l'expédition contre Pise et Florence. Il demandait à son ingénieur d'en rétablir les remparts et de renforcer la défense de la citadelle.

En apprenant que le maître da Vinci se trouvait à Piombino, Rodrigo désira aller lui rendre visite. En 1459, lors d'un voyage de villégiature avec Pie II, il avait rencontré ses parents à Florence. Léonard avait alors sept ans et ils avaient devisé quelques instants ensemble. À Piombino, le pape en profiterait pour faire avec César une démonstration dans les nouveaux États. Comme, à l'insu des cardinaux, il abandonnait ses devoirs de pontife, c'est en secret qu'il fit équiper à Porto-Ercole six trirèmes avec leur chiourme ainsi qu'une quantité de petits bâtiments destinés aux chevaux, bagages et provisions. Il partit avec un grand baldaquin d'or et la *Sedia Gestatoria*, autrement dit la cérémonieuse chaise à porteurs, utilisée pour les entrées solennelles du pape. Cent cinquante serviteurs, six chanteurs de la chapelle Sixtine, des maîtres de cérémonie et six cardinaux avec toute leur suite s'embarquèrent avec lui.

Il fit d'abord escale à Rocca-Papa et à Tusculum. À Tibur, il apprit que l'artillerie des Colonna se trouvait à Tusculum.

Il fit mettre les colons des barons à la torture afin de connaître le lieu exact où elle était cachée. Puis le 21 février 1502, les trirèmes abordèrent à Piombino, tandis que la maison pontificale ne parvint dans la ville que trois jours plus tard, à l'heure des vêpres. César organisa l'entrée solennelle de son père. Léonard accueillit ce dernier avec une grande affabilité. Ensemble, ils partirent reconnaître les fortifications et s'accordèrent sur la nécessité de construire un bassin. Léonard, toujours préoccupé de la théorie des ondes, imagina alors une vague succédant à une autre vague, la recouvrant et venant expirer sur le rivage. Rodrigo lui réclama la poursuite de l'église de Saint-Augustin, interrompue avant le siège de la ville. Le 27, le pontife la consacra d'abord, puis le maître exécuta les premiers plans de son ouvrage. Le jour suivant, il suivit César et Rodrigo à l'île d'Elbe, dont le duc projetait d'améliorer le port. Léonard indiqua le lieu le plus favorable à la construction de redoutes destinées à la défense de l'île.

À leur retour à Piombino, César arma chevalier deux membres de la famille des Saccardi, originaires de Piombino. Au nom de Rodrigo, il promit à l'un d'eux le premier évêché vacant. Pour clore dignement la cérémonie, il fit préparer en l'honneur de son père, aux portes de la ville, une fête plus particulièrement marquée par la représentation d'un ballet de danseuses, toutes vêtues de superbes costumes tout lamés d'or.

Le 6 mars, après une traversée perturbée par une violente tempête dont toutes les chroniques se firent l'écho, Rodrigo débarqua à Porto-Ercole et gagna Rome monté sur une mule. Dans le même temps, à Piombino, Léonard recevait l'ordre de retourner à Cesena afin d'y construire plusieurs édifices. En 1503 sortirent de terre le palais de la Rote, le Gymnase, une fontaine publique. Sur la place de la cathédrale della

Madonna del Monte, il songea à élever à César une statue équestre qui ne vit jamais le jour. En homme de génie, partout où il passait en Romagne, il notait sur son carnet pendu à sa ceinture tout ce qui se présentait à lui, tout ce qu'il observait sur son passage. Il dessinait avec soin la silhouette singulière d'une petite maison de campagne, imaginait un procédé pour lier en guirlandes les vignes de la région, rédigeait des théorèmes, écrivant volontairement de droite à gauche pour protéger ses connaissances des yeux vulgaires.

– J'ai sous les yeux, Francesco, les observations et commentaires écrits sur son carnet par le maître lors de son long séjour en Romagne. En voici quelques-uns :

« En Romagne, capitale de toute stupidité, on se sert de chariot à quatre roues égales ou bien à basses devant et deux hautes derrière, chose défavorable au mouvement. »
« Les bergers de Romagne pratiquent dans les montagnes, au pied des Apennins, certains énormes trous en forme de corne et placent à côté un cor, de sorte que ce petit cor ne fait plus qu'un avec la cavité déjà formée ; et provoque ainsi un grand vacarme. »
« Compose une harmonie avec diverses chutes d'eau, comme tu as vu à la fontaine de Rimini. »
« L'œuvre complète d'Archimède était au départ dans la bibliothèque du duc d'Urbin, mais elle avait été emportée à l'époque par le duc de Valentinois. »
« Imola, par rapport à Bologne, est à cinq rumbs nord-ouest ouest, et la distance est de vingt milles ; Castel San Pietro, à sept milles d'Imola, entre l'ouest et le nord-ouest. La direction de Faenza, depuis Imola, est exactement à mi-chemin entre l'est et le sud-est et à une distance de dix

milles ; et il en est de même pour d'Imola à Forli, où la distance est de vingt milles, et de Forli à Forlimpopolo, à vingt-cinq milles l'une de l'autre. La direction de Bertinoro, depuis Imola, est : cinq rumbs sud-est est, à une distance de vingt-sept milles. »

César avait le goût de la poésie, des énigmes versifiées, des armes brillantes, des bijoux superbes et ingénieux, et des œuvres d'art. Il faisait le plus grand cas du talent des quelques artistes qui gravitaient autour de lui. Protecteur de Léonard de Vinci, il était également, bien que de façon éphémère, celui d'artistes mineurs : orfèvres, ciseleurs, joailliers. Sa suite comptait un grand nombre de savants et d'hommes de lettres, parmi lesquels Girolamo Porzio, Francesco Sperulo, Pier Justulo, tous deux de l'académie de Pomponius Letus, ou encore Serafino Cimino dell'Aquila. Ce dernier jouait splendidement du luth et mettait ses sonnets en chansons. Il déclarait que ces sonnets lui étaient souvent inspirés par le duc lui-même. Le sujet de l'un d'eux, comparant une femme à une hydre aux sept têtes, conduisit César à ajouter sur son blason sa devise des sept serpents. Serafino Cimino y disait : « Elle a sept têtes et je vais vous les nommer ; son regard, son sourire rempli de grâce, son front, ses pieds, ses mains, sa bouche, son sein, et toutes sans exception mordent, détruisent, dévorent. Coupez une tête et il en repousse sept : dédain, désespoir, mort vivante, soupçon, jalousie, doute, crainte. Leur destin ne diffère qu'en ceci : le feu, à ce que j'ai ouï dire, fait mourir l'hydre, tandis qu'elle, elle croît en force par ma flamme. »

Depuis 1497, César avait également à son service Carlo Valgulio da Brescia, professeur d'Ange Politien, qui lui dédia plusieurs traductions de Plutarque et celle de la *Théorie circu-*

laire des corps sublimes de Cléomède, ouvrage qui influença Copernic. Il disait, admiratif, que « la nature s'était surpassée en donnant à César, pour loger ses vertus, un corps d'une beauté exceptionnelle, tandis qu'à son caractère elle dispensait la modération, une gravité décente et une royale générosité ».

Enfin, le duc tenait sous sa dépendance Michel-Ange, rencontré en 1495 à Rome mais dont il n'avait pu faire un soldat, le poète Francesco Uberti et Bernardo Benedetti, dit le Pinturicchio. Étant cardinal, il posa pour le Pinturicchio. En 1500, le peintre lui demanda la concession d'une citerne qui compléterait le petit bien de campagne que Rodrigo lui avait donné. César s'adressa au vice-trésorier de Pérouse afin qu'il lui concède la faveur réclamée. L'année suivante, il exhorta le Pinturicchio à renoncer à sa retraite, et lui assigna une pension annuelle en qualité de peintre ordinaire de sa cour.

Rodrigo employa le Pinturicchio avant César. S'il était l'auteur de quelques ouvrages religieux rédigés pendant son cardinalat, le pontife ne se considérait pas pour autant comme un intellectuel. Mais au même titre que son fils, il honorait les artistes et leur commandait des œuvres. Le Pinturicchio était à son service depuis 1492, année où il fut d'abord employé pour le décor des cinq salles attenantes à la bibliothèque des appartements Borgia. Le peintre éblouit le pape par la riche réalisation de monuments antiques et de splendides paysages et jardins romantiques alternant avec des vues de Rome. Il eut le génie de mêler aux costumes orientaux ceux des valets de la cour pontificale. Sous les traits de sainte Catherine, il représenta Lucrèce sur un fond d'or qui se répandait en poudroiement féerique sur les horizons. Avec une maîtrise extraordinaire, il exécuta le portrait de Djem, de Giulia Farnèse, de Juan, duc de Gandie, avec des clochettes d'argent, et de Rodrigo, agenouillé, les mains jointes, en adoration devant le Christ.

Dans la salle des Pontifes, le Pinturicchio peignit les portraits des papes les plus célèbres, représentés dans les lunettes d'une voûte elle-même ornée par les soins du peintre. Le 29 juin 1500, en plein Jubilé, assis sur son trône à baldaquin, entouré du cardinal de Capoue et du camérier Gaspar Poto, Rodrigo s'apprêtait à donner audience à Antonio Pallavicini, cardinal de Sainte-Praxède. Un vent froid, vif, violent s'insinuait par les fenêtres. Le pape demanda au cardinal de Capoue de les fermer lorsqu'un orage terrible éclata, zébrant de ses éclairs un ciel noir comme du charbon. Une tempête se leva aussitôt, un fracas effroyable se produisit. L'instant suivant, une poussière épaisse et aveuglante enveloppa la salle entière. Le cardinal de Capoue entendit Gaspar Poto s'écrier :

– Par le sang du Christ, le pape est mort !

Le cardinal distingua vaguement sa silhouette qui se précipitait vers un coin de la salle.

– À l'aide, je vous prie ! cria Gaspar Poto, le pape est mort, vous dis-je !

Ce n'est qu'à cet instant que le cardinal comprit que le plafond, sous l'effet de l'orage, venait de s'écrouler. Rodrigo avait disparu sous des poutres encore scellées au mur par un côté. Le cardinal et le camérier parvinrent à le dégager. Un énorme clou lui déchirait un bras, deux doigts de sa main droite étaient empourprés de sang. Il fut transporté sans connaissance jusqu'à sa chambre tandis que les gardes, les huissiers, les cardinaux annonçaient aux Romains qu'il venait d'échapper à la mort. Les clous s'étaient enfoncés dans la chair mais il n'était pas en danger. Lorsqu'il recouvra ses esprits, le médecin du palais le saigna et, dès le lendemain soir, il put dicter un bref adressé à son secrétaire Angelo Leonini, à Venise, lui rendant compte des détails de l'accident.

La tempête avait provoqué la chute d'une cheminée monumentale qui formait une sorte de campanile au-dessus des appartements. C'est en tombant sur la toiture que le plafond de la salle des Pontifes s'était écroulé, réduisant à néant les peintures du Pinturicchio. À l'étage supérieur plusieurs cardinaux avaient péri dont Lorenzo Chigi, cardinal de Sienne, et le Florentin Giovanni Chelli. On célébra leurs funérailles le lendemain même, à Saint-Pierre.

À l'annonce du désastre qui avait détruit son œuvre, le Pinturicchio s'emporta après tout le monde. Il travaillait alors dans la Torrione da basso, au château Saint-Ange, sur les fresques évoquant les événements relatifs à Charles VIII à Rome. Il menaça Rodrigo d'abandonner son ouvrage et Rome par la même occasion. Le pape le menaça à son tour : s'il ne se ravisait pas, il refermerait sur lui les portes du château Saint-Ange. Le peintre capitula et acheva la messe apostolique, où Charles VIII servait le pape, la procession de Saint-Paul hors les murs, pendant laquelle il tenait l'étole, son départ pour Naples, accompagné de ses deux otages César et Djem.

Le premier mécène du Pinturicchio au Vatican avait été Sixte IV, pour lequel il avait participé à la réalisation des fabuleuses fresques de la chapelle Sixtine. Sur la demande d'Innocent VIII, le prédécesseur de Rodrigo, il avait par la suite peint au palais du Belvédère des scènes représentant *L'Annonciation*, *La Nativité*, *L'Adoration des Mages*, *La Résurrection*, *L'Assomption* et *La Pentecôte*, fresques exécutées avec une noble humanité. Le Belvédère[1]. s'élève sur la colline San

1. C'est à l'avènement de Jules II, que l'édifice sera aménagé en sanctuaire d'œuvres d'art.

Egidio, plantée de jardins, de vergers et de vignes. Simple résidence estivale d'où l'on embrassait toute la Ville éternelle d'un coup d'œil, les Borgia la convertissaient à leur gré en forteresse pour prisonniers de marque. Au milieu de l'année 1500, Caterina Sforza y séjournait toujours, dans l'attente de répondre de sa tentative d'empoisonnement sur la personne de Rodrigo pendant le siège de Forli. Gardée par vingt hommes d'armes, elle parvint, en juin, à organiser son évasion avec la complicité d'un moine milanais à son service, nommé Lorenzo Bossi. L'homme avait reçu pour cela une somme de 3 000 ducats d'or, mais sa distraction fit échouer la tentative. Il égara en effet la correspondance de sa maîtresse où il apparaissait qu'elle avait de son côté séduit ses geôliers et qu'il ne restait plus en quelque sorte à Lorenzo qu'à lui indiquer la date propice à une fuite. Après la découverte de cette correspondance, le moine fut jeté dans les eaux du Tibre.

Le mois suivant, convalescent après l'accident survenu dans la salle des Pontifes, le pape interrogea Caterina en présence de César et de Battista di Meldola, qui, on s'en souvient, avait accablé la comtesse sur le chevalet du bourreau. La comtesse de Forli protesta vigoureusement contre cette accusation et exigea de Rodrigo le secours d'Yves d'Allègre. Le capitaine de Louis XII fit à nouveau valoir la qualité de sujette du roi de France de la prisonnière.

– La comtesse, s'emporta-t-il, ne peut à ce titre dépendre de votre justice. D'ailleurs, expliqua-t-il, nos lois militaires ne permettent point que les femmes soient prisonnières de guerre. Vous pouviez la garder à Rome mais sous condition qu'elle fût toujours libre, ce qui n'a point été le cas. Si Votre Sainteté continue à la retenir prisonnière, je serai contraint d'aviser le roi que vous avez violé les traités faits en son nom. À son déplaisir et à la honte de Votre Sainteté, il ordonnera que la comtesse soit délivrée de vive force, dans le cas où notre armée qui campe à Viterbo et qui sera ici sous peu, n'aurait pas pourvu à l'honneur de la France au prix de grands désordres et scandales.

– C'est entendu, *messer* d'Allègre, lui accorda Rodrigo après un instant de réflexion, je vous fais la promesse de remettre Madonna Caterina en liberté.

– Vous n'y pensez pas, père ? s'écria César. Caterina a de nombreuses intelligences en Italie, en France et chez son beau-frère Maximilien d'Autriche. Elle possède partout des partisans, des conspirateurs ! Elle ralliera les Florentins et tous les princes dépossédés à sa cause. Père, elle soulèverait le diable pour faire reconnaître ses États et se venger ! Si vous la libérez, à quoi donc m'aura servi d'enlever Forli ?

– *Messer* d'Allègre, reprit le pape, j'entends que vous usiez de vos meilleurs arguments pour persuader la comtesse de Forli de renoncer formellement à ses États. Contre une convention signée de sa main et de la vôtre, elle sera libre.

– Très Saint Père, je me fais fort de l'obtenir, assura d'Allègre.

Captive des Borgia, Caterina commençait cependant à passer pour une martyre et sa réputation ne cessait de croître. Des pamphlets contre le pape et des complaintes glorifiant la dame de Forli se répandaient en Italie, particulièrement à Venise et à Florence.

L'intervention d'Allègre auprès de Caterina ne fut pas vaine. Le 30 juillet, chez le cardinal de San Clemento, la comtesse signa l'acte par lequel elle abandonnait Imola et Forli en son nom et en celui de ses enfants. En outre, elle s'engageait à ne pas quitter Rome. Après quatorze mois de réclusion, elle put demeurer librement dans la Ville éternelle, dont elle ne pouvait toutefois s'éloigner qu'avec l'aval de

Rodrigo et une caution de 2 000 ducats. Dans les appartements du palais de son neveu le cardinal Riario qu'elle occupait désormais, elle redoutait quotidiennement la *cantarella* des Borgia, le terrible poison qui avait fait périr plus d'un ennemi du pape et de son fils.

Cette terreur constante d'être empoisonnée l'engagea à s'évader de Rome un soir d'octobre 1500. Elle affirma à son entourage qu'elle gagnait Florence en empruntant les rudes sentiers de la montagne. César se laissa prendre par ce qui était un subterfuge : il lança à sa poursuite Michelotto, chargé de l'éliminer, alors qu'elle se trouvait à Livourne, où elle se cachait sous le déguisement d'un pêcheur. Un mois plus tard, le danger une fois écarté, Caterina, empruntant la vallée de l'Arno, se rendit cette fois vraiment à Florence, où elle fut accueillie par la veuve de son fils Giovanni, dit « Popolano ». Si l'orgueil de César ne supporta pas l'échec, Rodrigo feignit d'être d'intelligence avec la fugitive, ceci afin de laisser croire qu'il était entièrement maître d'elle. Ainsi fit-il parvenir à la Seigneurie de Florence une bulle dans laquelle non seulement il accordait à la dame de Forli l'autorisation d'y résider, mais encore la recommandait vivement aux autorités de la ville.

Caterina s'installa ensuite chez sa fille Bianca, dans le quartier du Borgo Pinti, puis au palais Medicea di Castello, dans les faubourgs de Florence, palais appartenant aux Médicis. Si elle ne chercha jamais à tirer vengeance des Borgia, elle espéra toujours réintégrer ses fiefs. Les partisans qui lui envoyaient des lettres de toutes parts, l'exhortèrent à se tourner vers sa sœur l'impératrice du Saint Empire germanique. Mais Maximilien, son beau-frère, demeura toujours sourd aux suppliques de son épouse qui travaillait au retour de Caterina dans ses États. Face à la puissance de ses ennemis du Vatican, les espoirs de la comtesse de Forli demeurèrent vains.

DIARIUM IX

Pendant que Lucrèce convole en secondes noces et que se déroulent les cérémonies du Jubilé, César harcèle sa propre épouse.

Quelques mois plus tôt, à Rome, Lucrèce, qui jouait avec ses demoiselles, était malencontreusement tombée et avait accouché d'une fille mort-née. Début août, elle attendit à nouveau un enfant. Afin qu'elle y prenne du repos et qu'elle vive sereinement sa grossesse, Rodrigo l'envoya à Spolète, en Ombrie, place sur laquelle le Saint-Siège avait établi son autorité près de trois siècles auparavant. Il fit mieux encore en la déclarant régente de la ville en lieu et place d'un cardinal. Lucrèce reçut ainsi ses premiers honneurs publics en étant promue à la dignité de légat papal.

Le 8 août, depuis une loggia du palais apostolique, Rodrigo lui donna trois fois sa bénédiction. Puis son cortège s'ébranla. Il était flanqué de gardes du palais et composé de mulets portant matelas, coussins de damas blanc, couverture d'étoffe cramoisie avec fleurs, et un lit où Lucrèce pourrait se reposer pendant le voyage. Quarante-trois chars suivaient, dans lesquels avaient pris place Geoffrey, des nobles, parmi lesquels le jeune Fabio Orsini, des dames, des demoiselles, des soldats, des serviteurs. Le 15, Lucrèce longea le Ponte delle Torri, aqueduc élevé sous l'Antiquité romaine, fit son entrée dans Spolète, passa sous les arcs de triomphe parmi les bannières, les étendards, les fleurs, et gagna le château de La Rocca.

En octobre, elle revint à Rome pour achever sa grossesse. César laissa son armée pour passer avec sa sœur les derniers jours qui la séparaient de son accouchement. Rodrigo s'étonna que Charlotte, la jeune épouse, ne l'accompagne pas. Lucrèce fut la première à interroger César :

– Ne devais-tu pas te marier, mon frère ?

– Je le suis, répondit César, mais avec une putain.

– Qu'est-ce à dire ? voulut savoir Rodrigo.

César évoqua les projets de Charlotte à Venise et expliqua qu'il la détenait prisonnière au Transtevere depuis plusieurs semaines. Son père voulut qu'il la fasse enfermer au château Saint-Ange, la prison où séjournaient ceux que les Borgia père et fils s'apprêtaient la plupart du temps à supprimer. Mais il n'était justement pas question de supprimer la duchesse de Valentinois. César n'avait aucune crainte d'Alain d'Albret. Il entendait seulement, comme convenu, tirer profit de son mariage d'intérêt.

– Je déciderai en temps voulu du sort de la duchesse, dit-il à son père et à sa sœur sur un ton sardonique.

Rodrigo se fit promettre de lui être présenté et sous-entendit qu'il la traiterait comme une femme de peu de valeur.

Toute la maison était occupée aux préparatifs qui accompagnent les naissances princières. Le 1er novembre, un petit garçon naquit, qui prit le nom de Rodrigo. Il fut baptisé par le cardinal Carafa à la chapelle Sixtine, où Botticelli, avant que n'intervienne le pinceau de Michel-Ange, avait achevé sa gigantesque fresque *Les Épreuves de Moïse*. Le soir, il fut organisé un banquet dans le parc. Le jardinier avait déployé tout son talent pour orner magnifiquement de fleurs le tour du bosquet où avait lieu le festin. De longues tables, drapées de brocart, étaient dressées sous les orangers.

Le ménage de Lucrèce n'était pas plus solide que celui de son frère. À la même époque où elle mettait Rodrigo au monde, elle fit à son père une demande d'annulation de son mariage avec Giovanni Sforza, rédigée suivant le décret de Grégoire IX, établissant qu'une femme pouvait réclamer le divorce au bout de trois ans si le mariage n'avait pas été consommé. Prétendument atteint d'impuissance, son mari fut sommé de quitter Rome, ce qu'il fit, donnant à entendre qu'il n'y reviendrait jamais plus. Il partit pour Pesaro. Lorsqu'il apprit que des preuves avaient été présentées au tribunal légal de Rome, démontrant publiquement que son mariage n'avait pas été consommé et que Lucrèce avait eu son enfant d'un autre, Sforza se sentit humilié et protesta violemment. On lui proposa une ordalie, qui consistait à se soumettre formellement au jugement d'un jury d'hommes de bonne foi et du légat pontifical. Comme il s'y refusa, Rodrigo et César obtinrent de lui une confession écrite, qu'il signa lors d'une réunion de docteurs et de théologiens au palais de Pesaro. Il y attestait la carence maritale et acceptait que l'on engage les démarches nécessaires à l'annulation.

Lucrèce se retira quelque temps au couvent de San Sisto, où elle trouva la sérénité dans le travail, la musique, la méditation et la prière. Un religieux, le frère Mariano da Genazzano, arriva à Pesaro et entreprit avec Giovanni Sforza de longs et difficiles raisonnements pour l'amener à l'annulation du mariage. Le comte de Pesaro se défendit avec l'énergie du désespoir, puis demanda finalement une semaine de réflexion. Sautant sur son cheval, il partit à Milan prendre conseil de Ludovic le More.

Entre le Vatican et le couvent de San Sisto circulèrent quelques messagers strictement choisis par le pape, dont l'un, Pedro Calderon, autrement appelé Perotto, premier camérier de Sa Sainteté, avait la charge des ambassades entre Rodrigo et Lucrèce. Le pape ne l'envoyait pas innocemment auprès de sa fille. Il savait que celui-ci entretenait une liaison avec elle et qu'il était sans doute le père de l'enfant qui venait de naître. Perotto lui faisait de prestigieux cadeaux, dépensait ses revenus en colliers de perles en poires, en gants, éventails, pommades, essences et autres parfums. Une fille d'honneur de Lucrèce, gracieusement nommée Penthésilée, servait d'intermédiaire entre les deux jeunes gens. Par ses soins, Lucrèce pouvait sortir de son couvent pour retrouver Perotto à quelques pas de là. Penthésilée surveillait les entrées et sorties du couvent et alertait sa maîtresse si l'une des sœurs ou la mère supérieure venait à s'aventurer du côté où les amoureux s'enlaçaient.

Quoique bien dissimulée, cette liaison fut rapidement connue des Romains. Certains ne s'embarrassèrent pas de scrupules pour prétendre que Lucrèce était une traînée qui, en outre, partageait à l'occasion la couche de son père le pape. Une sordide et abominable rumeur, une de plus, courait d'ailleurs dans Rome, prétendant que le petit Rodrigo était le fruit incestueux de Lucrèce et de son père, ou de Lucrèce et de l'un de ses frères. Une épigramme en forme d'épitaphe circula même, qui disait : « Sous ce tertre dort Lucrèce de nom, Thaïs de fait, fille, femme et bru d'Alexandre. »

On trouvait parfois une petite mine à Lucrèce, que l'on mettait sur le compte des malaises dont elle était régulièrement victime. Il est vrai qu'un peu avant l'époque où elle fréquentait Perotto, elle avait connu six grossesses successives avortées, qui avaient épuisé ses forces. Chez elle, l'avortement finissait par dégénérer en une sorte d'habitude. Elle employait trop fréquemment les substances abortives qu'elle recevait du médecin du palais dans le but de faire disparaître les traces d'une grossesse jugée coupable. Elles entraînaient chez elle des frissons, un défaut d'appétit, des nausées, une soif vive, des palpitations, l'abattement, qui la mettaient à rude épreuve.

– Au sujet des relations incestueuses des Borgia, dit Burckard en interrompant son récit, j'aimerais te lire, Francesco, ce que dit l'un de nos contemporains.

Il déplia un parchemin puis prononça avec une modulation appliquée :

– « Il est hors de doute que l'hypothèse de commerces incestueux à l'ombre de la Chaire de Saint-Pierre répugne profondément à tout esprit, mais ce sentiment n'autorise pas à jeter un voile sur des documents d'une valeur objective et sur des faits historiques. Nous ne devons pas oublier surtout qu'avec les Borgia nous sommes en présence d'une famille de dégénérés où les répugnances du sang ne se font pas sentir, et où les instincts, l'instinct sexuel en particulier, si développé chez les représentants de cette race, cherchent et trouvent leur satisfaction à l'intérieur du foyer domestique. » Voilà, *caro* Francesco. À présent, poursuivons avec le procès de dissolution du mariage de Giovanni et Lucrèce.

Le cardinal d'Alexandrie, Antonio San Giorgio, le cardinal de Sainte-Praxède, Antonio Pallavicini, et l'humaniste ferrarais Felino Sandeo instruisirent le procès de dissolution du mariage. Ils affirmèrent que le mariage ne pouvait véritablement être dissous que de deux façons : soit par la sentence des cardinaux commissaires, soit par le consentement des deux parties au moyen d'une bulle pontificale. Rodrigo était soucieux de vouloir laisser le nom de Borgia sans tache et voulait écarter tout scandale. Il déclara qu'il accepterait la solution que choisirait son gendre. Giovanni Sforza opta pour la moins désagréable, celle de la sentence, écartant l'aveu d'invalidité conjugale. La lecture de cette sentence fut prononcée le 20 décembre. Pour la circonstance, Lucrèce sortit de son couvent pour aller écouter au Vatican le décret de nullité du mariage, qui fut publié dans Rome deux jours plus tard. La fille du pape était libre de se remarier. Quant à Giovanni Sforza, il remboursa les 30 000 ducats représentant la dot de son ancienne épouse.

Sforza étant désormais déclaré impuissant, on chercha à attribuer la paternité du petit Rodrigo un peu au premier venu. Mais César, qui n'ignorait pas le nom de l'amant, à savoir Perotto, commença dès lors à le persécuter. Le rencontrant un soir dans les appartements pontificaux, il saisit son épée et le poursuivit à travers les pièces avant de le blesser gravement au visage, sous les yeux du pape, qui avait vainement tenté de protéger son premier camérier.

On aperçut Perotto encore quelque temps dans Rome, puis bientôt des pêcheurs trouvèrent son cadavre flottant à la surface du Tibre. Avec le sien se trouvait celui de Penthésilée. Personne n'osa dire que leur assassin était César.

Cependant des candidats à la main de Lucrèce se présentaient déjà au Vatican. L'un des premiers fut Antonello Sanseverino, fils du prince de Salerne. Frédéric, le roi de Naples, s'en inquiéta car il savait que le prétendant était issu d'une des plus puissantes maisons d'Italie, étroitement liée avec Louis XII, ennemi du royaume de Naples. Sanseverino deviendrait immanquablement gonfalonier de l'Église, serait protégé par le pape, et ferait tôt ou tard une incursion belliqueuse dans le Napolitain au nom des deux souverains à la fois. Face au danger, Frédéric dépêcha à Rome un envoyé chargé d'obtenir l'intervention d'Ascanio Sforza auprès de Rodrigo. Le cardinal parvint avec habileté à faire écarter le projet Sanseverino.

De nombreux prétendants succédèrent à Sanseverino, dont Francesco Orsini, duc de Gravina, de la maison des Appiani, et Ottaviano Riario, fils d'un premier lit de Caterina Sforza. Rodrigo feignit de se montrer chaque fois favorable à tous les soupirants, mais en fait il avait depuis longtemps jeté son dévolu sur Alfonso d'Aragon, frère unique de Sancia, fils illégitime du roi Alfonso II et de doña Trogia Gazzela. Il chargea Vannozza d'aller trouver sa fille au couvent.

– Votre père m'a fait remettre une lettre pour vous, Lucrèce. Il vous demande de bien vouloir aller le retrouver. Moi-même, je vous chargerai de lui porter un message que je viens d'écrire. Puisqu'il n'évoque point le désir de me voir vous accompagner, ces lignes lui diront pour moi comment je me porte.

– Croyez-vous, mère, demanda Lucrèce, qu'il faut qu'il y ait une affaire bien sérieuse pour qu'il me prie d'aller jusqu'à lui ?

– Je ne sais, mon cœur d'amour, mais vous le baiserez mille fois pour moi.

Lucrèce fut au Vatican le lendemain.

– Viens dans mes bras, fille chère, orgueil de ma race, lui dit Rodrigo en la serrant contre son sein.

Il lui baisa interminablement les mains, le front et le petit rose déposé sur ses joues blanches.

– J'ai aujourd'hui le bonheur de te revoir après tant de mois. Hélas ! ma tendresse, tu vas déjà devoir bientôt partir d'ici. Mais pour une chose bien plaisante.

Il prit place dans un fauteuil à haut dosseret après avoir tiré un sofa pour Lucrèce.

– Trésor de mon cœur, je te marie, reprit-il. Sois heureuse, toi que je mets entre des mains quasi royales, celles du fils du roi de Naples.

– Quel est l'enjeu du mariage, père, cette fois ? demanda Lucrèce avec une naïveté simulée.

– Naples, naturellement. Ton futur époux Alfonso d'Aragon est le frère de Sancia et héritier du trône de Naples.

– Je n'ai que dix-sept ans, père, qu'est-ce qui nous presse ? interrogea Lucrèce à qui l'échec de son premier mariage laissait un goût amer. Ne sommes-nous pas heureux ensemble ? Il m'est si agréable d'avoir un père tel que vous ! Un mari serait jaloux de vous peut-être. Mon affection, mes soins, il prétendrait que je les lui dois exclusivement, et ne se contenterait pas de la moitié que je vous aurais prise pour la lui donner. Laissez-moi vous aimer, vous servir.

– Je comprends ta supplique, cher ange de mon cœur, répondit Rodrigo en lui câlinant les joues, mais tu dois comprendre à ton tour que cette union est capitale pour notre maison.

Puisque tout n'était question que de mariage pour assurer l'intérêt d'une couronne, qu'elle fût royale, ducale, pontificale, puisque c'était pour le bien de la maison des Borgia, Lucrèce accepta, sans autre choix il est vrai, le sort que lui avait réservé son père. Ce père, elle le savait, s'était toujours servi d'elle comme d'un appât dans le but de se procurer des alliances.

– Ta mère Vannozza, continua Rodrigo, me fait dire dans sa lettre que j'ai lue qu'un portrait de toi serait nécessaire pour montrer ta beauté au prince. C'est une excellente idée. Tu resteras à Rome le temps que l'on t'immortalise sur une toile puis tu iras rejoindre ton mari.

Le Pinturicchio exécuta un portrait de Lucrèce, qui fut ravie. Bartolomeo Veneto prit plus tard ce portrait pour modèle et Le Titien en peignit un des plus beaux et des plus célèbres.

Le mariage de Lucrèce fut rapidement entendu. Par contrat, le roi de Naples s'engagea à donner à Alfonso d'Aragon le titre de duc et la terre de Bisceglia, tandis que Rodrigo s'accorda pour verser à Lucrèce une dot de 40 000 ducats. En outre, les deux beaux-pères convinrent que les époux résideraient à Rome, au palais de Santa-Maria in Portico.

La cérémonie nuptiale fut célébrée en juillet 1498 dans l'appartement romain des Borgia, dans la quasi intimité. Seuls quelques familiers du Vatican étaient invités, ainsi que plusieurs cardinaux, dont Juan Lopez, Giovanni Marrades et surtout Ascanio Sforza, ravi de la nouvelle alliance du pape avec les Napolitains. Le capitaine espagnol Juan de Cervillon tint son épée nue au-dessus de la tête des époux durant la cérémonie rituelle. Le début des réjouissances fut marqué par une querelle de préséance qui s'éleva entre les amis de César et ceux de Sancia. Ils en vinrent même à tirer l'épée, qu'ils ne rangèrent dans leur fourreau qu'après en avoir été sommés par Rodrigo. Entre-temps, deux évêques reçurent des horions et un cardinal, pris à parti pendant la rixe, dut prendre la fuite. Il fallut attendre les délices du banquet pour voir les esprits s'apaiser. Il fut suivi de danses et de représentations qui ne s'achevèrent qu'à l'aube. César et Rodrigo parurent sur scène, le premier travesti en licorne, le second pour exécuter quelques pas de danse.

Depuis 1498, et particulièrement avec mon aide, le pape préparait soigneusement le Jubilé de l'année 1500. L'antique coutume établie deux cents ans plus tôt par Boniface VIII exigeait initialement une célébration tous les siècles avant que

Paul II ne fixe à vingt-cinq ans le laps séparant les années jubilaires. Rome attendait plusieurs centaines de milliers de pèlerins provenant des points les plus éloignés d'Europe. Rodrigo prit des mesures pour leur sécurité. Il mit en place une police des auberges, nomma une commission de maréchaux chargés de surveiller les ports et de parcourir les chemins qu'emprunteraient les voyageurs. Sa justice fut expéditive : dans les seuls derniers jours de l'année 1498, il fit pendre douze familles corses aux créneaux du château Saint-Ange. En février de l'année suivante, il publia une bulle où il fulminait contre les déprédations : « Nous ordonnons, sous peine d'excommunication, à tous les vicaires que, si un pèlerin est volé, le seigneur ou l'autorité du territoire sur lequel le crime a été commis, doit restituer les choses volées. »

Le 20 décembre 1499, le gouverneur de Rome, le trésorier général et les membres de la Chambre apostolique, à cheval ou sur des mules, parcoururent les rues de Rome pour faire la lecture de la bulle pontificale annonçant qu'à l'occasion du Jubilé les pèlerins séjournant dans la Ville éternelle pourraient gagner l'indulgence plénière et être lavés de leurs fautes. Rodrigo avait chargé onze pénitenciers d'absoudre tous les pécheurs, hormis ceux ayant conspiré contre le pontife et le Saint-Siège. À l'occasion de cette année solennelle, on allait ouvrir la Porte Sainte. La veille de Noël, Rodrigo, portant un cierge doré dans la main gauche et bénissant de la droite, s'arrêta devant la Porte et la frappa trois fois de son marteau d'argent. Les chantres psalmodièrent une antienne avant de réciter une oraison que j'avais composée avec le pape lui-même : « Dieu qui par Moïse votre serviteur avez institué pour le peuple d'Israël une année de rémission et de Jubilé, daignez nous accorder de commencer heureusement cette centième année de Jubilé. »

Le pontife franchit la Porte, s'agenouilla, s'abîma en prières tandis que les chantres entonnaient un *Miserere*, puis pénétra dans la basilique Saint-Pierre, suivi des cardinaux et des sous-diacres portant la croix. Après un *Te Deum*, il proclama le début des fêtes. Elles débutèrent par une cavalcade au Latran et un défilé de chars entre la Piazza Navona et le Vatican. De la terrasse du château Saint-Ange, Rodrigo regarda passer Lucrèce sur sa haquenée blanche, accompagnée de son mari Alfonso, d'Orsini, époux de Giulia, et de toute une suite de dames. Pendant de nombreuses semaines, la célébration des antiques victoires de Jules César, la prise de Forli, les bals, les pantomimes succédèrent aux processions ou aux courses de taureaux.

Le jour de Pâques, Sa Sainteté officia une messe solennelle à Saint-Pierre devant deux cent mille pèlerins agenouillés jusque dans les terrains poussiéreux environnant l'église. Parmi eux, entre autres fidèles de marque, se trouvait Martin Luther, l'homme qui allait bientôt provoquer le grand schisme en Occident. On remarquait aussi, au milieu des pénitents blancs et des flagellants, Nicolas Copernic, alors âgé de vingt-sept ans. Il était arrivé à Rome à pied du fond de l'Allemagne. Apprenant que le jeune homme, pour vivre, donnait des leçons de mathématiques et de mécanique, Rodrigo l'avait invité au palais pontifical pour lui confier la chaire d'astronomie du gymnase romain. Parfois, se dérobant aux préoccupations du gouvernement, il arrivait, sans se faire annoncer, et écoutait la leçon du savant[1].

1. Dans l'enthousiasme de l'accueil que lui avait fait le pontife, Copernic, un peu plus tard, dédiera au Saint-Siège son *Des révolutions des sphères célestes*, avant que sa célèbre conception scientifique ne soit souillée par l'Église.

Toute la pompe et la solennité fut employée pour rassurer et impressionner à la fois tous les pèlerins. Les cardinaux, vêtus d'or, parcouraient les rues et présidaient les offices dans les principales églises de la ville. Les soldats du pape, montés sur de fougueux chevaux caparaçonnés de velours, précédaient les processions et les défilés aux flambeaux. Cet éclat exagéré agita certains esprits, qui le condamnèrent à leur retour de Rome. D'autres accusèrent le pape de livrer à César et à Lucrèce les sommes perçues pour l'organisation du Jubilé. Elles devaient en réalité servir à la guerre contre les Turcs et à élever des églises en Italie. Le seul qui tira profit de certains fonds nationaux fut l'archiduc Maximilien, empereur du Saint Empire germanique. Il perçut des milliers de ducats pour soutenir la croisade contre les Infidèles, puis oublia rapidement non seulement ses engagements mais aussi de restituer ce qui lui avait été prêté.

Au beau milieu des festivités du Jubilé, Rodrigo exigea de voir Charlotte d'Albret et contraignit César à la lui livrer, affirmant qu'il en était le maître puisqu'elle se trouvait à Rome. Jusqu'à présent, il avait laissé son fils agir comme bon lui semblait envers elle parce qu'il était son époux. César la fit aller chercher. Malgré son visage défait dû à son séjour en captivité, Charlotte était magnifique de force et de vie. Son opulente chevelure blonde flottait capricieusement sur ses épaules, une charmante trace d'ingénuité éclairait son fascinant regard clair. Elle gardait sa superbe devant Rodrigo, qui observa sa beauté sans lui adresser un mot. Le pape la renvoya d'un signe de la main. Il la fit d'abord enfermer au château Saint-Ange, puis, comme il existait un courant de sympathie parmi les troupes françaises au service de César, on l'assigna à résidence au Belvédère. César venait parfois la visiter parce qu'il savait que sa vue la répugnait. Il partageait son lit, ce qui lui faisait horreur, et la forçait, parfois sous les yeux de ses geôliers. Ses médecins la déclarèrent bientôt enceinte, et à l'été 1500, alors que César était en campagne, elle mit au monde une fille qui reçut le nom de Louise.

Après ses relevailles, elle fut autorisée par Rodrigo à partir prendre du repos dans ses terres françaises de Feusines, Néret et La Motte-Feuilly, près de La Châtre, dans le Berry. De ce dernier lieu, elle eut tout le loisir de venir confier les malheurs de son existence à Jeanne de France. De la reine répudiée, on avait presque oublié ce procès qui avait tant décidé de l'avenir de César. À Bourges, celle qui était devenue duchesse de Berry avait fondé l'ordre des Dix Plaisirs de la glorieuse Vierge Marie[1]. Si elle n'avait plus que peu de revenus, elle avait conservé les nombreux objets précieux qu'elle possédait autrefois à la cour, et elle n'hésitait pas à vendre ce qu'elle avait de plus cher pour venir en aide à autrui ou entretenir son train de vie. Celui-ci n'était du reste pas négligeable. Toute sa vaisselle était d'or et d'argent, les meubles et les tentures de son palais étaient de choix et d'un luxe extrême. Elle portait des souliers en cuir frappé et doré, s'habillait avec goût et recherche. Ses toilettes, qui cachaient des sous-vêtements volontairement austères, étaient de velours et de damas avec les broderies, parures et joyaux qui convenaient à son rang. Elle possédait des tablettes d'ivoire ornées d'un fermoir d'argent et d'élégantes sculptures religieuses sur lesquelles elle inscrivait ses pensées. Sa table était abondante et variée. Cependant, pour ses repas, elle se contentait d'herbes, de légumes et de potages à l'huile. Si l'on servait exceptionnellement des plats délicats, elle refusait d'y toucher et ordonnait de les donner aux pauvres. En outre, elle faisait pénitence toute l'année en jeûnant trois fois par semaine.

1. Cet ordre s'appellera, après sa mort, l'ordre des Annonciades.

Elle montrait d'ailleurs un zèle particulièrement démesuré pour la mortification qu'elle associait à sa compassion pour les cinq plaies du Christ, la souffrance de la Passion, la mort sur la Croix. Son confesseur lui en avait montré la nécessité et l'exhortait à méditer fréquemment la Passion du Sauveur. Afin d'en avoir toujours le souvenir à l'esprit, elle faisait peindre dans son oratoire, dans sa chambre et dans tous les lieux où elle avait coutume de s'arrêter, une croix avec le mémorial des cinq plaies. Son attrait pour les cinq plaies était si grand qu'elle s'exerçait à leur contemplation et s'acharnait quotidiennement à souffrir en leur honneur. Elle déclarait y trouver son refuge dans l'affliction, y voyait les sources où les hommes devaient puiser l'eau du salut, les comparait aux ruisseaux du Paradis évoqués par la Genèse. Dans la plaie de la main droite coulait la source des saintes pensées, dans la main gauche celle des saintes componctions, au pied droit les saintes affections, au pied gauche les saintes langueurs, enfin au cœur la source des saintes transformations. Elle aimait la musique et s'y adonnait elle-même avec tant de passion que, craignant d'y avoir pris trop de plaisir, elle avait un jour fini par briser son luth. Depuis, elle portait autour de sa poitrine un cilice confectionné par elle avec l'un des éclats de bois provenant de son luth. Cinq gros clous en argent étaient disposés en forme de croix de Jésus-Christ, des clous dont les pointes acérées ressortaient par la face opposée et qu'elle avait appliquées sur son cœur pour les y laisser toute sa vie. Au-dessous de ce cilice, elle portait une chaîne de fer à même la peau.

Jeanne aimait Charlotte pour son ardente dévotion et lui apportait quelque consolation spirituelle. Tout en élevant sa fille, l'épouse de César partageait ses journées entre sa vie de château et la duchesse de Berry. Elle était sujette à des extases et à des visions extraordinaires. Guidée par sa nouvelle amie, elle se réfugiait dans la piété et instituait, comme Jeanne, l'abbé Gabriel Maria son directeur de conscience. Elle s'infligeait diverses souffrances corporelles en sa compagnie. Pendant ses séjours, elle se fouettait jusqu'au sang tous les matins. La nuit, il lui arrivait fréquemment de se lever pour se flageller avec une vigueur inouïe. Attirée par l'ordre des Dix Plaisirs de la glorieuse Vierge Marie, elle médita de faire au couvent de Bourges sa profession religieuse et de s'y retirer jusqu'à la fin de ses jours.

Elle revint à Rome avec l'idée fixe de retourner à Bourges au plus vite. Venant un soir la visiter au Belvédère, César ne la trouva pas. Le maître de la garde-robe de son épouse lui confia son inquiétude de ne pas l'avoir revue depuis plusieurs jours. César lui reprocha violemment de ne pas l'en avoir averti dès la première heure, que la duchesse était sous sa responsabilité. L'homme prétendit ignorer jusqu'au jour où elle avait quitté sa résidence, mais en l'interrogeant plus vigoureusement, le duc apprit de lui qu'il avait intercepté une lettre adressée au couvent de Bourges, en France, au nom de la duchesse de Berry. Charlotte lui annonçait son arrivée et s'était mise en route avant même de recevoir sa réponse.

– Comprenez, *messer*, avoua le serviteur, je l'ai eue entre les mains alors qu'elle était déjà partie. J'avais peur de vos représailles.

– Tu as eu raison d'en avoir peur, lui rétorqua César avec colère, je vais te faire pendre.

Il donna des ordres pour que l'exécution ait lieu rapidement. Le maître de la garde-robe de Charlotte se balançait en haut du gibet lorsque César, au matin du jour suivant, enfourcha son meilleur cheval et partit au galop vers la France. Non pas qu'il aimait Charlotte et qu'il ne pouvait se passer d'elle, mais cette femme s'était jouée de lui, et on ne bafouait pas impunément l'orgueil d'un Borgia.

À Bourges, où elle était parvenue quelques jours plus tôt, Charlotte avait informé Jeanne de sa fuite. De toute évidence, le duc son mari allait venir la rejoindre tôt ou tard. Alors les deux femmes s'étaient accordées pour organiser une mise en scène. Il était question de simuler l'entrée de Charlotte dans les ordres et pour cela de lui faire prononcer ses vœux en privé, non en public, ce qui signifiait que ces vœux ne feraient pas de sa profession de foi une profession au sens strict. Ce subterfuge comportait un seul risque : ancien cardinal, fils de pape, habitué des services apostoliques, César Borgia pouvait tout à fait connaître la nuance entre les deux professions. Il fallait le mettre devant le fait accompli.

Le jour de la Pentecôte, on annonça l'arrivée du duc de Valentinois à Bourges. Il fut introduit au parloir du couvent alors que l'on avait soigneusement préparé et orné à l'avance une salle assez grande qui tiendrait lieu de chapitre. Depuis plusieurs jours, un trône, couvert de velours semé de lys d'or, s'y élevait sur une estrade. César insista pour voir Charlotte, criant qu'il savait qu'elle se trouvait ici et qu'il était venu la chercher. Jeanne parut au moment où il faisait son esclandre, chargée de le retenir tandis que les moniales, le père Gabriel Maria puis Charlotte prenaient le temps de pénétrer en toute solennité dans la salle de cérémonie. L'ancienne épouse de Louis XII accepta d'entraîner le duc de Valentinois vers le lieu où Charlotte devait prononcer ses vœux. Elle ne s'était pas lassée de dire qu'il était trop tard, que la duchesse était dès lors une fille de Dieu. À travers les couloirs s'élevèrent les derniers mots du sermon prononcé par Gabriel Maria en présence de toutes les moniales. César voulut courir à travers les arcades du cloître tout ensoleillé de chants d'oiseaux. Il ne sut ce qui le retint. De la salle du chapitre, Charlotte venait de se retirer avec son père spirituel dans une pièce voisine afin d'y prononcer ses vœux en privé. César en ouvrit brutalement la porte. Il vit Charlotte à genoux, prononçant au père Maria la formule de sa profession religieuse :

– Je promets et voue à Dieu tout-puissant, à la très glorieuse Vierge Marie, à tous les saints et saintes, de garder toute ma vie les trois vœux de religion, à savoir : pauvreté, chasteté et obéissance. En outre, je fais vœu d'observer la règle de la religion de la très sainte Vierge Marie, mère de Dieu, et de garder la clôture perpétuelle, au nom du Père, et du Fils, et du Saint-Esprit.

Gabriel Maria lui répondit :

– Et moi, Madame, si vous gardez bien toutes ces choses, je vous promets de la part de Dieu la vie éternelle.

Alors il passa au doigt de la duchesse un petit anneau d'argent qui la liait pour toujours à Dieu et à la Vierge. Désormais, Charlotte ne pouvait plus quitter le couvent sans l'obédience et l'autorisation du père Gabriel Maria.

César était resté pétrifié. Un instant, il songea qu'il avait pu avoir encore le temps d'intervenir, tant que Charlotte n'avait pas achevé la formulation de ses vœux. Mais il était trop tard. Il savait en quoi elle s'était engagée.

Mais soudain, il marcha sur elle, l'empoigna avec force et la releva :

– Croyez-vous, Madame, lui lança-t-il, que j'ai fait tout ce chemin pour vous entendre prononcer vos vœux ?

Il regarda tour à tour Jeanne et Gabriel Maria en proclamant :

– Cette femme m'appartient. Je vais l'emmener avec moi et malheur à qui tenterait de m'en empêcher.

Une de ses mains emprisonnait à elle seule les bras de

Charlotte, l'autre reposait fiévreusement sur la garde de son glaive, qui semblait faire corps avec sa propre personne. Tout en lui respirait la puissance : ses larges épaules, ses mains aguerries par les combats, sa carrure de héros d'épopée. Sa force inspirait la peur. Il darda sur sa femme son regard fauve et doré. Elle détourna la tête : il ne devait pas savoir quelle terreur il suscitait en elle. Jeanne et Gabriel Maria étaient épouvantés. Les moniales les rejoignirent à l'instant. Du groupe de témoins s'éleva comme un murmure inarticulé de terreur.

– Sortez ! Sortez à l'instant, hurla César en s'emparant de son glaive. Laissez-moi seul avec elle !

On entendit le frottement glacé de l'acier affûté sur le cuir du fourreau, puis le sifflement de la lame qui fendait l'air. Humiliés et confus à la fois, les deux religieux se retirèrent. Une tenture se referma sur Jeanne.

– Vous ne pouvez pas m'obliger à vous suivre, dit Charlotte.

En guise de réponse, il la battit comme plâtre. Sous les coups qu'elle recevait, la jeune duchesse perdit l'équilibre, tomba à la renverse et s'assomma sur le sol. Dans sa chute, son front avait heurté le tranchant de la lame du glaive. Elle resta sans connaissance. César leva à nouveau la main, la haine dans ses yeux de fou, puis se ravisa. Il ouvrit la porte et appela. Jeanne parut, aperçut Charlotte gisant à terre, poussa un cri, s'agenouilla à son côté et considéra la plaie qui s'était ouverte à la lisière du cuir chevelu. La blessure n'était pas profonde. Gabriel Maria arriva à son tour. Jeanne le commanda d'aller chercher des sels pour ranimer Charlotte et de prévenir la sœur de l'infirmerie.

– Excellence, dit-elle ensuite à César en se relevant, vous avez voulu nous montrer que vous décidiez de tout. À présent, voulez-vous ramener avec vous une femme blessée ? Auriez-vous préféré qu'elle soit morte ? Je vous en supplie, Excellence, retirez-vous et que Dieu vous vienne en aide partout où vous irez.

César reprit son arme et sortit à reculons. Lorsqu'il fut hors du couvent, il projeta violemment son glaive contre un mur en poussant un cri d'enragé. Puis il le rangea dans son fourreau, remonta en selle et s'éloigna.

Charlotte avait décidé de finir ses jours partagée entre le couvent de Bourges et ses terres. Elle avait fait sa profession mais n'était aucunement religieuse. Elle se dépouilla de ce qu'elle possédait de plus précieux et consacra aux cérémonies religieuses ses plus riches habits, dont la robe de drap d'or frisé qui avait servi à ses noces avec César. Tout cela fut envoyé aux sœurs des divers monastères de France pour être converti en chasubles et autres ornements à l'usage de leur église. Jusqu'à son dernier soupir, Charlotte devait rester vêtue en partie de l'habit religieux, en partie de l'habit civil. À sa ceinture pendaient deux sceaux attachés par une chaîne d'argent, l'un aux armes des Albret, l'autre portant une Annonciation.

DIARIUM X

Des innombrables méfaits de César
et de ses ardeurs belliqueuses.

Au beau milieu du Jubilé se déroula un drame qui, comme bien d'autres il est vrai, devait faire date dans l'histoire des Borgia. Le soir du 15 juillet 1500, à la nuit close, Alfonso de Bisceglia, l'époux de Lucrèce, quitta le Vatican en empruntant la porte située sous la loggia d'où le pape donnait habituellement sa bénédiction. Il était escorté par l'un de ses fidèles condottieres, Tommaso Albanese, qui fut intrigué par la présence de silhouettes enveloppées d'un manteau et étendues sur les marches de la basilique Saint-Pierre.

– Prenez garde, *messer*, lui dit Albanese en le prenant doucement par le bras, je ne sais si ces hommes sont des pèlerins ou des mendiants, mais je serais curieux de savoir pour quelle raison ils ont élu domicile sur les marches de notre sainte basilique.

– Diable, vous avez raison, répondit le duc, ce n'est point là un lieu habituel pour passer la nuit.

Il n'avait pas achevé de parler que, sur un signal donné,

les inconnus se dressèrent d'un bond et l'assaillirent traîtreusement. Il s'agissait de spadassins déguisés en mendiants, au nombre de dix ou douze.

– Par ma foi, *messer*, s'écria Albanese en tirant en un clin d'œil l'épée de son fourreau, on en veut à votre vie !

Il n'eut pas le temps de mettre Alfonso à l'abri. Ce dernier fut transpercé de plusieurs coups de dague et s'écroula. Les éclats de voix et le bruit des pas précipités donnèrent l'alarme à la garde palatine. Mais les assassins traversaient déjà la place Saint-Pierre pour rejoindre en hâte une quarantaine de cavaliers en faction à proximité. Albanese, qui parvint à arrêter l'un d'eux, observa qu'ils s'éloignaient de Rome en prenant la Porta Portese. Lorsqu'il revint avec son prisonnier du côté de son maître, celui-ci avait repris ses sens et réussi à regagner le Vatican en titubant.

Il monta péniblement les degrés, entra dans une pièce et s'effondra au moment où Lucrèce et Sancia accouraient après avoir entendu ses gémissements. En l'apercevant, son justaucorps souillé de sang, le teint et les lèvres pâles et glacés comme la mort, les deux jeunes femmes jetèrent un cri épouvanté. Alfonso fit des efforts désespérés pour étendre son bras vers Lucrèce :

– Madame, mon aimée, lui dit-il dans un souffle, abandonnez-moi aux soins d'un chirurgien !

– Ne vous agitez pas, Monsieur, répondit Lucrèce en tressaillant, votre sang coule.

D'un geste évasif, elle désigna à Sancia la direction d'une pièce voisine :

– Ma cassette de baumes, Sancia, la supplia-t-elle, vite ! va la chercher, je te prie ! Ne craignez rien, Monsieur, ajouta-t-elle à l'adresse de son époux, nous sommes là.

Elle se laissa tomber à genoux sur le sol, tout près du

corps effondré. Mais, saisie de terreur, elle n'osait le toucher. Lorsque Sancia revint, elle lui dit :

– Mon Dieu, je ne sais même pas d'où vient tout ce sang, je ne sais même pas où il est blessé.

– Relevons-le, lui répondit Sancia, et allons l'installer dans votre chambre à coucher.

Elles le soulevèrent et le transportèrent jusqu'à l'appartement Borgia, dans la pièce où le Pinturicchio avait peint des sibylles déroulant leurs parchemins avec une expression à la fois vague et ambiguë. Elles l'étendirent sur un lit. Lucrèce se pencha sur lui, approcha ses lèvres des siennes, qui s'entrouvraient à peine, et éprouva la douceur de son souffle : il respirait toujours. Elle lui prodigua les premiers soins mais Sancia préféra aller chercher un chirurgien de la cour.

Le chirurgien mandé déclara que l'état du jeune duc était sérieux. Ce docteur était une sorte de savant, demi-astrologue, demi-rêveur, qui, loin de rassurer les malades, prophétisait leurs malheurs.

– Faites venir un prêtre, dit-il, il n'y a que peu d'espoir de conserver les jours de Monseigneur. Sa bonne constitution peut le soutenir encore quelque temps, mais ses blessures sont trop graves pour se cicatriser, et la mort en sera la conséquence.

Il quitta les deux femmes en leur donnant de vagues consignes. Elles n'appelèrent pas de prêtre et, toute la nuit, prodiguèrent des soins à Alfonso avec le baume de Lucrèce. À l'aube, le visage inondé de sueur, le blessé réclama à boire. Il était faible mais il semblait déjà aller mieux.

Les nuits suivantes, Lucrèce et Sancia dormirent sur des lits improvisés près d'Alfonso. Elles le soignèrent, et, par crainte du poison, préparèrent elles-mêmes sa nourriture sur un petit fourneau de campagne. Seules de rares personnes de la maison Borgia eurent accès à la chambre. Deux médecins napolitains, Galiano de Anna et Clemente Gactula, envoyés par le roi Frédéric, arrivèrent le troisième jour, accueillis par Lucrèce avec des effusions de reconnaissance.

Alfonso triompha bientôt de ses blessures. On le vit peu à peu revenir à la vie. Le 17 juillet, Francesco Capello, l'envoyé florentin, écrivit à Sa Seigneurie : « On ne dit point qui l'a frappé, et on ne voit même pas qu'on ait fait grande enquête, ni qu'on en parle beaucoup. Cependant, par la ville, le bruit s'est répandu que cela s'est passé entre eux-mêmes, car dans ce palais il y a tant de sujets de haines anciens et nouveaux, tant d'envie, tant de jalousie au sujet des choses d'État et des affaires privées, que, fatalement, de pareils scandales doivent souvent naître. »

L'un des agresseurs d'Alfonso sur lequel Albanese avait pu mettre la main était un Aragonais du nom de José Valverde, un des nombreux compagnons de César. Il subit un interrogatoire dirigé par le bargello de Rome. De toute évidence, il savait qui avait frappé le duc de Bisceglia. Il nia formellement avoir fait partie des agresseurs, ce qui laissait aisément présager qu'il n'allait pas non plus fournir le nom du coupable. Lorsque l'on annonça à Rodrigo que l'on détenait un complice des faux mendiants et que celui-ci ne voulait rien avouer, il ordonna immédiatement qu'on le soumette à la question.

Emprisonné au château Saint-Ange, le prisonnier subirait son martyre dans les souterrains de la forteresse. La salle basse où il fut entraîné était imprégnée d'odeurs d'eau stagnante. Des torches résineuses fumaient et crépitaient, projetant des étincelles. Le grand prévôt de Rome le fit asseoir sur un banc. Valverde était un homme au visage sillonné de rides d'où s'avançait un nez pourpre entre deux yeux gris de plomb.

– Écoute un conseil qui vient du fond du cœur, lui dit-il. Pour t'épargner de cruels tourments, il te suffit de prononcer le nom de celui de tes compagnons qui a lâchement frappé le gendre de Sa Sainteté.

– Je le voudrais bien, Monsieur, mais comme j'ai déjà pu le dire je ne sais rien de ce que vous me demandez.

Le grand prévôt, un homme au teint d'huître, la peau dense, réprima un geste de mécontentement mais n'ajouta rien. Un médecin pénétra à l'instant dans la salle, frappa sur la poitrine et dans le dos du prisonnier, tandis qu'on installait plusieurs sièges et qu'on apportait une écritoire. Le grand prévôt lui demanda si la santé de Valverde lui permettait de supporter l'épreuve des brodequins. Sur un signe d'acquiescement du médecin, il fit entrer le greffier puis le bourreau, qui dressa une table et y étendit le patient sans ménagement avant de lui lier les mains et les pieds avec de grosses cordes et de les placer chacun entre deux planches.

– Persistes-tu à dire que tu n'étais pas avec les agresseurs du duc de Bisceglia ? interrogea le grand prévôt.

– Je persiste, Monsieur.

– Et que tu ne connais donc pas le nom de celui qui a porté le coup ?

– Naturellement, Monsieur.

Sur un signe du grand prévôt, et à coups répétés de maillet, le bourreau enfonça l'un des « coins » à hauteur des genoux d'abord, à hauteur des chevilles ensuite. Valverde poussa plusieurs cris aigus que seul renvoya l'écho sordide du souterrain.

– Persistes-tu toujours ? questionna le grand prévôt.

Un homme d'armes vint le prévenir que Sa Sainteté en personne venait d'arriver. Précédé par un huissier, une escorte de hallebardiers et de deux pages portant huit flambeaux de cire jaune sur deux candélabres, Rodrigo pénétra à pas lents dans la salle de torture, revêtu de sa robe blanche, les épaules couvertes d'une aumusse doublée d'hermine. Se plaçant devant Valverde, il le regarda froidement et avec une sorte de pitié méprisante.

– Allez, lui lança-t-il, avoue et tu seras richement récompensé.

Le malheureux Valverde, essoufflé d'avoir tant hurlé de douleur, demanda simplement qu'on lui éponge le front.

– Je vois que tu fanfaronnes au lieu d'écouter mon conseil, observa Rodrigo en soulevant sa lèvre supérieure de dédain.

Un homme de sa garde, qui venait à son tour d'entrer, s'inclina devant lui et lui annonça l'arrivée du cardinal Vespucci, son argus auprès des ambassadeurs étrangers.

– Que vient-il faire ici ? s'étonna le pontife. Faites-le entrer.

Un homme d'une cinquantaine d'années parut, s'inclina lui aussi, et fit signe à Rodrigo qu'il désirait lui parler en particulier. Le pape l'entraîna dans une salle voisine et écouta le cardinal.

– Votre Béatitude, dit celui-ci à voix basse, j'ai appris par l'ambassadeur de Venise que César est venu rendre visite au duc de Bisceglia et qu'en quittant les appartements, il a murmuré : « Ce qui n'est pas arrivé à midi pourrait bien arriver le soir. »

Rodrigo eut un haut-le-corps. Il n'osait croire que César était une fois de plus mêlé à ce complot, mais il redoutait que Valverde se mette à parler pour accabler son fils.

Vespucci reprit, en désignant de la tête la salle de torture :

– Cet homme, Très Saint Père, est sans doute à la solde de votre fils.

Le pape retourna auprès du prisonnier et fit cesser son interrogatoire.

De son côté, ayant acquis la certitude de la guérison de son beau-frère, César rencontra secrètement Michelotto Corella. Il lui confia que les doutes ne persistaient plus quant à sa culpabilité, que l'ambassadeur de Venise l'avait surpris prononçant une phrase qui le condamnait. Il fit comprendre à son âme damnée qu'il n'y avait plus rien à perdre et qu'en outre il commençait à s'impatienter.

Le 18 août, tous deux se rendirent au chevet d'Alfonso, auprès duquel Lucrèce et Sancia avaient pris place. Michelotto demeura dans l'antichambre. César engagea avec son beau-frère une conversation sans intérêt, prit de ses nouvelles, feignit de se réjouir de sa guérison. Puis il demanda aux deux femmes de sortir un instant pour parler en particulier avec le blessé. Lucrèce s'étonna, et voyant s'éloigner Sancia ne songea tout d'abord pas à la suivre. César dut insister et manqua utiliser la force. Lorsque sa sœur fut enfin sortie, Michelotto parut sur le seuil et tira de sa ceinture un lacet de cuir dont il vérifia la résistance. César s'éclipsa, laissant son complice seul avec Alfonso. Quelques instants plus tard, ce dernier gisait mort, étranglé.

Le soir même, à la lueur de vingt torches, avec une petite escorte de religieux psalmodiant à mi-voix, l'archevêque de Cosenza, Francesco Borgia, accompagna le duc de Bisceglia à son obscure sépulture de la modeste église de Santa-Maria delle Febbri, voisine de Saint-Pierre.

Deux jours après la mort d'Alfonso, César rendit visite à Lucrèce dans sa chambre de veuve. Il était accompagné de cent hallebardiers et démontra à sa sœur combien il était nécessaire de se défendre contre les complots et conjurations qui se tramaient entre les murs du palais Bisceglia. À Rome, des hommes à sa solde tentaient d'ailleurs vainement de répandre le bruit de ces prétendus complots. Mais Lucrèce ne fut pas dupe de la mise en scène du duc, et une violente querelle s'éleva entre eux. Elle expliqua qu'à présent elle comprenait la raison pour laquelle il avait insisté, le soir de la mort d'Alfonso, pour qu'elle et Sancia s'éloignent du lit de son mari ; que la visite qu'il avait rendue au disparu n'avait rien de naturel ; qu'elle ne se pardonnait pas de l'avoir laissé seul avec Alfonso.

Elle se répandit en plaintes et gémissements à travers le Vatican. Lorsqu'elle aperçut par hasard Michelotto, qui obéissait à tous les ordres morbides de son frère, elle n'eut soudain plus de doute. Elle ignorait de quelle manière il s'était introduit dans sa chambre mais fut persuadée que c'était lui qui avait agi. Un soir, tandis qu'il rentrait chez lui, l'homme de main de César fut alors arrêté par des gens d'armes du pape. Au *bargello* qui le questionna au sujet de la mort du duc de Bisceglia, il risqua une explication en invoquant une chute du jeune homme, cause d'une hémorragie mortelle. Cette allégation douteuse le condamnait.

En apprenant que son principal capitaine était détenu, César alla trouver son père et réclama pleinement la responsabilité du meurtre. Le pontife lui recommanda de proclamer publiquement qu'il s'était trouvé en état de légitime défense, car Alfonso en voulait à sa vie. L'affaire n'eut que très peu de suites.

Francesco posa sa plume et demanda à Burckard :

– Connaît-on, Monseigneur, les causes du crime ?

– Mon jeune ami, je reste persuadé qu'il faut les chercher dans les projets ambitieux de César concernant la conquête de la Romagne. L'alliance de Lucrèce avec Alfonso, neveu du roi Ferdinand, était un obstacle à ses desseins. César rêvait d'une autre alliance pour sa sœur, une alliance qui pouvait lui apporter des forces nouvelles. Le duc de Bisceglia était pour lui un beau-frère inutile qu'il fallait remplacer. Nous verrons d'ailleurs par la suite, *caro* Francesco, qu'on s'est occupé de marier Lucrèce une troisième fois pour servir les ambitions diplomatiques des Borgia. Lucrèce, il faut bien le dire, mais comment ne pas s'en apercevoir, était l'instrument docile de deux natures infernales qu'étaient son frère et son père, le gage de tous leurs contrats, l'instrument de toutes leurs ambitions. Cependant, Rodrigo, reconnaissons-le, fut tenu en dehors du projet d'assassinat sur Alfonso. Bien qu'il ait porté le deuil de son gendre, bien qu'il ait cherché à étouffer cette affaire, certains semblent croire qu'il avait dans ce meurtre le même intérêt que César à pousser Lucrèce dans le lit d'un autre.

Après l'assassinat de son mari, Lucrèce demeura si inconsolable que Rodrigo s'en irrita vivement. Sa fille tant aimée lui devint subitement insupportable et il songea même à la déposséder de toutes ses terres, dont le duché de Sermoneta, alléguant que c'était une femme et qu'elle ne pouvait les conserver. Dans l'attente qu'elle devienne un nouvel atout dans son jeu politique grâce à un troisième mariage, il lui intima l'ordre de se retirer au château de Nepi, ce triste et noir édifice sur les deux tours duquel il venait de faire graver le blason des Borgia. Le 30 août, six cents cavaliers l'escortèrent à travers la campagne romaine, par les voies Cassienne et Amerina. Le seul soin du pape à son égard avait été de mettre à sa disposition une litière avec un matelas de satin cramoisi brodé de fleurs, deux coussins de damas blanc et un baldaquin, auxquels il avait ajouté, pour le cas où elle aurait désiré voyager assise, un fauteuil capitonné de satin et garni d'ornements, avec un tabouret pour les pieds savamment installé sur la selle de son haquenée.

La nouvelle de cette véritable disgrâce se répandit dans toute l'Italie. L'ambassadeur de Venise, Polo Capello, représentant du plus vieil ennemi des Borgia, se fit un plaisir d'écrire à Sa Seigneurie : « Jadis Madonna Lucrèce, qui est sage et aimable, avait les bonnes grâces du pape, mais à présent il n'aime plus autant sa fille. » Vannozza vint se jeter aux pieds de son ancien amant pour réclamer le retour de sa fille. Rodrigo resta insensible à ses larmes et lui exposa la nécessité de l'éloignement de leur fille. La courtisane partit chercher de meilleures explications auprès de César, qui ne fit rien d'autre que lui montrer sa compassion.

Nepi était bâtie sur un ancien volcan, entouré de crevasses abruptes au fond desquelles coulaient des ruisseaux. Rodrigo, alors cardinal, en avait fait une place forte en relevant son château. Devant Lucrèce se détachaient le mont Soracte, les cimes noires de volcans éteints, les monts de Bracciano, de Rocca Romana. Des plaines couvertes de bosquets de chênes s'inclinaient vers la vallée du Tibre, au-delà de laquelle on devinait à l'horizon les monts Sabins, ouverts en amphithéâtre et portant à leur sommet villes et manoirs. De Nepi montaient les complaintes mélancoliques des bergers et les bêlements de leurs moutons. Lucrèce fit venir de Rome des vêtements de deuil et fit tendre de noir toutes les pièces du château. Au-dessus de sa couche, elle voulut un ciel de lit de crêpe.

Au bout d'un mois, la solitude lui devint insupportable. Pour se désennuyer, elle reçut régulièrement les nobles de la ville, mit de l'ordre à sa maison, fit graver, à côté des armes des Borgia, celles des Aragon, sommées de la couronne ducale qui était celle de son mari.

En septembre, Rodrigo fit élire de nouveaux cardinaux, dont les deniers allaient servir à renflouer le trésor réservé aux frais de l'armée pontificale. César les convia à un grand banquet organisé dans la salle située au-dessus des appartements Borgia[1]. Toute cette pourpre réunie autour de sa table attestait sa puissance et son prestige. Louis XII, de son côté, lui envoya des troupes supplémentaires. Le généralissime disposait désormais de 15 000 hommes dont 6 000 fantassins armés de la pique courte et de l'épée, coiffés de casques de fer, avec le pourpoint rouge et jaune aux armes des Borgia. Son état-major s'était accru de nombreux gentilshommes qui l'avaient déjà accompagné en France. Partout où elle passait, un cortège impressionnant ouvrait la marche de la longue colonne de soldats : les ecclésiastiques, dont Francesco Florès, trésorier du pape, l'évêque de Santa Justa, Vincenzo Calmeta, chevalier de Saint-Jean de Jérusalem, Pier Francesco Justolo, diplomate à tout faire, ses familiers, ses envoyés extraordinaires. À leur côté, Gaspare Torella, son fidèle médecin, et son secrétaire intime Agapito Gerardino da Amalia faisaient, eux, presque figure d'anciens.

À cette multitude hétéroclite se joignait une foule de *mercanti*, musiciens, savants, lettrés, et de nombreuses femmes pour le délassement du duc. Dans les rangs de l'armée se cachait le sculpteur Pier Torrigiano, qui, dans sa jeunesse, se trouvant un jour avec Michel-Ange dans l'église Santa Maria del Carmine de Florence, où ils dessinaient ensemble les fresques de Masaccio, avait, d'un coup de poing, meurtri à jamais le nez du peintre de la Sixtine. C'est pour éviter la colère de Laurent le Magnifique que Torrigiano s'était engagé dans les troupes italiennes.

Fin septembre, l'armée, toute nimbée d'oriflammes, s'ébranla en direction de Pesaro, d'où César comptait chasser

1. Quelques années plus tard, Raphaël peindra dans cette salle la *Dispute du Saint Sacrement* et l'*École d'Athènes* (1509-1511).

Giovanni Sforza, son ancien beau-frère. Le premier soir, le duc de Valentinois s'arrêta à Nepi, où il retrouva Lucrèce et Geoffrey. La route se poursuivit par Orti, Foligno, Bettona, Nocera, Gualdo. Une foule de couleurs d'étoffes se déplaçait avec çà et là, maintes bannières claquant au vent. Derrière, s'allongeait dans le paysage une forte escorte formée de près de mille seigneurs à cheval, vêtus de longues houppelandes, et cinq fois plus d'archers. Ces hommes côtoyaient deux à trois cents chariots dont ils surveillaient à chaque courbe sèche du chemin l'avant-train tournant qui avait la fâcheuse habitude, sous la puissance incontrôlée des chevaux, de causer le déséquilibre du poids qu'il entraînait.

Giovanni Sforza régnait à Pesaro, plein de haine pour ceux qui l'avaient déshonoré et avaient fait de lui la risée de l'Italie tout entière. Il réclama le secours du marquis de Mantoue, François de Gonzague, époux d'Isabelle d'Este, et celui de l'empereur Maximilien, son parent. César approchant inexorablement, il réitéra ses sollicitations. Il ignorait cependant que le duc de Valentinois entretenait de bonnes relations avec les Gonzague. Il avait même tenu leur fils sur les fonts baptismaux, ce qui constituait presque un lien de famille. Le marquis fit toutefois parvenir à Pesaro cent hommes de pied. Sforza se prépara à la résistance. Résistance inutile, car, le 26 septembre, aux cris de « Duca ! Duca ! » la population de Pesaro se souleva contre lui et vint mettre à sac le palais seigneurial. En même temps qu'on lui annonçait l'insurrection, il recevait la nouvelle de l'arrivée de César. Laissant la garnison avec des vivres et l'ordre de résister, il parvint à prendre la fuite avant que le duc ne soit suffisamment proche pour faire obstacle à son départ. Sortant par la porte de Ravenne, il gagna la montagne, conduisit habilement sa retraite et échappa à d'incessants périls.

César fit son entrée dans Pesaro le 27 octobre, entouré de ses gentilshommes, de ses pages, de ses écuyers. Il avait revêtu un habit espagnol de velours cramoisi et satin noir à grands feuillages d'or, qui laissait transparaître sa fine cote de maille. À son ceinturon pendaient d'un côté une rapière, de l'autre son épée, dont la garde était formée d'écailles de serpent. Il était coiffé de son large béret ombragé d'une plume blanche. Il pénétra dans Pesaro aux côtés de Michelotto, qui ne le quittait jamais en campagne, et qu'il devait laisser à la garde de Pesaro pendant plus d'un an, y exerçant le pouvoir militaire avec une dureté restée légendaire dans la région. César partit loger au palais, là même où sa sœur avait donné de si brillantes fêtes. On lui annonça l'arrivée d'un ambassadeur du duc d'Este, Pandolfo Collenuccio. Celui-ci le pria d'accepter un grand sac d'orge, une somme de vin, un mouton, huit paires de poules et chapons, deux paires de grandes torches de résine, deux paquets de cire et deux boîtes de confettis.

Après Pesaro, Faenza restait la plus grande convoitise de César. Dans la nuit du 21 janvier, le duc tenta d'enlever la ville par surprise. Mais les portes et les murailles étaient gardées par d'opiniâtres défenseurs composés d'hommes d'armes et de mercenaires, auxquels s'était jointe la population tout entière. Les femmes de Faenza acquirent un renom de bravoure et de patriotisme. Conduites par Diamante Jovelli, qui se couvrit de gloire, elles pourvoyaient au bien-être du soldat, portaient les vivres, les matériaux et les munitions, et permettaient aux hommes de réparer la nuit les brèches que l'artillerie entamait le jour.

L'armée de César dut battre en retraite sur Russi et se retira dans les villages et les manoirs. Plus de 12 000 hommes stationnèrent entre Pesaro et Castel-Bolognese et le duc avait besoin de subsides pour les entretenir. Louis XII tenait alors garnison à Gênes et dans la Lombardie, dont les Pisans invoquaient sa protection plutôt que de se livrer aux Florentins. Il voulait l'investiture définitive du duché de Milan et brûlait de reprendre la campagne de Naples. Ferdinand le Catholique, lui, convoitait la partie méridionale de l'Italie, la Pouille et la Calabre, et consentait à laisser Naples et les Abruzzes au roi de France. Rodrigo s'entendit avec les deux souverains. Tandis qu'il les aiderait dans leurs conquêtes et à en finir avec la maison d'Aragon, prêtant aux Français l'appui de ses troupes avec César pour capitaine, Louis XII donnerait au duc de Valentinois toute faculté d'agir dans la Romagne, pèserait sur Bologne, maintiendrait les Florentins, et renforcerait les troupes devant Faenza.

Dans l'attente de voir ainsi son armée renforcée et de marcher à nouveau sur Faenza, César prit ses quartiers d'hiver à Cesena, où venait de débuter le carnaval. Il avait avec lui les plus jeunes capitaines de son état-major. Riches, tous issus de grandes familles, ils étaient romagnols, vénitiens, espagnols, florentins. Quelques-uns allaient plus tard devenir capitaines de Charles Quint et faisaient leurs premières armes aux côtés d'Ercole Bentivoglio, de César Spadari, des Orsini, des Baglioni. Groupés autour du duc, ils répandaient le désordre pendant le carnaval. La nuit, masqués, ils se livraient à toutes les débauches et scandalisaient la population par leur audace auprès des femmes et leur brutalité envers les hommes.

Cependant, Rodrigo recevait les renforts promis par Louis XII. Au début du printemps il réclama également pour César la cession de Castel-Bolognese, lieu stratégique dont la possession était indispensable pour s'emparer de Faenza. Dans le même temps, il menaçait Bologne d'interdit si, dans un délai de six jours, les logements et les vivres requis pour les nouvelles troupes n'étaient pas prêts.

Rodrigo ne s'arrêta pas là pour gonfler l'armée de son fils. En dépit des 30 800 personnes qui avaient péri à Rome entre Noël et Pâques dans le feu des divertissements, le Jubilé de l'année précédente avait connu un tel succès que, début 1501, il étendit ce privilège à toute la Chrétienté. De nouvelles colonnes de pèlerins gagnèrent Rome et leurs aumônes accrurent considérablement le trésor papal. Avec les fonds du Jubilé, Rodrigo acquit plusieurs escadrons de mercenaires français.

Fin mars, César marcha à nouveau sur Faenza, avec son armée renforcée. Il en enleva les remparts et y installa un parc d'artillerie pour bombarder la citadelle. Astorre Manfredi, le jeune tyran de la ville, rassembla son état-major et donna des consignes.

– Faites crier et publier, ordonna-t-il, que toutes manières de gens, qu'ils se disent nobles et qu'ils veulent jouir et user des privilèges de noblesse, et aussi tous autres de quelque état ou condition qu'ils soient, qu'ils sont accoutumés aux armes, se mettent incontinent sus et en point, le mieux montés, armés et habillés qu'ils pourront, supposé qu'ils tiennent fief ou non ou qu'ils aient déjà envoyé leur enfant ou autre pour eux en ladite armée ou autre.

Pendant le siège de la ville, César se rendit aux fêtes de la cour d'Urbin, invité par le duc de Montefeltro. Sa réputation était telle qu'à peine arrivé, on tenta de lui attribuer une tentative d'empoisonnement sur ses hôtes, ce qui ne fut pas admis en raison surtout des circonstances. Il se plut cependant aux divertissements raffinés qu'on y avait organisés. Monté sur un cheval caparaçonné jusqu'aux chevilles, suivi par ses écuyers, il affronta un chevalier de la province, qu'il désarçonna de son premier coup de lance, devant une noble foule qui avait pris place sur des estrades décorées d'oriflammes et d'écussons. Il se battit à l'épée à deux mains avec un autre adversaire, qu'il terrassa avant d'être désarmé par les dames et emmené à la place d'honneur de la table d'un banquet. Pendant son séjour, ce ne furent que copieuses agapes.

Parmi les jeunes filles de la cour, au service de la duchesse Élisabeth, il distingua une Lombarde du nom de Dorotea da Crema, issue d'une noble famille mantouane et fiancée à Giambattista Caracciolo, capitaine de l'armée vénitienne. Elle avait dix-huit ans, n'ignorait rien de son inestimable beauté, était amène, charmante, faisait assaut de diamants, de riches toilettes, de baumes pour son visage. Ses cheveux étaient toujours parsemés de joyaux.

Au terme des fêtes, le duc reprit la route pour rejoindre son armée. Le jour suivant, un cortège nuptial quitta Urbin pour conduire Dorotea à son futur époux, près de Cervia, territoire de la république de Venise. Le lendemain, il fut arrêté en pleine campagne, sur la route de Porto-Cesenatico, par une troupe de cavaliers qui répondait aux ordres d'un homme portant un bandeau sur l'œil. Ce n'était autre que César. Les gens d'armes de l'escorte n'eurent pas le temps de faire un seul mouvement de défense. Maîtrisés en un clin d'œil, ils durent céder la jeune femme à César, qui la fit emporter par l'un de ses capitaines, don Diego Ramirez, sur la croupe d'un cheval, jusqu'à Galiano, à deux milles de Cesena, dans la demeure de Nicolazo de Galiano, ami intime du duc. Lorsqu'il arriva à son tour à cette retraite, celui-ci demanda à rester seul avec Dorotea. La jeune femme, debout au fond de la pièce principale, le considéra avec une fierté méprisante.

– Eh bien ! lui lança-t-elle, faites de moi ce que vous voulez, n'attendez plus !

Elle retira sa robe avec une promptitude qui accusait la colère et en simulant la résignation. Sa poitrine apparut, belle et ferme, qu'elle exhiba à César en redressant le buste avec provocation. Elle jeta son vêtement sur le lit qui occupait le centre de la pièce et posa ses mains sur ses hanches en signe de défi.

– Alors quoi, n'attendez plus ! répéta-t-elle. Dois-je vous déculotter, avec ça ?

Le duc fit quelques pas vers elle, mais il lui sembla soudain qu'elle lui faisait pitié. S'immobilisant au pied du lit, il prit la robe qu'elle y avait jetée, la lui lança et sortit. Michelotto venait de rejoindre Ramirez. Les deux hommes buvaient du malvoisie à la gourde et riaient à gorge déployée d'une plaisanterie quelconque.

– Qu'est-ce qui vous fait rire comme ça ? leur demanda César en entrant dans une fureur menaçante.

– Excellence, nous ne parlions point de vous, répondit Michelotto en se redressant et cherchant une contenance.

– Je ne veux pas vous entendre rire !

– Bien Excellence, fit Michelotto tandis que le duc venait boire à sa gourde.

– À présent, déguerpissez !

– Excellence, opina Ramirez, nous ne pouvons vous laisser seul, surtout en pleine campagne.

– Tu penses que je ne suis pas capable de me défendre tout seul ?

– Ce n'est pas ce que je veux dire, Excellence.

– Alors faites ce que je vous dis, j'ai horreur qu'on reste à la porte d'une demeure où je m'entretiens avec une dame !

Michelotto et Ramirez se remirent en selle et s'éloignèrent à l'amble de leurs montures. César pénétra à nouveau dans la maison, cette fois précipitamment. Assise sur le bord du lit, le dos tourné à la porte, Dorotea achevait de se revêtir. En entendant les pas du duc, elle réprima un cri et se retourna, une indicible terreur dans les yeux. César s'avança à grands pas, la saisit par les poignets, la renversa sur le lit et l'embrassa à pleine bouche. Elle tenta de se libérer, frappa son violeur à coups de poing, puis lorsqu'elle fut à bout de forces, elle n'opposa plus de résistance.

Quelques jours plus tard, Vittorio Dolfin, podestat de Cervia, avisa le Sénat de l'enlèvement de la femme du capitaine Caracciolo. Il expliqua :

– L'escorte a été assaillie par un groupe de vingt à vingt-cinq cavaliers, les chargeant à fond, en blessant un certain nombre, enlevant Dorotea et l'une de ses suivantes, et laissant presque mort le chancelier du capitaine, Giacomo Guillelmino. Comme Dorotea demandait où on l'emmenait, celui qui paraissait être le chef lui a répondu qu'elle le verrait bien, qu'elle ne devait avoir nul souci de son sort, qu'elle était tombée en bonnes mains et qu'on l'attendait avec impatience.

De son côté, en apprenant l'enlèvement de sa fiancée, Caracciolo protesta de toute son énergie auprès de Venise, et menaça de quitter son service si on ne lui rendait pas justice. Or, la république avait envoyé des troupes dans le Frioul pour prévenir une incursion de l'empereur Maximilien. Caracciolo était précisément le commandant de ces troupes, commandant très valeureux et très brillant. Il réclama à ses supérieurs l'autorisation de partir lui-même en expédition, ce qu'on lui refusa. Pour montrer combien il se conformait à la volonté hiérarchique, il répondit avec noblesse :

– Quoique je ressente cruellement l'affront que m'a fait ce duc de Valentinois, si je l'avais sous mes pieds, je ne le foulerais qu'après en avoir obtenu la permission de la Seigneurie, par respect pour elle.

Devant ce qui semblait tourner à l'incident diplomatique, Louis XII lui-même dépêcha en Italie Louis de Villeneuve et

Yves d'Allègre, chargés de signifier à César sa désapprobation quant à sa conduite. Des ambassadeurs de plusieurs puissances se rendirent au Vatican et déplorèrent devant le pape les agissements de son fils. Rodrigo refusa de croire aux accusations qu'on portait contre celui qu'il avait nommé généralissime de l'armée pontificale. D'ailleurs, il ne voulut plus entendre parler de cette histoire, affirmant tout bonnement qu'elle n'était pas la sienne.

En attendant la reddition de Faenza, César passait d'une ville conquise à l'autre pour affirmer ses droits, faisant acte de souverain, tour à tour généreux et sévère. À Porto-Cesenatico, il publia un édit contre ceux qui entretenaient des intelligences avec les exilés. À Imola, il assigna des donations à un couvent et fonda la Valentine, institution pieuse, où il fit élever une riche chapelle. Il fit remise des paiements dus à la Chambre ducale par la ville de Forli, et, en relation avec Urbin de Ferrare, envoya des présents aux derniers princes de Romagne qu'il s'apprêtait bientôt à trahir. Il s'installa quelques jours dans le palais de Pesaro puis, début avril, quitta la ville au milieu d'un cortège digne d'un roi. Des joueurs de timbales ouvraient la marche à la garde romagnole du duc, armée de hallebardes, coiffée de casques de fer. Des pages et des écuyers en pourpoints de drap d'or, aux mantelets de velours pourpre brodé de feuilles de fougère, suivaient les gardes du corps du duc, les stradiotes albanais, armés de yatagans, la tête couverte d'un turban vert. César, dans une robe noire surmontée d'un collet d'hermine, montait un cheval au frontail orné d'un soleil en diamants, recouvert d'une housse écarlate et d'une selle violette avec des rehauts d'or. Dressé sur ses étriers en or sur lesquels brillait la splendeur de ses longs éperons, le duc répondit à l'acclamation du peuple qui formait une haie jusqu'à la sortie de la ville.

À faible distance de Pesaro, il se détacha de sa puissante escorte et, seul, prit la direction d'une demeure dressée près du littoral de l'Adriatique et dont les jardins descendaient vers une lagune. Il traversa une pièce au plafond doré et meublée avec une opulente recherche, puis s'immobilisa sur le seuil d'une gracieuse chambre à coucher tendue de somptueuses tapisseries de Venise, représentant l'histoire des Amazones.

– Jamais femme mit-elle autant de soin à sa toilette et de plaisir à se contempler ! dit César en souriant.

Une femme assise devant un miroir se retourna. C'était Dorotea, parfaitement voluptueuse, qui s'exerçait comme une enfant aux doux sourires, aux regards tendres, aux mouvements gracieux.

– C'est vous, Excellence ? dit-elle, surprise par l'arrivée silencieuse du duc dans son dos.

Elle se leva pour aller lui sauter au cou et le couvrir de baisers. Elle portait une robe soyeuse et ondoyante qui tombait avec grâce sur ses jambes dont César devinait le contour.

– C'est moi, oui, répondit le duc, pour une heure, deux peut-être.

– C'est tout le temps que vous avez à m'accorder ?

– La guerre m'attend, petite fée.

– Alors venez me prendre comme une citadelle, Excellence, et que j'en garde un souvenir impérissable.

Elle s'étendit sur le lit et attendit dans une pose langoureuse que le duc vienne la dévêtir. Elle avait à portée de main, sur une petite table, des bonbons à liqueur dans une coupe d'agate, qu'elle bascula dans le vide pour déposer ses pendants d'oreilles. César retira ses gants de frangipane et s'avança dans l'antre. Il admira chez Dorotea son charme un peu nuageux de pastel, son teint blanc nuancé de rose léger, l'éclat nacré de ses dents. Sous un mouchoir de soie, le cou prolongeait les délicates tonalités de la carnation. Tout le corps souple accusait, voilé par de claires étoffes, l'agréable pureté de ses lignes. Tout en retirant ses vêtements, César ne quittait pas la jeune femme des yeux. Il s'allongea à ses côtés et lui promulgua les premières caresses.

Il ne demeura pas une heure avec Dorotea, qui lui reprocha sa courte visite.

– Vous partez déjà, mon beau prince ? lui dit-elle avec une moue enfantine. Je n'ai pas été longuement assiégée. Ai-je capitulé trop vite ?

– Tu dois t'ennuyer ici, présuma César. Demain, je t'enverrai Ramirez qui t'emmènera à Forli. Tu t'installeras dans les appartements de Madonna Caterina Sforza.

– Et quand vous reverrai-je ? questionna la jeune femme en s'enroulant dans la courtine du lit.

– Dès que possible, je t'en fais le serment.

À Forli, Dorotea attirait tous les regards. Les hommes admiraient sa puissante beauté, qu'elle entretenait en permanence. Si depuis dix jours elle n'avait pas eu la visite de César, Ramirez, en revanche, était venu la voir à plusieurs reprises et les Forlivesi murmuraient qu'il remplaçait déjà le duc dans le cœur de la jeune femme. Car personne n'ignorait, dans la ville, qu'elle était la favorite de Borgia. Toujours est-il qu'elle ne semblait pas avoir hâte de retrouver son fiancé, le capitaine Caracciolo, qui poursuivait ses gesticulations auprès de la Seigneurie de Venise.

En quelques jours, cette affaire, somme toute succincte, prit une envergure considérable en raison des menaces de César et de ses prétentions belliqueuses. Cervia, Ravenne, et une grande partie du territoire aux confins du Veneto et de la Romagne, étaient à la veille d'être envahis, et toute exaction contre la république de Venise pouvait devenir une cause d'hostilité et un prétexte à représailles. De retour sous les murs de Faenza, où il reçut une missive lui exposant la situation, César feignit d'ignorer qui était cette Dorotea da Crema et où elle pouvait bien se trouver. Il répondit que ses sentiments bien connus pour la Seigneurie devaient éloigner de lui tout soupçon de complicité. En France, Yves d'Allègre, le soldat qui avait pris fait et cause pour Caterina Sforza après la reddition de Forli, se laissa prendre aux protestations du duc et se porta garant pour lui. Quant à Manenti, le secrétaire du Sacré Collège, il rapporta au Sénat de Venise que le duc de Valentinois se déclarait tout à fait innocent, que les femmes ne lui manquaient pas et qu'il n'avait nul besoin de les enlever par la force.

Cependant, Faenza résistait opiniâtrement aux hommes du Valentinois. La ville comptait parmi les plus fortifiées d'Italie, tant par la hauteur de ses remparts que par l'abondance des eaux qui alimentaient ses fossés. Longue de cinquante pieds, large de trente, sa principale tour pouvait recevoir sur son esplanade de l'artillerie grosse ou moyenne. Elle comprenait une tourelle dans laquelle on avait installé un moulin à poudre fonctionnant à bras d'hommes. Un grand nombre de défenseurs y avaient pris place.

Devinant les hontes et les malheurs qui les attendaient, les femmes parlèrent de prendre part à la lutte. Refusant de rester dans leurs chaumières, elles se dépensèrent bientôt sans compter pour consolider les ouvrages de défense et fabriquer aux côtés de leurs maris jusqu'à sept cents livres de poudre à canon. Par-dessus tout, une farouche résolution animait la population, bien décidée à ne pas laisser prendre sa ville.

Les effets de la famine commençant bientôt à se faire sentir, les riches eurent l'élégance de partager leur pain et leur vin avec les pauvres tandis que prêtres et moines se séparaient de leurs vaisselles sacrées pour subvenir aux besoins de leurs combattants, parmi lesquels figuraient de nombreuses épouses, coiffées de casques, armées de piques et d'arquebuses, prêtes à faire rouler de grosses pierres ou à verser des flots d'huile bouillante sur les assaillants. Le tyran Astorre Manfredi inspecta les postes d'observation improvisés puis, se tournant vers l'ennemi, cria :

– Maudit sois-tu, Borgia !

Le 18 avril, César fit donner l'assaut. Ses pièces d'artillerie, dessinées par Léonard de Vinci, étaient particulièrement redoutables. Elles ne comprenaient pas moins de 300 machines de tout calibre, des bombardes qui lançaient des blocs de pierre ou de bronze et permettaient d'avoir raison des remparts en quelques heures. En outre, leurs projectiles portaient assez haut et, en retombant, pouvaient crever des toitures et écraser des maisons. C'est cependant en vain que, pendant deux jours, elles battirent les murailles. César dut ordonner la retraite. Hormis le glorieux effort de Caterina Sforza, il n'avait jusque-là trouvé que lâcheté et défection chez l'ennemi et ne put s'empêcher d'admirer la bravoure d'Astorre Manfredi. Il confia à son état-major :

– Si j'avais à mon service une armée de soldats tels que ceux qui défendent Faenza, j'entreprendrais sans crainte la conquête de l'Italie tout entière.

Il renouvela l'assaut trois jours plus tard. Mise en batterie sur un seul point de la Rocca, les engins harcelèrent les murs pendant sept heures. L'artillerie comptait également des veuglaires, des serpentines, des couleuvrines, pesant jusqu'à 500 kg chacune et chargées de neutraliser l'ennemi pendant et après le travail des bombardes. Une fois de plus, les Faentins se montrèrent intrépides combattants. Les hommes de

César essuyèrent durement leurs tirs d'arquebuses et leurs traits enflammés. Mais ses condottieres ne se relâchèrent pas. Trois cents archers forcèrent enfin la porte principale de la ville et ne trouvèrent devant eux que seize arquebusiers, commandés par un tout jeune assiégé, rapidement contraint de faire reculer ses hommes. Les soldats répétèrent alors :

– Ville gagnée ! Ville gagnée !

Mais ils furent repoussés l'instant suivant par une troupe venue en renfort des Faentins. À d'autres portes, l'attaque était encore plus foudroyante, plus acharnée, plus sanglante. Le soir, ce qui restait de la citadelle fut à nouveau bombardé sans répit. Chaque nuit, les capitaines de César comptaient les assiégés qui, gagnés par la famine et la lassitude, venaient se glisser dans leur camp. L'un d'eux, Bartolomeo Grammante, n'en pouvant plus, se rendit au duc non sans lui avoir indiqué que des mutineries avaient éclaté dans Faenza, que les munitions étaient épuisées, et qu'il savait quel était le moment propice pour un assaut final. Ce Bartolomeo Grammante, gardien de l'un des fortins, ne reçut pour tout remerciement que le droit d'être pendu haut et court à l'un des créneaux de la ville. César mit cependant à profit les renseignements du traître, et trois jours plus tard Faenza n'eut d'autre ressource que de capituler.

Le duc proposa une complète liberté de mouvement pour Astorre Manfredi et son frère Gianevangelista. Il leur garantit qu'ils conserveraient l'intégrité de leurs biens et qu'ils seraient traités avec tous les honneurs. Manfredi s'accorda avec le conseil des Anciens pour rédiger un traité de reddition. Il rencontra César dans son quartier militaire, au couvent de l'Observance, pour lui annoncer qu'il était prêt à traiter et lui envoyer ses ambassadeurs. Michelotto prit possession de la Rocca et Giovanni Vera, l'ancien précepteur de César, vint recevoir le serment de fidélité au nom de son maître. Le même jour, Battista Orfino rédigea les chapitres de la convention. Les condottieres et capitaines de Manfredi, le comte Bernardino, Nicole, Griffoni et les connétables, soldats et cavaliers, pourraient se retirer. La monnaie frappée par le prince aurait cours dans ses États, ses dettes seraient reconnues, et César se substituerait à lui pour les acquitter. Enfin, dernière clause qui montre toute la sollicitude du prince et la solidarité qui l'unissait à ses compagnons d'armes, c'est-à-dire la population tout entière qui s'était levée pour le défendre : Borgia, reconnaissant combien les défenseurs avaient souffert dans leur personne et dans leurs biens, stipulerait en leur faveur des exemptions d'impôt qui leur permettraient de reprendre peu à peu leur équilibre.

Accompagné de son frère Gianevangelista, âgé de quatorze ans, et de ses cousins, Astorre Manfredi sortit de Faenza, vêtu d'une tunique bleue sous un pourpoint de brocart jaune. Par suite d'un crime, il était orphelin et pupille de ses propres sujets. C'était un jeune homme beau comme un cœur, blond comme un ange. Ses cheveux bouclés moussaient autour de son visage. Il n'avait pas dix-sept ans. On lui voyait encore un peu d'enfance dans les yeux et un profond sentiment de mélancolie.

Dans la journée, César entra dans la cité, armé de toutes pièces, la lance sur la cuisse, enseignes déployées, trompettes sonnant, escorté de ses troupes qui marchaient en colonnes serrées, suivies de sa formidable artillerie. Ses fourriers marquèrent à la craie les logements des compagnies, ses prévôts placèrent des sentinelles dans tous les quartiers, ordonnèrent des rondes et des patrouilles, firent planter des potences, des estrapades, dresser des échafauds, et publièrent les édits et les ordonnances du duc de Valentinois à son de trompe.

César garda les deux frères Manfredi en otage le temps de s'emparer des terres et des châteaux de la région et d'enlever en une conquête éclair Bologne, Florence et Piombino. Après quoi, ils furent envoyés à Rome et emprisonnés au château Saint-Ange. Jamais jeune homme si beau n'avait pénétré sous les dorures de la salle d'apparat, où César et Rodrigo, en juin, firent venir Astorre. On venait de montrer au seigneur de Faenza le cadavre de son frère mort assassiné la nuit précédente dans sa cellule. Astorre se présenta en larmes devant les Borgia. Ses yeux noirs évoquaient la puissance de la nuit. Son visage suscitait une admiration infinie au père comme au fils. À les observer, le captif s'épouvanta soudain de son sort. Il les haïssait et souhaitait se libérer des chaînes que lui imposait une insupportable fatalité. Il avait à l'esprit l'image sanglante de Gianevangelista et connaissait dans toute leur bassesse les tares et les vices dont les deux hommes étaient souillés.

Le 9 juin, il fut retrouvé mort dans le Tibre en compagnie de son frère et de trois autres prisonniers, dont une femme à l'identité inconnue.

– On a rapporté des faits ignobles sur les Borgia après le meurtre des frères Manfredi, dit Burckard à Francesco. J'ignore s'il est raisonnable de leur accorder du crédit. Rodrigo comme César se seraient mués en ce sinistre et abominable compagnon de Jeanne d'Arc, Gilles de Rais, qui péchait contre nature avec les enfants. Le pape et le duc, le père et le fils, auraient traîné les deux frères dans les cloaques de Sodome et obtenu leur pucelage de derrière. Ils se seraient acharnés sur eux l'un après l'autre, ne se sentant repus, dans leurs instincts de bête, qu'après avoir commis les pires horreurs avec ces deux petits corps délicats. On prétend que les jeunes seigneurs moururent de la main de Bianchino de Pise, que César, à défaut de Michelotto, son bourreau ordinaire, employait parfois pour ces sombres œuvres. Les Manfredi peuvent avoir semblablement terminé leurs jours sans qu'on ait peut-être besoin d'imaginer un crime pour expliquer leur fin prématurée, d'autant que Gianevangelista nous est représenté comme ayant été d'une constitution faible. Toujours est-il que cette fin mystérieuse eut un grand retentissement dans toute la Romagne.

Quelques jours après la mort des Manfredi, César revint dans son palais de Cesena. Pendant le dîner, son secrétaire Agapito Gerardino lui annonça que Léonard de Vinci demandait à le voir.

– Le Florentin ? Pourquoi se fait-il annoncer ? Qu'il entre !

Le maître parut l'instant suivant, dans une tunique sanguine, sa barbe blanche flottant sur sa poitrine. Il s'inclina devant le duc.

– Alors, le Florentin, interrogea celui-ci, quelle nouvelle m'apportez-vous au sujet de ma statue équestre ?

– Excellence, il est possible qu'un jour peut-être, si je reviens, je la dresse, comme vous me l'avez demandé, sur la place de la cathédrale.

– Vous en allez-vous donc ? s'inquiéta César.

– Salaï m'a précédé d'une journée à Florence. Je vais le rejoindre. Je me doute que cela peinera Son Excellence.

– En effet, votre départ m'afflige sincèrement, répondit César en reposant sur son plat la cuisse de pintade qu'il mâchait, l'appétit coupé. Qui vous demande à son service ? N'étiez-vous pas bien à ma cour ? Si j'ai failli à quelque devoir, n'hésitez pas à me le dire.

– J'ai laissé à Florence une esquisse inachevée d'un Christ

enfant que la marquise Isabelle d'Este me réclame à grands cris. Elle attend de moi que je fasse également son portrait.

– C'est tout ? demanda le duc.

– Ce n'est pas tout, Excellence. Je voulais vous conter une histoire que vous connaissez peut-être. Celle du serpent et de la grenouille.

– Je vous écoute.

– Un serpent qui ne savait pas nager cherchait le moyen de passer un gué. Il s'en ouvrit à une grenouille qui passait par là et qui eut un mouvement de recul en l'apercevant : « Ne prends pas peur, lui dit le serpent, je ne suis là que pour te demander un service. Je te fais la promesse de ne point te mordre si tu me fais traverser le gué en me prenant sur ton dos. – Je ne puis vous rendre ce service, Excellence, répondit la grenouille. – Et pourquoi cela ? – Parce que je m'en voudrais de me faire mordre malgré tout et d'être atteinte par votre puissant venin. – Tu penses donc que si tu m'aides je te mordrais malgré la promesse que je te fais ? – Je vous connais, seigneur et puissant serpent. Vous êtes craint de tous par ici pour votre cruauté. » Le serpent prit un air contrit et si malheureux que la grenouille en eut miséricorde : « Allez, Excellence, finit par dire celle-ci, je ne puis vous laisser sur cette rive si vous désirez vous rendre sur l'autre. Montez donc sur mon dos. J'ai foi en votre promesse. » Et elle lui fit traverser le gué. Lorsqu'ils furent parvenus sur l'autre rive, le serpent mordit son bienfaiteur et lui injecta son venin : « Ah ! Excellence, seigneur serpent, dit la grenouille d'une voix mourante, vous m'avez trompée, j'en étais sûre. Comme vous êtes décidément cruel ! Pourquoi me tuez-vous ? Pourquoi ne pouvez-vous pas vous empêcher de faire du mal ? – Parce que c'est dans ma nature, répondit le serpent, et que rien ne pourra jamais me changer. Je fais le mal parce que j'aime faire le mal. »

César observa le Florentin du fond de son fauteuil puis se remit à manger :

– Je ne vous retiens pas, maître, dit-il au bout d'un instant en feignant de retrouver l'appétit.

DIARIUM XI

Où Lucrèce convole en troisièmes noces pendant que son père se livre à des orgies scandaleuses.

Dorotea avait un tempérament exigeant. César se trouvant toujours en campagne, elle se plaignit à lui de ses absences et accepta les faveurs de Ramirez. Le condottiere du duc devint un amant idéal. Il l'admirait pour son espièglerie, sa nature romantique, ses reparties, ses éclats de rire perlé, son esprit. Bien que très généreux envers elle, il ne l'attacha cependant pas suffisamment pour qu'elle lui reste fidèle longtemps. Son alcôve demeura ainsi ouverte à d'autres soupirants et Ramirez dut se contenter de garder avec lui un bracelet de cheveux que Dorotea lui avait offert.

L'enlèvement de la jeune femme continuait à faire des remous. Un matin, Navarrico transmit à Rodrigo la plainte que lui faisait parvenir l'ambassadeur de Venise. Une autre émanait de Louis XII :

– « César a mal agi, acheva de lire le secrétaire du pape. Si nous avions deux fils et que l'un d'eux eût commis un tel forfait, nous le condamnerions à la mort. »

Rodrigo commenta :

– Le fait est mauvais, horrible et détestable, Navarrico, et je ne saurais dire quel genre de supplice on devrait infliger à celui qui, l'ayant commis, a offensé Dieu et les hommes. Si c'est vraiment mon fils César, il faut qu'il ait perdu la raison.

Il dicta sur-le-champ à son secrétaire un bref qu'il donnait à lire à l'ambassadeur de Venise afin qu'il avise le Sénat de sa bonne volonté. Louis XII, le Vatican, la république de Venise et le roi catholique n'eurent jamais raison de César. De Cesena, le duc écrivit à son père qu'il niait tout et se perdit en explications douteuses dont Venise dut se contenter. Il accepta malgré tout d'ouvrir une enquête. Quelque temps plus tard, il rapporta qu'un « certain » Diego Ramirez, Espagnol d'origine et capitaine de trois cents fantassins, épris de la femme de Caracciolo, en était devenu l'amant. Ramirez, disait-il, lui montrait même des chemises brodées dont Dorotea lui avait fait présent. César ignorait le reste. Pour se rendre plus crédible, il assura avoir fait tout ce qui était en son pouvoir pour retrouver ce Diego Ramirez dont il avait perdu la trace et s'engageait à le châtier sévèrement s'il lui tombait entre les mains. Ramirez fut le premier à se délecter de cette farce.

César reprit même sa liaison avec Dorotea. Lorsqu'il partait en campagne, il la laissait sous la garde d'un ami mantouan, Zanetto di Zanetti. Lassée à nouveau des absences de son amant, la jeune favorite décida d'échapper à la surveillance de Zanetti, y parvint et se mit à voyager à travers la Romagne. Elle passa par Cervia, où le podestat Alberto Contarini la reconnut et l'assigna à résidence dans son palais. Ramenée à Rome, elle écrivit au Doge une lettre de remerciement pour toutes les démarches faites en sa faveur. Elle expliqua qu'elle avait bien été la captive d'un groupe d'hommes, que César n'était en rien dans son enlèvement, qu'elle avait été bien traitée : « Ce n'est pas volontiers, acheva-t-elle, que je reprends le joug de mon fiancé. À vrai dire, il ne me fait pas bonne compagnie. Tout ce qu'il me reste à souhaiter maintenant, c'est qu'il me fasse une existence plus douce. S'il n'y est pas résolu, qu'il me laisse retourner vivre dans la maison de ma mère ou qu'il accepte qu'on m'enlève à nouveau sur une route de campagne. »

Loin des fredaines de cœur de son fils, Rodrigo ne cessait cependant de voir grandir le domaine de l'Église et la gloire de César. À chaque victoire, il faisait illuminer Rome et ordonnait au gouverneur de parcourir la ville suivi d'une foule criant : « Duca ! Duca ! » La prise de Faenza accrut considérablement la puissance de César au point que tous les seigneurs italiens, craignant l'expansion des Borgia, recherchèrent l'alliance de Rome. Quelques mois après la mort d'Alfonso de Bisceglia, ce changement d'attitude vint à point nommé pour Rodrigo et César qui n'avaient pas encore choisi de nouvel époux à Lucrèce. D'anciens prétendants se mirent sur les rangs. Louis de Ligny, cousin du roi de France, était disposé à épouser une fille du pape si on lui versait une dot fabuleuse et si on lui accordait l'investiture de Sienne. Lucrèce déclara à son père que même pour tout l'or du monde elle n'irait jamais vivre en France. Francesco Orsini, duc de Gravina, se montra empressé d'épouser la fille du pape, qui repoussa à nouveau le soupirant. Ottaviano Colonna et bien d'autres ne furent pas plus heureux.

À la fin du printemps 1501, le choix de Rodrigo s'arrêta sur Alfonso d'Este, fils aîné et héritier du duc Ercole de Ferrare, veuf d'Anna Sforza et cousin par sa mère du duc de Bisceglia. Alfonso serait le parti le plus profitable. Ferrare était un appui pour la conquête de la Romagne, un bastion contre les menées de Venise, un point de départ possible contre Bologne et Florence, contre Mantoue et Urbin. L'alliance projetée étendrait considérablement le rayon d'influence des Borgia.

Les Este n'avaient jusqu'à présent contracté que des alliances élevées et les négociations pour obtenir l'accord d'Ercole d'Este, le duc régnant, s'avéraient difficiles. Le cardinal de Modène, Giambattista Ferrari, s'en chargea dès le mois de février. Il proposa à Ercole d'Este la main de Lucrèce pour son fils en exaltant l'alliance en même temps que l'épouse. De Ferrare à Mantoue, la simple évocation des Borgia faisait frémir. Aussi le duc Ercole émit d'abord toute réserve, dépêcha des espions chargés de l'informer des manœuvres vaticanes, recommanda la prudence à tous ses ambassadeurs. Pour l'aider favorablement dans sa décision, Rodrigo voulut lui démontrer la valeur de Lucrèce en lui abandonnant, le temps d'une visite à Sermoneta et sur les terres des Colonna, le gouvernement du Vatican avec l'autorisation d'ouvrir toutes les lettres ne se référant pas aux questions ecclésiastiques et de régler toutes choses suivant son propre jugement.

Lucrèce s'installa dans les appartements Borgia et administra les affaires de son père, secondée par le vieux cardinal Giorgio Costa, qui la tenait en haute estime et avait même pour elle une affection toute paternelle, visible chaque fois qu'il défendait en consistoire les décisions de la jeune femme. Son ardeur au travail était stimulée par la conscience qu'elle avait de sa situation politique et la volonté de se conduire comme un homme. Par l'exercice provisoire mais actif de sa fonction, elle pouvait se prouver, et prouver aux autres, qu'elle gouvernait non par un expédient familial, mais pour l'utilité de l'État. Aux notables et diplomates de Rome, elle présentait les brefs publiés par la chancellerie pontificale et qui lui donnaient légitimement les pleins pouvoirs. Gracieuse et patiente, elle accordait audience, recevait les magistrats dans le salon d'honneur, elle examinait les suppliques, écoutait les réclamations. Elle avait une livrée d'évêque, des prélats la servaient à table, il n'était permis qu'aux cardinaux de célébrer la messe devant elle. Le cardinal Costa tirait profit de sa bonne entente avec la fille du pape pour lui tenir à maintes reprises des propos allusifs. Lors de leur première séance de travail, il lui expliqua :

– Madonna Lucrezia, lorsque le pape expose une affaire en consistoire, le vice-chancelier ou, à défaut, un autre cardinal consigne par écrit les solutions proposées et les votes des cardinaux. Il faut donc qu'il y ait quelqu'un ici pour prendre note de notre entretien.

Puis il lui demanda, avec une lueur lubrique dans la prunelle des yeux :

– Avez-vous votre *penna*, Madonna Lucrezia ?

Elle feignit de ne pas comprendre le jeu de mots lancé par le facétieux prélat, le mot italien *penna* signifiant aussi bien la plume que le pénis. Elle préféra ne pas répondre mais laissa errer un sourire sur ses lèvres gourmandes.

Cependant Alfonso d'Este hésitait à accepter le mariage avec Lucrèce, au point que son père lui déclara que s'il refusait, il placerait immédiatement la jeune femme sur le trône de Ferrare en l'épousant lui-même, malgré ses soixante-dix ans. Lucrèce, de son côté, considérait à présent son honneur engagé dans cette affaire. Elle avait depuis longtemps compris et accepté la position douteuse qu'elle occupait aux yeux du monde. Elle savait que ce serait un triomphe pour elle de conquérir l'héritier du duché de Ferrare, et se déclara prête à faire les sacrifices nécessaires.

À son retour de Sermoneta, Rodrigo reçut les ambassadeurs d'Ercole, dont il accepta les conditions. Il dicta le contrat de mariage. Remolines le porta à Ercole, qui séjournait alors dans sa demeure champêtre de Belfiore. Dans les premiers jours de septembre, un messager se présenta au Vatican avec le contrat signé par le duc.

L'annonce de la signature du contrat matrimonial ne réjouit pas la sœur d'Alfonso, Isabelle d'Este, épouse du marquis de Mantoue François de Gonzague, dont l'élégance et la beauté étaient célébrées par les plus grands poètes d'Italie. D'emblée, elle vit une rivale en la personne de sa future belle-sœur, dont chacun connaissait la réputation de ses beaux attraits. Elle envoya à Rome l'un de ses correspondants, un certain « El Prete », chargé de l'informer de tout ce qu'elle voulait savoir. El Prete entreprit de suivre Lucrèce dans tous ses préparatifs de mariage. Il écrivit à Isabelle d'Este : « Prenez garde, vous allez avoir une rivale redoutable. C'est une dame charmante et des plus gracieuses. Je puis vous dire qu'elle porte ses cheveux tout à fait comme le font toutes ces dames. Elle se perfectionne chaque jour et c'est une dame très intelligente et très fine. Il vous faudra avoir de la présence d'esprit. En vérité, je la considère comme une dame très habile ; et ce n'est pas seulement mon opinion, mais celle de tous ici. »

En véritable fille de la maison d'Este, Isabelle avait pour seul dessein de susciter l'admiration et y consacrait toute son énergie. Elle mettait le prix qu'il fallait pour que ses toilettes, ses coiffures, ses bijoux, ses chiens, ses perroquets, ses chevaux, ses manuscrits, ses tableaux, ses palais soient les plus remarquables de toute l'Italie. En outre, elle voulait que tout le monde le sache. Partout où elle se rendait, elle attirait les regards par sa beauté apprêtée et ses reparties, toujours jugées audacieuses et spirituelles. Ne pouvant cependant rivaliser de richesse avec la fille du pape, elle frémissait véritablement pour sa réputation.

À Ferrare, le duc Alfonso, qui n'avait pas encore vu sa future épouse, confia la même mission que sa sœur de Mantoue à deux de ses envoyés à Rome, Gianluca Pozzi et Gerardo Saraceno : « Avec *messer* Gerardo Saraceno, lui dit Pozzi, nous avons dîné avec Madonna Lucrezia. En vérité, elle nous a paru très réservée et très discrète, aimable : une bonne nature. Elle est pénétrée des plus grands égards pour Votre Altesse. Nous osons prédire que Votre Altesse ne recueilleront d'elle que satisfaction. Elle est d'une grâce parfaite et modeste ; on doit admirer sa bienveillance, sa décence. Elle est croyante, craignant Dieu. Demain, elle doit aller à confesse et elle communiera le jour de Noël. Sa beauté est par elle-même très grande, ravissante, mais le charme de sa manière d'être, son allure plaisante font que cette beauté en paraît plus grande encore. Bref, ses qualités me font conclure qu'on ne peut rien augurer d'elle de mauvais, mais ne prévoir au contraire que les actions les meilleures. Tout ce que j'ai entendu dire et de toutes parts concernant la jeune femme ne peut que donner lieu à la plus grande satisfaction. Il m'a paru que, par égard pour la vérité, je devais ce témoignage à Votre Excellence. Je vous écris ces lignes en toute indépendance d'esprit, conformément à mon devoir et à la mission dont vous m'avez chargé. Dans mes sentiments de dévouement à Votre Excellence, tout ceci m'a rempli d'une grande joie et m'a pleinement rassuré. »

Pour célébrer l'accord matrimonial, le pape fit tirer les bombardes et illuminer les murailles du château Saint-Ange. Quelques jours plus tard, Lucrèce commanda un cortège de 500 dames et cavaliers, se vêtit d'or gaufré, et flanquée des ambassadeurs de France et d'Espagne, gagna le sanctuaire de Santa-Maria del Popolo. Devant le maître-autel, elle s'abîma en prières et demanda au Ciel de lui épargner un mauvais mariage. Son retour à Rome fut triomphal. Une foule nombreuse vint au-devant de son cortège et, tandis que les cloches du Capitole sonnaient à toute volée, forma deux haies d'honneur en criant : « Vive le pape Alexandre ! Vive la très illustre duchesse de Ferrare ! Vivat ! Vivat ! »

Début novembre, au palais pontifical, pendant le souper qui succéda à la cérémonie nuptiale, on plaça sur le sol de grands candélabres pour éclairer la table du festin. Rodrigo fit entrer cinquante courtisanes, qui dansèrent avec les invités et les serviteurs. D'abord revêtues de leurs costumes, plusieurs se dépouillèrent peu à peu. Le pape, César et Lucrèce se divertirent en leur lançant des châtaignes. Les regarder se mettre à quatre pattes pour les ramasser, à la lueur des candélabres ardents, les amusa jusqu'à en rire à gorge déployée. Lorsqu'elles furent épuisées de danser, une partie de ces belles matrones prirent place au milieu des convives des deux sexes et, dans des poses langoureuses, fouillèrent leurs nuques avec leurs lèvres.

Rodrigo présenta à Lucrèce des coupes d'argent débordant de confettis. D'autres coupes étaient remplies de dragées, qu'il versa dans le corsage des courtisanes restées debout autour de lui.

– Ceci, dit-il en se tournant vers les invités, pour le plus grand honneur et la gloire du Dieu tout-puissant et de l'Église catholique.

S'arrêtant devant l'une de ces splendides créatures, il observa son décolleté de dentelles.

– Quelle magnifique fente de seins ! s'écria-t-il. Elle mérite qu'on la regarde de plus près. Quel est ton nom ?

– Agostina, Très Saint Père.

Un domestique entra au même instant.

– Très Saint Père, annonça-t-il, les chevaux ont été sortis de leurs écuries.

Des laquais ouvrirent une fenêtre en grand et placèrent sur le balcon plusieurs fauteuils tendus de velours et aux accoudoirs de cristal. Le pape installa Agostina dans l'un d'entre eux et s'assit à son tour, entre elle et Lucrèce. En bas, dans la cour, des palefreniers à demi nus lancèrent quatre étalons en rut sur deux juments, sous les yeux des trois spectateurs qui savourèrent ce moment avec des regards d'illuminés. Puis Rodrigo se dressa, les yeux injectés d'un éclair lubrique, et lança à la cantonade :

– Mesdames, veuillez choisir vos étalons !

Il se fit apporter en quantité des manteaux de soie, des chaussures brodées d'or et autres vêtements splendides qu'il promit de remettre publiquement à ceux qui, selon le jugement des assistants, se montreraient les plus virils avec les courtisanes.

Tandis que débutait une prodigieuse orgie de chair, il entraîna Agostina dans une vaste pièce voisine. Sous un plafond peint par Michel-Ange, il se débarrassa de sa robe et rejoignit la courtisane sur le lit. Ses lèvres allèrent des yeux aux joues de la jeune femme puis se posèrent sur cette gorge qui palpitait violemment. Agostina caressa avec avidité la peau de Rodrigo et sa toison pectorale. Elle ne cessa de se repaître de cette chair dont la chaleur la surprenait. Après lui avoir prodigué quelques caresses qui la firent gémir, Rodrigo la pénétra vigoureusement.

Le jour suivant, épuisé, il ne se rendit pas à la basilique Saint-Pierre, où il devait officier. Par la voix du cardinal de Capaccio, Lodovico Podocataro, il fit informer les cardinaux qu'il était indisposé et n'assisterait pas aux vêpres. Comme on le savait régulièrement victime de syncopes, personne ne trouva rien à redire. Le cardinal de Sainte-Praxède célébra l'office à sa place. À l'heure de la messe, on partit attendre

Rodrigo dans la salle du Perroquet. Il était encore au lit, dans les bras d'Agostina, et le cardinal de Capaccio confia au cardinal de Sainte-Praxède le soin de dire la messe solennelle puis, le lendemain, la messe publique.

– Rodrigo, expliqua Johannes Burckard à Francesco, confia à l'orateur florentin Francesco Pepi que sa fatigue était due à une nuit prolongée jusqu'à l'aube en compagnie de courtisanes avec lesquelles il avait veillé, dansé et ri. C'est lui qui m'informa de la douteuse indisposition de Sa Sainteté et du dévouement de Sainte-Praxède dans toutes les tâches qu'il effectua en son absence pendant plusieurs jours encore. Je considérai que ce dernier méritait bien quelque indulgence et me permis de m'en ouvrir au révérendissime cardinal d'Alexandrie Giovanni Antonio di Sangiorgio. Sur sa demande, je rédigeai un billet qui fut lu aux autres cardinaux et publié au nom du pape : « À tous et à chacun des fidèles du Christ qui ont assisté à la messe solennelle célébrée au grand autel de la basilique du prince des apôtres par notre cher fils Antonio Pallavicini, cardinal prêtre du titre de Sainte-Praxède, nous accordons et octroyons sept ans et autant de quarantaines de véritable indulgence, en la forme ordinaire de l'Église. Et nous ordonnons que ces indulgences soient, selon l'usage, annoncées au peuple. » Le soir, Rodrigo n'était toujours point sorti de ses appartements. J'aperçus la jolie Agostina s'éclipser dans le plus grand secret à la faveur du crépuscule après quatre jours et quatre nuits d'intimité avec le pape. Je fis mine de n'avoir rien vu et me rendis à la salle du Perroquet en compagnie des cardinaux de Bénévent, de Cosenza et de Sainte-Praxède, tandis que d'autres gagnaient la grande chapelle du palais sur mon invitation. Moi-même n'avais pu avoir accès au pape depuis ce fameux banquet, dit « banquet ou danse des châtaignes », et je me mis en devoir de distribuer quelques tâches. Ainsi, le pape étant toujours absent, je chargeai le révérendissime cardinal d'Agrigente Juan de Castro de dire l'office des morts, puis le cardinal de Cosenza de célébrer la messe publique jusqu'à nouvel ordre.

Rodrigo fit enfin son apparition le matin suivant, fringant comme un jeune homme. Naturellement, personne ne lui fit d'observations. Les jours s'écoulèrent comme s'il ne s'était jamais absenté.

La nouvelle de la nuit orgiaque du Vatican se répandit non seulement à Rome, mais dans toute l'Italie. Le duc Alfonso écrivit à ses observateurs en charge dans la Ville éternelle pour savoir si Lucrèce avait été mêlée à ces scandaleuses bacchanales, auquel cas, son engagement avec la jeune femme seraient irrémédiablement rompues. Le 28 décembre, il reçut une réponse : « Plus nous étudions Madonna Lucrezia, plus attentivement nous considérons les détails de son existence, plus nous sommes pénétrés de sa bonté, de sa décence, de sa modestie, de sa discrétion. La vie qu'elle mène en son intérieur n'est pas seulement celle d'une chrétienne, mais d'une âme pieuse et religieuse. »

La plume des ambassadeurs et des pamphlétaires se manifesta pour évoquer cette nuit que le pape avait passée dans la plus grande débauche. À Pérouse, Matarazzo fustigea : « Sa Seigneurie portait le grand étendard des putains, servant de bannière et de guide à toutes les putains pourries. » Un libelle anonyme sous forme de lettre, rédigé à Tarente, fut adressé à Silvio Savelli, un gentilhomme ruiné et poursuivi par les Borgia, qui s'était réfugié à la cour de Maximilien d'Autriche, d'où il usait toutes ses forces pour recouvrer son patrimoine.

Plusieurs copies se répandirent dans les diverses villes d'Italie. L'une d'elles parvint à Rodrigo par l'entremise du cardinal de Modène. Navarrico lut à haute voix à Sa Sainteté :

– « Il faut tenter de faire voir à l'empereur et aux autres princes de l'Empire la peste publique qu'est ce pape Borgia, avec tous les ravages que ce monstre si infâme et si cruel a commis au grand désavantage de la république chrétienne. Apprenez-leur les crimes détestables qu'il a commis au mépris de Dieu et au renversement de la religion : ils sont si atroces et si horribles qu'on ne peut les décrire. Il faut faire savoir ces choses à la diète et aux assemblées des princes, et en faire imprimer de nombreuses copies pour les mettre dans les mains de chacun. C'est folie de nous plaindre de ce que Mahomet l'a infiniment surpassé en iniquité et a presque éteint les derniers restes du christianisme. Apprenez-leur que l'Antéchrist, si souvent prédit par les Prophètes, est déjà venu au monde, car il n'y a jamais eu, ni on ne saurait s'imaginer de plus grand ennemi de Jésus-Christ et un plus grand destructeur de notre foi et de notre religion. Il n'y a point de méchanceté qui ne règne à présent à Rome et dans l'appartement même du pape, où l'on surpasse les Tartares dans le vol, les Carthaginois dans la perfidie et la fraude, Néron et Caligula dans la cruauté et la débauche. On ne viendrait jamais à bout de faire un détail des meurtres, des rapines, des débauches et des incestes qu'on y commet. Alfonso d'Aragon, ce jeune prince, n'a-t-il pas été fait mourir, et ne l'a-t-on pas en quelque façon massacré deux fois ? Le Vatican, autrefois si réservé, n'a-t-il pas été souillé de leur sang, pendant que les courtisans dans la crainte et la consternation abandonnaient le palais ? Il faudrait beaucoup de temps pour rapporter toutes les particularités de ceux qui ont été blessés, mis à mort, jetés dans le Tibre ou empoisonnés. Qui pourrait sans horreur décrire les débauches monstrueuses qui se commettent publiquement dans le palais du pape au grand mépris de Dieu et des hommes ? Que de prostitutions de ses fils et de ses filles ! Quelle foule, quel concours de malheureuses et de corrupteurs de jeunesse qui remplissent le palais de Saint-Pierre ! Que de lieux infâmes et remplis de prostitués ! Qui n'a point ouï parler des ravages qu'on a faits dans toute la Romagne ? Qui ignore les calamités auxquelles ont été réduites Imola et Forli ? Ce fils, vrai portrait du père, ne se comporte point dans ses États comme un prince ou comme le protecteur des peuples mais plutôt comme un ennemi déclaré. C'est en cela seul que son père l'avoue et le chérit, puisque comme lui il exerce tant de cruautés et tant de vexations contre toute sorte de gens qu'il ne serait pas facile de savoir lequel est le plus infâme et le plus détestable. Dans quelle horrible situation sont les affaires ! Qu'on est éloigné de la sainteté des anciens papes ! Qu'on est dégénéré de leur justice ! Il est temps de porter un remède, de ramener dans le port la barque de saint Pierre, de rendre à Rome la tranquillité, d'y rétablir la justice et en bannir cette peste publique engendrée pour la ruine du christianisme. Il faut réunir et coordonner toutes ces accusations dans un discours, elles ne sont que trop vraies. Il les faut hardiment représenter dans l'assemblée des princes ou dans quelques assemblées ecclésiastiques, et en propager de nombreuses copies qu'on fera parvenir aux souverains. »

Après l'écoute de ce libelle, Rodrigo ne songea nullement à sévir. Il prit même le parti d'en rire et fit allusion aux pasquinades. Dans la région de Parione, près de la Piazza Navona, aux abords du Palazzo Braschi, s'élevait une statue antique que les Romains appelaient Pasquino et dans laquelle, prétendait une légende, le Livre de la Sagesse était scellé pour l'éternité. Elle devisait avec les autres statues de Rome et les instruisait des sujets du moment, produisant, dans l'obscurité de la nuit, des épigrammes que l'on trouvait écrites sur leurs piédestaux au petit jour. Ceux qui désiraient nuire à autrui n'avaient qu'à utiliser cette convention. Les pamphlets étaient nombreux, passaient de main en main. Les écrits des poètes napolitains, ennemis jurés du Saint-Siège, redoublaient de violence et enveloppaient à la fois dans la même réprobation Rodrigo, Lucrèce et César.

César, furieux de voir le nom des Borgia souillé, ne le prit pas avec la même bonne humeur que son père. Un Napolitain du nom de Girolamo Manciano, arrêté dans la région de Borgo, avait eu le malheur de répéter le contenu du libelle. Le duc lui fit percer la langue avec un stylet rougi avant de lui faire couper les deux poignets. Un Vénitien qui, lui, avait répandu des copies, fut étranglé et jeté dans le Tibre. L'ambassadeur de la république vint demander réparation à Rodrigo, mais ne l'obtint pas. Le pontife se contenta de lui expliquer :

– Le duc est bon homme mais ne sait tolérer les offenses. Je lui ai dit plusieurs fois que Rome est une cité libre où chacun est maître d'écrire et de parler comme il veut. On dit beaucoup de mal de moi, ça m'est égal.

Quelques jours plus tard, au même ambassadeur, César répliqua :

– Il se peut que Rome ait l'habitude d'écrire et de parler, pour moi je veux enseigner à ces gens la politesse.

DIARIUM XII

Petit aparté où Burckard répond aux interrogations de Francesco et révèle son tempérament lubrique.

L'année du Jubilé, Rodrigo avait lancé un appel à une nouvelle croisade. En août, pour inviter les fidèles à prier en faveur de son futur succès, il avait publié une bulle décrétant que les cloches des églises sonneraient chaque jour à midi. Lorsqu'ils entendirent celles de la Piazza Navona, Francesco et Johannes Burckard s'agenouillèrent face à la croix pour prononcer ensemble à haute voix le *Pater Noster*. Puis, les mains en supination, les yeux levés vers le ciel, ils récitèrent l'*Ave Maria*. Après quoi, Burckard se signa et, en se levant :

– Peut-être faudrait-il que je t'entende parfois en confession, suggéra-t-il à Francesco. Vas-tu bien à la messe, au moins ?

– Tous les dimanches, Monseigneur.

– Et naturellement tu communies.

– Oui, Monseigneur.

– Te confesses-tu ?

– Dès que j'ai péché.

– Alors c'est parfait. À présent, allons nous mettre à table.

Le repas fut servi par Ilario et Maria avec un grand luxe de porcelaines et d'argenterie sur une table couverte d'un tapis de drap vert à franges d'or.

– Francesco, j'ai oublié de te demander, dit Burckard après avoir pris place à table, si tu avais bien dormi cette nuit, malgré la chaleur.

– Non, Monseigneur, répondit le jeune homme en s'asseyant à son tour, pas un instant, mais j'en ai profité pour lire votre Journal, que vous avez bien voulu me confier. Il m'a inspiré plusieurs interrogations.

– Tiens donc, lesquelles ?

– Vous semblez sous-entendre que le prince Djem a été empoisonné alors que de nombreuses chroniques croient à une mort naturelle.

Maria et Ilario firent le service. Des candélabres accompagnaient les plats où fumaient des cardes, des crêtes de coq et des béatilles, un jarret de veau et deux gelinottes.

– À l'époque, répondit Burckard, mon jeune ami Paolo Giovio[1] affirmait : « C'était une opinion générale que le pape, par haine du roi de France et pour gagner la récompense promise par le sultan, avait fait mêler une poudre mortelle au sucre que Djem mettait dans toutes ses boissons. C'était une poudre très blanche, d'un goût non désagréable, qui n'opprimait pas subitement les esprits vitaux comme les poisons d'aujourd'hui, mais qui se glissait peu à peu dans les veines en amenant tardivement la mort. » Giovo l'a donc cru empoisonné, moi de même.

– C'est sans doute l'un de ces bruits, objecta Francesco,

1. Historien et humaniste italien que nous connaissons sous le nom francisé de Paul Jove.

que les ennemis de Sa Sainteté mettent en circulation, et dont les satires et les pamphlets se font une arme. Il aurait été stupide que le pape ait voulu faire périr le prince. Ne vous en semble-t-il point, Monseigneur ? Il n'avait aucun avantage à tirer de ce crime. Sa mort, au contraire, le privait d'une arme précieuse contre les Turcs.

– D'autres rendent responsables les Vénitiens de cette mort. Ce qui les condamne est l'empressement qu'ils manifestèrent à informer Bajazet de la mort de son frère, et les précautions qu'ils prirent pour ne pas être devancés. On attribue encore cette mort au peu de soins que Charles VIII prit de Djem durant son retour en France. On prétend enfin que le crime du prince est l'œuvre de son barbier même, qui lui aurait coupé la gorge, et que Bajazet, pour le récompenser, aurait nommé grand vizir. Ces accusations sont improbables. Il faut savoir que Djem était affreusement débauché, que ses excès avaient épuisé son corps. La captivité lui pesait comme une lourde chaîne. Il est bien possible qu'il ait tout simplement été atteint de la dysenterie, dont on sait que l'armée française a eu tant à souffrir. Si tu veux mon avis, Francesco, c'était plus qu'il n'en fallait pour le tuer sans poison.

– Vous dites aussi, Monseigneur, que César a la syphilis, le « mal français » comme nous disons, et qu'il l'a contractée alors qu'il était cardinal.

– Oh ! il est loin d'être le seul à en souffrir. Au lendemain de l'invasion française, dans le seul Sacré Collège, à Rome, on en comptait une grande quantité. Je ne te parlerai que du cardinal de Ségovie, dont la gravité du mal l'a relégué au dernier rang des bancs. Aujourd'hui encore, Rodrigo le dispense de s'incliner devant lui. Je ne te parlerai aussi que de Giuliano della Rovere, pour qui le mal français faillit être fatal. Je me souviens que le cardinal de Monreale, neveu de Sa

Sainteté, fut absent deux ans avant de pouvoir reparaître à la messe en décembre 1499. Il y a quelques années encore, les prêtres, les évêques, les cardinaux qui en souffraient s'informaient avec bonne humeur de la progression de leur mal : « Mon ami, écrivait l'un, je crois bien que je l'ai. J'ai la grande vérole. C'est tout rouge ! Mais alors rouge ! » Un autre lui répondait : « N'ayez donc plus peur de l'attraper, misérable que vous êtes, puisque vous l'avez déjà. Pour notre ami Calmatetti, c'est tout rouge aussi. Depuis le temps qu'il demandait la pourpre ! » Si j'ose dire, le *mal francese* devint à la mode parmi les prélats. Pour en revenir à César, son médecin Gaspare Torella lui a dédié son traité *De Pudendagra*, dans lequel il énumère les remèdes qu'il a mis au point pour lutter contre ce fléau. La maladie de son maître l'a poussé à faire ces découvertes et il considère César comme son bienfaiteur. Il se targue encore de l'avoir aidé à surmonter la crise et d'avoir pu épargner de la mort une partie du monde ecclésiastique. En tout cas, voilà le résultat de tant de licence et de débauche, mon pauvre Francesco. Un jour de 1497, la colère divine s'est manifestée au travers d'un orage qui frappa le château Saint-Ange, faisant exploser la poudrière et tuant vingt personnes. Cela n'a point empêché les prélats de poursuivre leur péché de luxure, à l'exemple du Saint-Père. Ils s'affichent encore publiquement avec leurs maîtresses, s'abandonnent sans vergogne aux plaisirs charnels, s'entourent de prostituées, érigent de véritables harems, parfois composés de gitons. Je me souviens de ce mois d'avril 1498 où Cursetta, prostituée de renom, et un jeune Maure pédéraste furent traînés à travers les rues de Rome, chargés de chaînes. On avait relevé la robe du Maure pour exhiber aux Romains ses organes sexuels. La même année, de la tour de Nona à la place Saint-Pierre, on promena au bout d'un bâton les testicules d'un Juif convaincu d'avoir forniqué avec une chrétienne.

– C'est ainsi, observa Francesco, que se manifeste l'hypocrisie de la cour romaine. Elle sanctionne cruellement les vices des autres, souvent des profanes, et s'abstient de dénoncer sa propre débauche.

Un sourire erra sur les lèvres de Burckard qui, après s'être essuyé la bouche d'un revers de manche, demanda avec une curiosité lubrique :

– Dis-moi, *caro* Francesco, tu n'es pas vierge, au moins ?

– Monseigneur, je... vous me gênez beaucoup.

– Ma foi, c'est vrai, tu as le visage tout empourpré, remarqua Burckard. Maria, appela-t-il, viens voir notre ami !

– Monseigneur, je vous en prie, s'insurgea docilement Francesco, vous me gênez encore plus.

– Regarde donc Maria, l'interrompit son interlocuteur en prenant la jeune femme par la taille, et dis-moi si elle te fait de l'effet. Lorsque je parle d'effet, tu comprends ce que je veux dire.

Il passa avec excitation les doigts sur la bouche ferme et sans sinuosité de Maria en ajoutant :

– Ne la trouves-tu point belle comme l'amour, avec ses lèvres voluptueuses, gourmandes, coquines, avec ses yeux de braise qui en disent long sur ce qu'elle ferait de toi si tu lui accordais ta prochaine nuit ?

Francesco se leva brusquement et quitta la table sans chercher d'excuse. Burckard partit d'un rire sardonique, sonore comme un cor de chasse.

– Maria, dit-il à sa servante, va le chercher, je te prie.

Lorsqu'ils furent de retour :

– Allons, sois à ton aise, Francesco, je plaisantais.

Ilario entra, portant des gâteaux, des fruits et des pastilles dans un bassin d'argent.

– Ilario, reprit Burckard en se levant de table, tu viendras nous servir de l'hypocras dans mon bureau.

Il se lava les mains à la fontaine de cuivre rouge suspendue au mur de la cuisine, prit un grand chandelier et s'engagea avec Francesco dans les longues galeries de sa demeure, percées de vitraux et agrémentées de tapisseries des Flandres. Il marchait à grands pas. Francesco était parfois contraint de trottiner pour le rattraper.

– De quoi allons-nous parler, à présent ? demanda celuici en croquant une pomme.

– Eh bien si je ne me trompe point, nous en sommes au moment où Lucrèce s'apprête à partir pour la cour de Ferrare.

DIARIUM XIII

Après de somptueuses et dispendieuses réjouissances organisées à Rome, Lucrèce rejoint son nouvel époux à la cour de Ferrare.

Le cortège ducal venu chercher Lucrèce fut accueilli au pont Saint-Ange deux jours avant Noël par le sénateur de Rome, le gouverneur de la ville et le barisello, escortés de 2 000 hommes à pied et à cheval. César parut bientôt, précédé de six pages, de cent cavaliers et de deux cents fantassins suisses habillés de la livrée papale de velours noir et jaune, coiffés de toques à plumes et armés de hallebardes. Le duc de Valentinois, montant un superbe destrier, était habillé à la française, avec une ceinture d'or. Il mit pied à terre, s'avança vers le cardinal Ippolito pour l'embrasser et l'invita à chevaucher à ses côtés jusqu'à la porte de la ville. La cavalcade s'ébranla au son des tambours, des flûtes et des cors, prit le Corso, traversa le Campo dei Fiori et parvint au Vatican, accueillie par les salves du château Saint-Ange.

Rodrigo attendait à une fenêtre du palais pour contempler la marche du cortège qui venait réaliser les désirs les plus ambitieux de sa maison. Dès que ses camériers eurent reçu les

Ferrarais au pied de l'escalier du palais et les eurent conduits auprès de lui, il s'avança à leur rencontre avec douze cardinaux. Ils lui baisèrent les pieds. Le pape les releva puis les embrassa. César conduisit les princes de Ferrare auprès de sa sœur. Lucrèce vint les rejoindre à l'escalier de son palais, appuyée sur le bras d'un vieux chevalier vêtu de velours noir et portant au cou une chaîne d'or. Elle portait une robe de drap blanc brodé d'or sur laquelle était jeté un fourreau de velours brun garni de martre. Les manches en brocart d'or de couleur blanche étaient étroites et coupées de biais à la mode espagnole. Sa coiffure était en crêpe vert, entourée d'un mince filet d'or et de deux rangs de perles. Autour de son cou pendait un gros collier de perles avec un rubis. Elle fit servir des rafraîchissements et distribua de petits cadeaux consistant en bijoux fabriqués par les joailliers de Rome.

À Noël, à Saint-Pierre, Rodrigo célébra la messe, servie par les princes de Ferrare eux-mêmes. Lorsqu'elle fut achevée, il donna le signal du début du carnaval et des fêtes qui allaient se dérouler tous les jours jusqu'au départ de sa fille. Bien que le mariage eût déjà été conclu à Ferrare par procuration, le pape insista pour qu'on renouvelle la cérémonie à Rome. Le soir du 30 décembre, les Ferrarais vinrent en toute solennité chercher Lucrèce pour la conduire au Vatican. La jeune femme, vêtue de brocart d'or et de velours cramoisi avec une garniture d'hermine, sortit de son palais avec toute sa cour et quinze dames d'honneur. Son beau-frère don Ferrante la mena par la main jusqu'au palais de Saint-Pierre, sur l'escalier duquel jouait un chœur de musiciens. Assis sur son trône, César debout à ses côtés, Rodrigo attendait sa fille dans la salle Paolina avec treize cardinaux et les ambassadeurs de France, d'Espagne et de Venise. La cérémonie débuta par la lecture du mandat du duc de Ferrare. Puis l'évêque d'Adria prononça le discours nuptial que Rodrigo, impatient, lui fit abréger. On dressa une table devant lui. Don Ferrante, à titre de lieutenant de son frère, et Lucrèce y prirent place. Ferrante lui adressa la question prescrite et, sur sa réponse affirmative, il lui passa l'anneau au doigt en lui disant :

– Illustre dame Lucrèce, l'illustre don Alfonso vous envoie de son plein gré cet anneau de mariage et je vous l'offre en son nom.

– Je l'accepte aussi de mon plein gré, répondit Lucrèce.

Le cardinal Ippolito s'occupa de la remise des joyaux destinés à la mariée. Ils se trouvaient dans une cassette qu'il plaça devant Rodrigo avant de l'ouvrir. Le pape les prit dans sa main et les montra à sa fille. C'étaient des chaînes, des anneaux, des pendants d'oreilles, des pierres précieuses et un superbe collier de perles. Sous les fenêtres du palais, place Saint-Pierre, courses, combats et comédies se succédaient. Un bal débuta dans la salle du Perroquet, où le pape se rendit et prit place sur le trône. Les cardinaux demeurèrent à sa gauche, Ippolito, Lucrèce et César à sa droite. Les jeux, les fêtes et les divertissements se déroulèrent dans le bruit magmatique du carnaval. César fit jouer l'une de ses comédies, une églogue dont les décors représentaient la campagne. Des bergers y célébraient Lucrèce, Alfonso, le duc Ercole, au milieu desquels évoluait Rodrigo, jugé comme étant le protecteur de Ferrare. Treize chars de triomphe, précédés de la bannière de Rome et des magistrats, défilèrent dans la ville jusqu'au Vatican. Le premier célébrait Ercole, les autres glorifiaient Jules César et divers héros de la Rome antique. Ils se rangèrent près du palais Borgia, et, sous les fenêtres du pape et de ses hôtes, leurs conducteurs déclamèrent des vers en hommage aux nouveaux mariés.

Quelques jours plus tard eut lieu un combat de taureaux sur la place Saint-Pierre barricadée de poutres et de planches.

César entra à cheval avec neuf de ses compatriotes espagnols dans l'enceinte où l'on venait de lâcher deux de ces énormes animaux. La lance au poing, il soutint seul le choc du plus furieux. Il reparut après avoir mis pied à terre en compagnie de dix autres Espagnols et abandonna aux matadors le soin de tuer les taureaux. Pour récompenser sa propre adresse, il organisa ensuite une course de filles de joie, l'un de ses jeux favoris, où les concurrentes, emmenées de force sur la place, devaient courir à demi nues, en dépit du grand froid. Le soir, les *Ménechmes* de Plaute célébrèrent la gloire du duc de Valentinois et celle d'Ercole d'Este.

Le départ de Lucrèce fut fixé au 6 janvier 1502. Jusqu'à cette date, au palais, ce ne furent que copieuses agapes. Rodrigo désigna quatre députés d'honneur pour assister aux fêtes qui se donneraient à Ferrare et huit seigneurs appartenant à la noblesse romaine pour commander le cortège de Lucrèce. César équipa une escorte personnelle formée de deux cents cavaliers, d'un chœur de musiciens et de bouffons chargés de divertir sa sœur pendant son voyage. Lucrèce emmenait avec elle une cour composée de cent quatre-vingts personnes. De nombreux chariots et cent cinquante mulets devaient transporter son trousseau.

Le matin du 6 janvier, elle prit congé de son fils, de César et de sa mère, qu'elle alla trouver dans sa villa.

– Sais-tu, lui dit Vannozza en l'embrassant, que ton père m'a fait observer que tu es plus belle chaque jour ? Comme il a raison ! Il t'aime, tu sais.

– Je voudrais qu'il m'aime pour moi et qu'il ne me donne pas au premier mari venu.

– Ma fille, nous autres femmes, sommes mises au monde pour nous marier.

– Mère, ne vous est-il jamais arrivé d'avoir des jours où il semble que tout va s'écrouler autour de vous d'un moment à l'autre ?

– Non, tu le sais, ma vie s'est écoulée dans les joies et les bonheurs de toutes sortes.

– Croyez-vous qu'il en soit de même pour moi ?

– Tu n'as jamais été bien malheureuse.

– Je ne connais pas mon mari, ne l'ai jamais vu, ignore où je vais, comment j'y vivrai.

– Je comprends les reproches que tu sembles adresser à ton père et ils trahissent un insupportable égoïsme.

– Voyons, mère, c'est lui qui est égoïste. Mais ne nous querellons pas le jour où nous nous voyons peut-être pour la dernière fois.

– Embrasse-moi, donne-moi de tes nouvelles et aime ton mari.

– Comme vous voudrez, mère, répondit Lucrèce en laissant échapper un geste de résolution.

Puis elle rentra au Vatican pour faire ses adieux à son père, qui l'attendait dans la salle du Perroquet :

– Il faut que tu aies bon courage, lui dit Rodrigo, et que tu m'écrives chaque fois que tu désireras quelque chose de moi, car une fois que tu seras partie je ferai davantage pour toi que je n'en ai jamais fait quand tu étais à Rome.

Il la baisa au front, la laissa partir puis passa de place en place pour la suivre des yeux jusqu'à ce que la cavalcade eût tout à fait disparu de son champ de vision. Tous les cardinaux, les ambassadeurs et les magistrats de Rome accompagnèrent Lucrèce jusqu'à la Porta del Popolo. Flanquée des princes de Ferrare et du cardinal de Cosenza, elle chevauchait une haquenée blanche portant un frein d'or et une couverture d'argent battu à franges d'or. Sa toilette de voyage consistait en une robe de soie rouge garnie d'hermine et un chapeau surmonté d'une plume. César fit route un instant avec elle avant de regagner le Vatican avec le cardinal Ippolito.

Une foule de couleurs d'étoffes se déplaçait avec çà et là, claquant au vent, maints étendards des Borgia fleuronnés et damassés. Les officiers de la cour pontificale avaient veillé au confort des chars branlants et plus particulièrement à celui où Lucrèce devait se reposer pendant le voyage. Surmonté d'un toit recourbé en demi-cercle, agrémenté de splendides étoffes et d'étincelantes boules métalliques, il avait le luxe d'être depuis peu sommairement suspendu, ce qui ménageait les reins.

Après une ultime journée de route, cahotant dans les ornières sèches de l'hiver et sur les rares routes pavées, au milieu d'une escorte bruyante, avec les pas des chevaux, les chocs métalliques et les froissements d'habits, Ferrare se dressa en plein après-midi, dans un brouillard lointain porteur de songes pour Lucrèce et qui enveloppait tout un paysage magnifiquement roux. La cité semblait s'éveiller dans ce froid qui endormait. Le cortège entendit une volée de cloches retentir au cœur de la ville. L'heure suivante, Lucrèce fit son entrée solennelle à Ferrare par la porte de Castel Tedaldo, précédée par soixante-quinze archers à cheval portant les couleurs blanche et rouge de la maison d'Este et quatre-vingts trompettes et hautbois. Alfonso vint l'accueillir à l'approche des arcs de triomphe et des tribunes. Escorté de huit pages, il chevauchait aux côtés de son beau-frère Annibal Bentivoglio. Vêtu à la mode française, il portait un habit de velours rouge, était coiffé d'une toque de velours noir orné d'or repoussé et chaussé de gamaches noires sur des bottines de couleur incarnat. Les deux époux se voyaient pour la première fois. Alfonso salua Lucrèce selon l'usage, en s'inclinant du haut de sa monture. Puis il prit la tête du cortège qui progressait vers la place du Dôme. Des scènes mythologiques jalonnaient le parcours. Un groupe de nymphes entouraient leur reine montée sur un taureau roux, des satyres déclamaient des vers en l'honneur de la fille du pape. Place du Dôme, des danseurs de corde descendirent de deux tours agrémentées d'étoffes pour venir complimenter l'épousée.

Le palais du duc, le Palazzo del Cortile, faisait face au Dôme et était flanqué d'une haute arcade rythmée de colonnes supportant des statues de porphyre. Lucrèce mit pied à terre devant les escaliers de la cour de marbre, où elle fut reçue par la marquise Gonzague et plusieurs filles naturelles d'Ercole et Sigismond d'Este, dont les comtesses Lucrèce de Carrare et Diane d'Uguzoni. La nuit commençait à descendre et des flambeaux éclairaient la façade de l'édifice. Au son des luths et des hautbois, Alfonso vint rejoindre sa femme, puis les deux époux furent conduits à la salle de réception. Lorsque l'accueil officiel débuta, ils prirent place sur un trône pour voir défiler devant eux les courtisans et écouter le discours solennel du jeune poète Ercole Strozzi, qui célébra avec feu l'union du jeune couple et mit la beauté de Lucrèce au-dessus de celle de la splendide Hélène, héroïne mythologique de l'*Iliade* :

– Malgré la beauté, déclama-t-il, pour laquelle rivalisent en vain avec vous la fille d'Agénor et Hélène de Sparte enlevée par le Troyen Pâris, vous savez vous consacrer aux études et aux arts savants, et vous ne laissez pas votre génie être étouffé par la splendeur de votre beauté. Si vous déclamez des vers en langue vulgaire, vous semblez une jeune fille, née en terre italienne. Si, ayant pris la plume, vous composez des vers et des poèmes, ce sont des vers et des poèmes dignes des muses, et si, de votre main d'ivoire, vous vous plaisez à jouer de la harpe ou de la cithare, en suscitant avec un art délicat les notes thébaines ; s'il vous plaît d'évoquer les ondes voisines du Pô en faisant frémir le courant, grâce au charme de vos notes suaves ; s'il vous plaît encore de vous abandonner aux danses et de sauter d'un pied agile au son de la musique, ô combien je crains que s'il s'en aperçoit par aventure, quelque dieu ne vous arrache furtivement de votre château et ne vous emporte sublime, d'un vol léger dans l'air en faisant de vous la déesse d'un astre nouveau.

Lorsqu'il eut achevé, Lucrèce battit vigoureusement des mains tandis que son visage s'éclairait d'un sourire radieux en considérant le visage avenant de Strozzi.

– Sa Seigneurie, demanda celui-ci en s'inclinant, me fera-t-elle l'honneur d'accepter les hommages de quelques poètes de Ferrare ?

– C'est vous qui me ferez beaucoup d'honneur en me les présentant, répondit Lucrèce avec grâce.

Un homme à la noble barbe rousse s'avança alors sur un signe de Strozzi.

– Votre Seigneurie, reprit ce dernier, Arioste, que voici, est l'un des poètes de cour de notre illustre seigneur Ercole.

– Vous êtes donc le fameux Arioste, reprit Lucrèce sur le ton du compliment, que les cercles lettrés de toute l'Italie célèbrent comme étant le meilleur latiniste et poète comique de notre pays.

– C'est trop d'honneur que d'être connu de Votre Seigneurie, se flatta Arioste, qui déclama aussitôt un pompeux épithalame.

Lucrèce n'écouta qu'à demi l'œuvre composée par Arioste. Elle était absorbée par le charme subjuguant de Strozzi, qui lui faisait une délicieuse impression et dont elle cherchait à rencontrer le regard fascinant. Lorsque la cérémonie de réception s'acheva, elle se leva à contrecœur. Elle semblait réprimer avec force une envie de s'adresser à nouveau à Strozzi, mais le duc Ercole d'Este parut à cet instant. C'était un beau vieillard de soixante-dix ans, barbu jusqu'aux yeux, le regard d'acier. Il conduisit lui-même Lucrèce à l'appartement qu'il lui avait fait préparer.

Le Palazzo del Cortile disposait de deux cents chambres toutes tendues de soie ou de velours. Les immenses salons, repaires des plus étincelantes orfèvreries, et les vestibules regorgeaient de peintures flamandes. Le parc, immense, était entouré d'eau sur laquelle glissaient paisiblement des cygnes. Il était irradié de fleurs, d'arbustes et d'arbres fruitiers d'où émanait le parfum des ancolies et des soucis, des tulipiers et des pêchers.

Pour célébrer l'union d'Alfonso et de Lucrèce, Ercole d'Este organisa à son tour un carnaval et des fêtes qui durèrent six jours. Un mois plus tôt, il avait aidé en personne à préparer minutieusement les divertissements, choisi les lieux où ils allaient se dérouler, choisi le menu des soupers avec son premier maître d'hôtel, et s'était informé auprès de ses machinistes de l'installation d'un amphithéâtre dans le palais de la Ragione, qui pouvait contenir jusqu'à trois mille spectateurs.

Le 3 février, au Palazzo del Cortile, la soirée commença par des rafraîchissements que les officiers du duc offrirent dans le vestibule du rez-de-chaussée, peuplé de vases et illuminé par des candélabres d'argent. Vers six heures, l'huissier annonça :

– Son Excellence le duc Ercole Ier de Ferrare !

Ercole parut dans un flot de rubans, paré d'un habit en étamine couleur saumon, rehaussé sur des talons. Il invita Lucrèce et Alfonso à le suivre dans le parc, et toute la cour s'y transporta derrière eux. Dans le bruissement des étoffes soyeuses, on rejoignit un bosquet situé au fond du parc. Des tables d'une longueur interminable, drapées de brocart et où étincelaient d'innombrables orfèvreries, supportaient de colossales pyramides de viandes froides et de fruits. Des musiciens accueillirent les convives au son des flûtes et des luths. Lucrèce et Alfonso prirent place en face du couple ducal puis abandonnèrent leur appétit aux plats de chapons, de perdrix, de poulets, de faisans, de poulardes, de bécasses, de sarcelles, à d'immenses montagnes de viandes rôties, braisées, grillées, fricassées, truffées, épicées, d'où les sauces les plus poisseuses glissaient en lourdes cascades. Des femmes, la gorge rongée par les rires, laissaient pendre leurs boucles de cheveux dans leurs assiettes. Les hommes, les doigts cherchant à se faire lécher par ces dames, riaient grassement des obscénités des uns et des autres et battaient des mains, faisant jaillir des postillons de sauce. Lorsque toutes ces constructions gastronomiques furent démolies, des laquais déposèrent des vasques de porcelaine remplies de fruits crus, de confitures sèches, de confitures liquides, de compotes, le tout irradié de vins, de nectars, de liqueurs.

Puis, dans le froid, on se rendit au bassin d'où se hissaient de puissants jets d'eau, tandis que des entrailles abusées se vidaient dans les allées. Des eaux sublimes, en jaillissements ou en débits paisibles, des chutes, des cascades, des fontaines en abondance étaient éclairées par des milliers de torches suspendues à une ribambelle de guirlandes et laissaient de gracieux bouillons de vagues à la surface du bassin. Dans les anfractuosités d'un rocher naturel apparaissait le nacre rose, gris, blanc de coquillages merveilleux. Des arcades aux colonnades de marbre s'élevaient au sortir de rocailles, d'urnes, de vases fleuris et d'arbres nains. Ici et là, des masques monstrueux et des animaux de bronze semblaient vomir à la place des convives.

La nuit qui venait de tomber fut soudain crevée par un feu d'artifice. Le parc parut s'embraser de couleurs rouges, vertes, jaunes, bleues. Le feu qui s'étalait sur le fond étoilé employait de subtiles harmonies et de splendides figures à malices. Les multiples éclats formaient une palette, une fleur de couleurs distinctement ouverte. Le ciel effervescent traçait comme de gigantesques poumons sur toute son étoffe. À chaque éjaculation du sol, la pluie de pétales redoublait de vigueur. C'étaient eux aussi de grands jets, des peintures et lumières qui, une fois hissées, perdaient de la hauteur et semblaient plonger sur la foule en braises meurtrières.

Lorsque le feu d'artifice se fut achevé, il s'installa un long moment de répit pendant lequel on crut la fête arrivée à son terme. Mais un second feu d'artifice, qui parut plus flamboyant encore à tous ces yeux fatigués, perça mille fois le ciel, l'éclatant, le déchirant, et ses derniers éblouissements se confondirent avec la clarté naissante du jour. Dans les émanations de fête, il sembla que des cendres fuyaient dans le ciel, ultimes notes d'un opéra géant.

Pendant quatre jours encore, le Palazzo del Cortile fut le théâtre des plus merveilleuses fêtes. Dans la grande salle, cinq pièces de Plaute furent représentées. Lucrèce y assista, en compagnie des princesses de Mantoue et d'Urbin, toutes trois assises dans une tribune surmontée d'un baldaquin. Les entractes étaient l'occasion d'écouter des concerts de musique et d'admirer des moresques. On représenta également des pantomimes de monstres fantastiques, de rustres, de paysans, de sauvages, dont la vogue se développait alors à Ferrare.

Le 6 février, une grand-messe solennelle fut célébrée au Dôme. Un camérier papal y remit à Alfonso le chapeau et le glaive bénits pour lui par Rodrigo, et l'archevêque l'en revêtit au pied de l'autel. Dans l'après-midi, les princes d'Este allèrent chercher Lucrèce dans ses appartements et la conduisirent dans la salle consacrée aux divertissements. Elle dansa longuement avec une dame d'honneur avant d'assister au *Miles Gloriosus* de Plaute.

Le lendemain, la place du Dôme fut réservée à un tournoi à cheval qui ne s'acheva que le soir, avant le début de l'*Asinaire* puis d'une moresque jouée par quatorze satyres.

Pendant ces jours de fête au palais ducal, tout Ferrare se divertit au rythme burlesque du carnaval. Les nuits étaient irradiées d'illuminations. Place du Dôme, des dauphins de marbre faisaient jaillir de leurs gueules des bouillons de vin clairet destiné à la population. Les ambassadeurs de Florence, de Lucques, de Sienne, de Venise, apportèrent à Lucrèce de nombreux présents de la part de leurs seigneuries : des draps d'or, de l'argenterie, des manteaux de velours doublé d'hermine. Les réjouissances de ce dernier jour de fête s'achevèrent par une course de buffles et un défilé à travers Ferrare.

Duchesse de l'un des États les plus estimés d'Italie, Lucrèce, à vingt-deux ans, se trouvait dès lors dans la situation la mieux assise et la plus honorée qu'elle pouvait ambitionner. Les lettres de l'ambassadeur Costabili et d'un camérier secret renseignaient Rodrigo sur les moindres signes de faveur ou de disgrâce dont Lucrèce, loin de lui, pouvait être l'objet. Il n'avait jamais supposé qu'Alfonso aimerait sa fille mais il espérait au moins qu'il la traitait dignement et qu'il entendait en avoir un héritier. Ercole d'Este lui écrivit :

« Très Saint Père et Seigneur,

« Avant l'arrivée ici de l'Illustre duchesse, notre fille commune, ma ferme intention était de lui témoigner de l'amitié et de l'honorer comme il convient, et de ne manquer en aucune occasion de faire acte à son égard de tendresse particulière. Maintenant que Sa Seigneurie est auprès de moi, elle m'a causé une si grande satisfaction par les vertus et les qualités remarquables que je découvre en elle, que non seulement je suis confirmé dans mes bonnes dispositions, mais que la volonté et le désir d'agir ainsi se sont considérablement accrus en moi, d'autant plus que, comme je l'ai vu, Votre Sainteté a eu la bonté de m'y engager par un bref autographe. Votre Sainteté peut donc se tranquilliser, car j'agirai de telle sorte envers la duchesse que Votre Sainteté devra reconnaître que je la considère comme ce que j'ai de plus précieux au monde. »

Les bonnes dispositions d'Ercole exhortèrent Rodrigo à lui réclamer une augmentation de la pension de Lucrèce. Le duc accepta de verser 4 000 ducats supplémentaires à sa belle-fille, geste que le pape ne jugea pas comme étant généreux compte tenu du tempérament dépensier de Lucrèce. Cependant, il s'était pris de tendresse pour la famille d'Este, qui n'hésitait pas à lui faire parvenir toutes sortes de demandes de grâces et de privilèges. Il prenait soin du cardinal Ippolito d'Este, frère d'Alfonso. Celui-ci demeurait au Vatican et participait aux chasses, aux fêtes, aux festins, aux bals, aux représentations dans les appartements pontificaux. Il y retrouvait parfois César, qui faisait une apparition entre deux campagnes, et surtout Sancia, avec laquelle il entretenait une liaison. Le jeune Geoffrey, devenu prince de Squillace, était tenu depuis longtemps pour être un militaire incapable, mais Rodrigo n'admettait pas pour autant que son épouse lui soit infidèle. Aussi, lorsque l'idylle de Sancia et d'Ippolito d'Este fut connue de tout le Vatican, le pape envoya-t-il sa belle-fille loger au château Saint-Ange. Elle y était détenue depuis le dernier mariage de Lucrèce et passait son temps à observer les curieux depuis le balcon de sa cellule.

DIARIUM XIV

Où l'on voit Lucrèce se rendre coupable d'adultère et César être le jouet d'une conspiration.

César, fort de sa parenté avec la maison de Ferrare, se disposait à poursuivre ses entreprises belliqueuses. Alfonso ne ressentait du reste aucune honte à le féliciter des crimes odieux dont il se rendait coupable dans ses campagnes. Le duc de Valentinois et de Romagne en savait fort gré à son beau-frère et le montrait ouvertement à sa sœur. En juillet 1502, ayant eu vent qu'Alfonso était souffrant, alité au Palazzo del Cortile, il rendit visite à Lucrèce dans son château de Castel Vecchio, qu'Ercole avait assigné pour résidence aux deux époux.

– Illustre Signora, lui dit-il, ma très chère sœur, je tiens pour certain que pour guérir Son Excellence ton époux, il ne saurait y avoir de médecine plus efficace et salutaire que de recevoir de bonnes et heureuses nouvelles. La capitulation, ce mois-ci, de tant d'autres villes de Romagne sera pour lui une excellente nouvelle et sa santé n'en sera que meilleure. Prie-le donc d'y faire honneur et informe-moi, car son indisposition m'empêche d'éprouver aucun plaisir de cet événement ni de tout autre. Sache que ton époux est aussi mon frère bien-aimé.

Lorsqu'il eut achevé, Lucrèce laissa tomber par inadvertance son mouchoir de dentelles, d'où glissa une feuille de papier noircie par quelques mots. César le ramassa et lut en fronçant le sourcil :

« *Tes yeux, ma bien aimée, ont plus d'éclat que le firmament, tes lèvres ont le parfum des roses, tes dents la blancheur du lis, et ta parole le charme de l'infini. Je t'aime. Dis-moi que tu m'aimes aussi.* »

– Vous écrivez des poésies, à présent, ma sœur ? s'étonna le duc.

– Oui, balbutia Lucrèce en se mordillant nerveusement les lèvres.

– Et vous déclarez votre flamme à une personne de votre propre sexe ? Allons, ajouta-t-il en se dressant et en la saisissant violemment par les poignets, quel prosateur vous entretient de si belle manière ? Répondez, Signora Lucrezia !

– Vous me faites mal, dit-elle en tombant à genoux.

– Répondez, vous dis-je ! La fidélité à votre époux est indispensable à notre maison. Qu'en serait-il de notre alliance avec Ferrare si don Alfonso se séparait de vous ? Vite, Signora, dites-moi le nom du bellâtre qui vous écrit, que je parte sur-le-champ lui trancher la tête !

– Ne songerez-vous jamais à autre chose qu'à me rendre malheureuse ? s'écria Lucrèce, les larmes dans la voix. Combien de cadavres abandonnerez-vous encore à mes pieds, mon frère ?

– Je vous demande de répondre !

– Et moi j'implore votre miséricorde, dit Lucrèce en s'effondrant sur le plancher.

Elle se répandit en larmes avec tant d'effusion que ce cœur dur et inflexible qui, lourd comme une pierre, battait dans la poitrine de César, se froissa d'une émotion sincère. Le duc s'apaisa, considéra sa sœur, et quitta hâtivement le château.

Dans le courant du même mois de juillet, il vint revoir Lucrèce au palais Belfiore, où il se présenta sous un déguisement, accompagné de cinq de ses condottieres. Elle venait de mettre au monde un enfant mort-né et un chirurgien l'examinait tous les matins. César, plein d'attentions pour sa jeune sœur, lui dispensait toute son affection fraternelle et, comme le dit la chronique, « lui tenait le pied pendant qu'on la saignait ».

Alfonso était cependant rétabli et César désirait qu'il l'escorte jusqu'à Modène, pour se rendre ensuite auprès du roi de France, en Lombardie. C'est là-bas, de la bouche de Louis XII, au détour d'une conversation, qu'il apprit que sa femme Charlotte l'avait fait père de Louise Borgia, née, nous l'avons vu, l'année du Jubilé. Le souverain fut surpris de constater qu'il n'en avait jamais rien su jusqu'alors. Le duc ne manifesta aucune joie particulière et n'allait jamais chercher à connaître sa progéniture.

Au retour de Lombardie, après avoir laissé César à Rome, Alfonso arriva à Ferrare de manière impromptue un soir du mois suivant. Il gagna l'aile du château et traversa une galerie pour aller dans ses appartements. En passant près d'une cheminée, il fut intrigué par les soupirs ardents d'une femme dont l'âtre se faisait l'écho. Il enjamba les chenets, tendit l'oreille et reconnut les râles amoureux de Lucrèce. Sa chambre à coucher se trouvait juste au-dessus, et de toute évidence la duchesse ne s'y trouvait pas seule. Bientôt, le duc entendit une porte claquer : celle de l'appartement qui se refermait sur un coupable. Il sortit de l'âtre, gravit l'escalier, et, le cœur battant, pénétra dans l'appartement. Il trouva Lucrèce assise devant sa coiffeuse, brossant ses cheveux blonds, longs et soyeux. Celle-ci le considéra dans le réfléchissement du miroir et lui trouva le teint blême.

– Vous avez l'air soucieux, observa-t-elle avec naturel.

Il ne répondit pas et s'éternisa sur le seuil, la main soudée à la poignée de la porte, les yeux fixés sur sa femme dont les cheveux délicieusement bouclés choyaient avec splendeur sur ses épaules. Il s'avança.

– Vous êtes habillée ? s'étonna-t-il.

– Voulez-vous que je me mette nue ?

– Qui sort d'ici ?

– Pour le moment personne, mais moi je ne vais pas tarder, il fait beau.

– Qui sort d'ici ? répéta Alfonso.

– Mais enfin, c'est vous au contraire qui rentrez !

– Pourquoi ne me répondez-vous pas ?

– Je viens de vous répondre, dit Lucrèce en se tournant vers son mari, quelle mouche vous pique ?

– Croyez-vous que je n'ai pas remarqué la manière dont vous regardiez Ercole Strozzi le jour de votre réception ?

Lucrèce se mit à nouveau face à son miroir et continua à démêler ses cheveux.

– Pourquoi ne me répondez-vous pas ? insista le duc.

– Et pourquoi ? Et pourquoi ? Et pourquoi ? Vous me fatiguez à la fin. Vous arrivez comme un coup de vent, vous voudriez que je sois nue et vous me demandez qui sort alors que c'est vous que je vois ouvrir la porte.

– J'ai entendu une porte claquer.

– Dans ce palais il y a partout des portes qui claquent. Il y a du monde, ici. Ça rentre, ça sort, ça claque, ça ferme, ça ouvre. Vous n'allez pas faire d'histoire pour une porte qui a claqué.

Alfonso observa longuement autour de lui, s'ébroua pour chasser ses doutes, puis dit à Lucrèce :

– J'ai dû me tromper. J'ai cru que quelqu'un sortait d'ici, sans doute Strozzi, et que… enfin… lui et vous, vous comprenez.

Comme il s'approchait d'elle, elle lui mit les bras autour du cou et lui tendit ses lèvres.

Le sombre, sévère et noir château de Castel Vecchio dressait à courte distance de la ville sa silhouette trapue, alourdie de quatre tours rougeâtres et massives, parcimonieusement éclairée par des fenêtres creusées en pleins murs et étroites comme des meurtrières. Un manteau flottant de lierre et de clématites dissimulait mal les lézardes des murailles munies de créneaux. Lucrèce y entretenait une maison de trente dames d'honneur, disposait d'autant de domestiques, chapelains, valets, femmes de chambre, musiciens et autres écuyers. Une cour plus restreinte gravitait autour d'elle, dont faisait partie Angela Borgia, sa jeune cousine, Adriana de Mila, qui ne l'avait pas quittée depuis Rome, et Ercole Strozzi.

Ercole Strozzi était le fils de Tito-Vespasiano Strozzi, de l'illustre maison de Florence, lui aussi poète. Il avait trente ans et était l'auteur de nombreux poèmes anacréontiques, graves et satiriques, écrits en grec comme en latin et qui remplissaient déjà plusieurs manuscrits. En 1490, le duc Ercole, sortant des guerres qui avaient troublé ses États, avait cherché quelques distractions dans les amusements dramatiques. Strozzi, chargé de la direction des spectacles, avait quitté Milan pour Ferrare et s'y était établi avant de devenir le poète de la cour. À l'occasion du mariage d'Alfonso avec Anna Sforza, il avait fait jouer deux pièces de Terence et de Plaute traduites en italien par les savants que le duc avait attirés auprès de lui. Dans les années qui suivirent, Strozzi avait été nommé président du Conseil des douze sages de la couronne de Ferrare, honneur qu'il conservait et allait toujours conserver.

Admis dans l'intimité de Lucrèce, au point d'éveiller imprudemment la jalousie d'Alfonso, Strozzi était son confident et recueillait ses larmes, ses états d'âme, ses peines. Elle n'était d'aucune retenue avec lui, au point de le faire pénétrer dans tous ses secrets d'alcôve. À Ostellato, il possédait une vaste et dispendieuse demeure dont les jardins en pente versaient jusqu'aux lagunes qui baignaient la ville. En octobre 1502, il y avait installé le poète et prince des humanistes italiens, le patricien de Venise Pietro Bembo, brillant élève des savants Constantin Lascaris et Leoniceno et avec lequel il avait des affinités sentimentales et littéraires. Ostellato était devenu le centre intellectuel et artistique de la région, le rendez-vous des beaux esprits. Strozzi, un soir, y avait mené Lucrèce. Bembo avait été subjugué par la beauté et l'esprit cultivé de la duchesse. Dans les lettres qu'il lui envoyait, il lui rappelait souvent : « Depuis ce soir-là je me sens brûler et tout en feu. »

Lucrèce entretenait en effet avec lui une correspondance assidue, soutenue et secrète. Elle s'en était éprise pour la grâce de ses manières, la souplesse de son esprit, les ornements de son langage. Afin d'écarter tout soupçon au cas où les missives seraient interceptées, elle signait F.F., mystérieuses initiales que Bembo lui avait suggérées. Si Strozzi servait d'intermédiaire dévoué, ils s'étaient en outre entendus pour adresser leurs lettres à une demoiselle d'honneur de Lucrèce, Lisabelta, dont le poète feignait d'être épris.

Un matin, Strozzi transmit secrètement à Bembo un message où Lucrèce avait écrit :

« Amour de mon cœur. Je vous en prie, retrouvons-nous désormais ailleurs qu'au palais. Le duc se doute de quelque chose. Il a bien failli nous surprendre l'autre soir. La seule chose est qu'il vous prend pour Strozzi. »

Bembo lui répondit en l'invitant à venir le rejoindre dès la première absence de son époux sur l'une des berges de Medelana, à petite distance d'Ostellato, où ils pourraient s'aimer à l'abri des regards. Lucrèce avait de ses frénésies érotiques des souvenirs trop récents pour pouvoir se soustraire à la voix ensorceleuse du beau poète de trente-deux ans, cavalier accompli, affable et spirituel.

En octobre, Alfonso, qui devait un jour succéder à son père, s'absenta pour un voyage annuel au cours duquel il se faisait enseigner le métier de la politique et celui des armes. L'un des jours suivants, aux premiers feux de l'aurore, Lucrèce sella elle-même son cheval et, sans bruit, quitta le château. Un voile de brume, alourdie d'ondées, flottait sur les bruyères qui tapissaient le sol et dont l'automne décolorait le manteau violet. À une lieue de Medelana, la duchesse sentit l'odeur de la mer proche. Elle réduisit l'allure de sa monture, dont le trot hésitant fit frémir l'eau des lagunes, aux flots verts striés de reflets couleur d'étain.

Pietro, prévenu par les soins de Strozzi, attendait depuis l'aube dans un verger à l'écart du vent. Il aperçut la gracieuse silhouette de Lucrèce juchée sur son cheval. Lorsqu'ils furent proches l'un de l'autre, il s'avança pour l'aider à mettre pied à terre puis lui baisa interminablement la main en lui disant :

– *Je baise cette main dont jamais une plus douce ne fut baisée parmi les hommes. Je n'ai pas dit plus belle, car une main plus belle que celle-ci ne peut exister.*

En empruntant à Pietro Bembo quelques passages de lettres envoyées à Lucrèce pendant leur liaison, nous pourrions établir un dialogue tel que celui-ci :

– M'aimez-vous comme je vous aime, mon tendre cœur ? demanda Lucrèce.

– Souvenez-vous que je ne tiens à honneur rien autre que vous et que si étant mort, mon esprit pouvait voler autour de vous, je ne voudrais plus vivre.

La duchesse lui remit une mèche de ses blonds cheveux qu'elle avait coupée pour lui.

– Merci, mon aimée, lui dit Pietro, *il me plaît que chaque jour vous pensiez au prix d'aimables inventions à quelque moyen d'accroître mon feu comme vous l'avez fait aujourd'hui avec cette mèche qui ceignait votre front brillant.*

– Savez-vous comme j'ai eu peur que le duc ne se doute de notre liaison et combien j'ai prié pour que vous ne tombiez point en disgrâce, vous dont l'affable présence à la cour réjouit tant le duc mon beau-père ?

– Jamais ma disgrâce ne pourra être telle tant que je vivrai, que la flamme allumée en moi par F.F. et mon destin ne soit la plus haute et la plus claire qu'éprouve aujourd'hui un cœur d'amant. Haute la fera la nature même du lieu où elle brûle, claire elle le sera par sa flamme même, qui devant le monde entier en témoignera.

Lucrèce se rendait fréquemment à Medelana pour retrouver Pietro. Lorsque se présentait quelque empêchement, les deux amants continuaient à se voir, soit à la dérobée, soit en utilisant tous les artifices. Mais leur amour l'un pour l'autre restait d'une harmonie parfaite. La duchesse se fit frapper une médaille portant une flamme en relief et pour laquelle elle réclama une devise à Pietro. Le poète répondit :

– L'âme seule correspond à ce feu issu de l'or.

Et il proposa la maxime *Est animum*, « Elle consume l'âme ».

Cependant, à la veille d'enlever Bologne, la puissance croissante de César en Italie commençait à inquiéter plusieurs de ses propres condottieres, particulièrement Vitellozzo Vitelli et Oliverotto Freducci da Fermo. Ce dernier n'avait rien à envier à la cruauté du duc de Valentinois. Il s'était autrefois fait enseigner le métier des armes par Vitelli dans le seul dessein d'enlever à son oncle, qui l'avait élevé, son fief de Fermo. Il invita un soir celui-ci et plusieurs notables de la ville à un grand banquet. Pendant les réjouissances, il s'éclipsa dans une pièce voisine et en revint accompagné de soldats qu'il avait apostés une heure plus tôt. Ses convives furent massacrés. Après quoi, Oliverotto enfourcha son cheval et galopa à travers les rues en clamant qu'il était à présent le maître de Fermo et qu'il devait être traité en prince. César le prit à son service en même temps que Vitelli.

Beau-père d'Oliverotto et l'un des plus valeureux condottieres de son temps, Vitelli avait combattu au côté de Pise contre Florence avant de suivre Charles VIII en France. Seigneur et gouverneur de Citta di Castello, il avait eu un temps à son service Léonard de Vinci, qui avait restauré plusieurs édifices de la ville. C'était un brillant homme d'armes réputé pour ses inventions militaires et un grand amateur d'art qui employait les peintres Raphaël et Vasari.

Après avoir admiré la facilité de conquête de César et y avoir ardemment participé, Vitelli et Oliverotto craignaient à présent que le duc ne cherche à détruire successivement tous ses condottieres afin de rester le seul en armes dans l'Italie. Ils entendaient donc désormais le contrôler et devinrent l'âme d'une conjuration.

Un autre homme joignait ses craintes aux leurs. Tyran de Sienne, Pandolfo Petrucci n'allait pas se montrer aussi déterminé que les deux capitaines dans la lutte qu'ils préparaient contre César, mais il allait devenir le singulier objet de l'obstination du duc. Il avait poignardé son beau-père dans la cathédrale de Sienne puis s'était proclamé gouverneur de la ville. Depuis, il s'occupait à provoquer des éboulements du haut du mont Amiata dans l'espoir de réduire quelque passant à néant.

Le 25 septembre 1502, Vitelli et Oliverotto se retrouvèrent à Todi, où ils avaient concentré leurs troupes, et décidèrent de ne plus obéir à César. Ils convinrent de tenir une assemblée à Magione, près de Pérouse. S'y rendirent le cardinal Pagolo, le duc de Gravina, tous deux de la famille des Orsini, Gian Paolo Baglioni, tyran de Pérouse, et Antonio da Venafro, envoyé par Pandolfo Petrucci. Ce Venafro, quoique féroce ennemi de César et favorable au complot, assista à la réunion moins pour leur prêter son épée que pour les mettre en garde.

Ils discutèrent longuement des projets d'agrandissement de César et s'accordèrent sur la nécessité de mettre un frein à son avidité. Ils projetèrent de gagner les Florentins à leur cause, puis, avant de se séparer, jurèrent de ne pas abandonner Giovanni Bentivoglio, tyran de Bologne contre lequel le duc de Valentinois s'apprêtait à marcher. Oliverotto ajouta :

– Messieurs, nous venons tous de faire le serment de mourir dans la réalisation du but que nous nous proposons. Nous allons en armes passer le Rubicon. Mais Dieu sait que c'est malgré nous.

– Mes amis, conjura Venafro, ne vous engagez pas dans ce combat, vous succomberiez. Le duc est un homme redoutable contre lequel on ne peut rien faire.

– Vous refusez d'entrer dans notre conjuration ? interrogea Oliverotto avec arrogance. Pourquoi nous suivez-vous ?

– Pour vous sauver, si je le peux.

– Prétendez-vous arrêter nos bras ? demanda Vitelli.

– Je me jetterai entre vous et le danger.

– Vous serez des nôtres, Dieu soit loué !

– Veillez sur vos jours, reprit Venafro, ce n'est pas une guerre que cette lutte, c'est une révolte. Le nombre vous écrasera.

– Ne craignez rien, ajouta Vitelli, nous sommes sûrs de nos épées.

– *Messer* Venafro, conclut Oliverotto, vous connaissez les méthodes de César Borgia. Tous les traîtres sont abattus, et c'est ce qui nous attend si nous échouons. Cependant, je ne voudrais pas que vous soyez la cause de cet échec en vous montrant un peu trop bavard. Par conséquent, je préfère prendre mes précautions.

Sur ces mots, il tira sa rapière en un clin d'œil et transperça Venafro de sa lame. L'homme s'effondra les yeux grands ouverts. Un filet de sang s'échappa d'entre ses lèvres.

La nouvelle de la conspiration parvint à Rome le 2 octobre. On annonçait que les troupes rassemblées par les traîtres étaient fortes de 9 000 hommes de pied, sept cents hommes d'armes et quatre cents arbalétriers. Il était convenu que Bentivoglio se porterait vers Imola, tandis que les Orsini et Vitelli enlèveraient Urbin, encore aux mains de César.

Quelques jours plus tard, profitant d'un transport de bois de charpente qui embarrassait le pont-levis, les conjurés s'emparèrent de la citadelle San-Leo d'Urbin, en chassèrent les hommes du duc de Valentinois et rappelèrent de son exil à Venise le gouverneur Guidobaldo de Montefeltro.

Les membres de la diète de Magione ayant eu vent de la révolte d'Urbin envoyèrent leurs témoignages de soutien aux conjurés, rassemblèrent leurs troupes pour s'emparer de toutes les places fortes appartenant à César puis dépêchèrent des députés à Florence pour presser la Seigneurie de se joindre à eux. Mais plutôt que se rallier, les Florentins déléguèrent à Imola Nicolas Machiavel, secrétaire de la république et représentant officiel de la Seigneurie auprès de César.

Machiavel avait alors trente-trois ans. Il venait de se marier et c'est bien à contrecœur qu'il se transporta à Imola. Il fut reçu dans le palais de la ville par Agapito Gerardino, qui le conduisit à la lueur des torches jusqu'à la chambre où son maître était en plein travail. Cette rencontre fut plus tard qualifiée de mémorable, sinon d'historique, lorsque l'on connaît l'admiration que Machiavel portait au duc de Valentinois[1]. Lorsqu'il le vit à Urbin, son impression fut si vive qu'il écrivit bientôt : « Ce seigneur est très splendide et magnifique, et a un tel génie des armes qu'il n'y a rien d'assez grand pour ne pas sembler petit en comparaison de lui. Pour conquérir la gloire ou pour accroître sa puissance il ne se repose jamais, et il ne connaît pas la fatigue ni le danger. Il est à son but avant que d'avoir quitté son point de départ. Il se rend populaire à ses troupes et a pris à son service les meilleurs soldats d'Italie. Ces choses, combinées avec son infaillible bonne fortune, le rendent victorieux et dangereux. »

Machiavel informa le fils du pape du complot ourdi contre lui et lui offrit l'aide de Florence. César comprit que la réussite de la conjuration de Magione pouvait conduire à sa ruine et qu'il pouvait perdre son duché de Romagne pour toujours. Il répandit des émissaires dans toute l'Italie avec mission de recruter de nouvelles troupes. Les soldats d'aventures vinrent

1. Cette admiration donnera naissance à l'un des ouvrages les plus importants de son temps : *Le Prince*.

se grouper sous sa bannière. S'il était cruel, on le savait puissant, riche, libéral. De grands condottieres à la solde de Rodrigo vinrent proposer leurs services au duc son fils. Sanseverino, dit Fracassa, se vit confier la conduite des nouveaux hommes. Luigi de la Mirandole, Galeazzo Pallavicini, Raffaelle dei Pazzi se présentèrent avec des compagnies déjà formées et composées de mercenaires gascons, suisses, espagnols, français, italiens. Ranieri della Sassetta, Francesco de Luna offrirent leurs arbalétriers à cheval. En Romagne même, fidèle à sa fortune et confiante en son habileté, César recruta aisément des capitaines éprouvés. Quant à ses compatriotes espagnols, chefs de bandes qui le servaient déjà, il leur abandonna la défense des villes, le commandement des forteresses, les responsabilités les plus hautes, les postes les plus difficiles.

Fort de cette armée reconstituée, il ne put cependant entreprendre dans l'immédiat de se jeter sur les conjurés. Depuis sa première rencontre avec César à Imola, la Seigneurie de Florence, face à l'avancée des conspirateurs, avait envoyé l'ordre à Machiavel de persuader le duc de Valentinois de rappeler toutes ses garnisons et d'enjoindre ses capitaines de se retirer dans leurs lignes. À Pesaro, Michelotto ne se résigna pas à battre en retraite sans porter des coups terribles aux villes qui venaient de se soulever. Il livra les villes de Pergola et de Fossombrone aux flammes, au pillage, au massacre. Les femmes se jetèrent dans le fleuve avec leurs enfants plutôt que d'être torturées par les hommes de Michelotto.

Le 12 octobre, Guidobaldo de Montefeltro fit son entrée à Urbin, entre Vitelli et Oliverotto, et suivi par celui qui l'avait accompagné en exil, Giovanni Maria Varano. Ce dernier avait organisé le retour du gouverneur et se gaussait déjà un peu partout où il passait de pouvoir bientôt écraser son ennemi juré César Borgia, non sans avoir d'abord repris

Camerino, fief de sa famille. Michelotto se chargea personnellement de venger son maître de cet insolent clabaudeur. Implacable dans sa justice, il s'en prit à son fils Giulio Cesare, qui tentait de gagner la plage de Pesaro. Il le ramena captif à Camerino et fit annoncer par les rues son exécution publique fixée au lendemain.

Le jour suivant, la foule se pressa en masse au pied de l'échafaud dressé devant le porche de San Francesco. Le jeune condamné fut étranglé par un bourreau maladroit puisqu'il survécut à son supplice. Le croyant mort, Michelotto se retira tandis que la multitude entraînait le fils Varano dans le couvent de la ville. Cet étrange mouvement de foule intrigua l'impitoyable factotum de César, qui s'informa. Le lendemain, il se fit livrer de force le condamné par le père abbé du monastère et confia à son entourage qu'il lui réservait un autre sort. Quant au père, Giovanni Maria Varano, il était tombé le matin même entre les mains de ses affidés.

Burckard interrompit son récit pour confier à Francesco qu'une légende relative aux Varano était très répandue dans la région.

– Je te la narrerai un autre jour, ajouta-t-il, car nous devons poursuivre avec notre conjuration.

– J'aurais tant voulu la connaître aujourd'hui, Monseigneur.

– La rébellion contre César ne t'intéresse-t-elle donc pas ?

– Au contraire, mais j'aime aussi les légendes.

– Comme tu voudras.

Et Burckard conta :

Le 23 octobre, lendemain de son arrestation, Varano père, revêtu d'une camisole blanche et les mains liées à la queue d'un cheval, fut à son tour conduit devant le porche de San Francesco, où il devait être décapité. Une foule considérable s'était massée au pied de l'échafaud, dont le bourreau lui fit gravir les degrés sans ménagement. Varano s'agenouilla près du billot. L'exécuteur leva sa lourde hache, lentement, mais resta soudain comme pétrifié, observant la foule, puis, au bout d'un instant, reposa sa hache sans avoir fait son office. Michelotto s'approcha de l'échafaud.

– Et alors, bourreau, tu as la main qui tremble ? lui lança-t-il.

– Je ne peux pas, *messer*, je ne peux pas.

Il demeurait dans un étrange état de prostration.

– Comment ça, tu ne peux pas ?

Il ne répondit pas et choisit de quitter la scène de l'exécution. Michelotto, resté seul avec le condamné, se tourna vers la foule.

– Ce condamné, cria-t-il en désignant Varano, sera exécuté aujourd'hui. Le bourreau qui vient de partir aura à me répondre dès ce soir de sa fuite. En attendant, il nous en faut un autre. Y a-t-il parmi vous un volontaire ?

Des murmures d'indignation parcoururent la foule.

– Il y a bien quelqu'un parmi vous qui sache trancher la tête à un condamné ? reprit Michelotto.

– Tu n'as qu'à lui couper le cou toi-même, cria un homme dans la foule. Ce n'est pas notre affaire. Et puis on te sait très habile pour ce genre d'ouvrage.

Un spectateur aux muscles noueux fendit brutalement la foule.

– Je vais vous l'escamoter, cette tête, moi, s'écria-t-il triomphalement.

Il monta les marches de l'échafaud et saisit la hache à bout de bras. Mais alors qu'il allait l'abattre sur le cou de Varano, un phénomène étrange le fit observer autour de lui, les yeux vidés de toute expression, sans pouvoir achever son geste. À son tour, il demeura figé, posa la hache et prit la fuite. Au bout d'un instant, consternés et n'espérant plus rien, les spectateurs se dispersèrent.

Quand la place fut vide, Michelotto monta trouver le condamné.

– Tu n'es pas pour autant gracié, gredin, lui dit-il.

Jusqu'au soir, dans tout Camerino, on ne parla que de l'incident, du gouverneur qu'un miracle ou une sorte de magie avait sauvé de deux exécutions successives. Les gens présents sur le lieu du supplice contaient des histoires exagérées à ceux qui ne s'y étaient pas trouvés. Le condamné, agenouillé, s'était brusquement levé, avait observé le bourreau dans les yeux puis l'avait envoûté. Le regret de ne pas avoir assisté à la mort de Varano laissait les gens les plus lésés se consoler en créant des histoires les plus invraisemblables.

De son côté, Michelotto alla trouver le gouverneur dans son cachot.

– Je cherche à savoir ce que tu as fait à ces deux hommes pour qu'ils ne soient pas parvenus à te trancher la tête, lui dit-il.

– Puisque je dois mourir, qu'on en finisse ! Est-ce ma faute si vos exécuteurs ne savent pas faire leur travail ?

– Un autre bourreau sera là demain. On dresse à nouveau ta potence. Si tu es maléfique, nous le saurons vite.

Le jour suivant, la ville entière envahit les rues pour voir passer Varano que l'on conduisait au supplice. Depuis « l'exécution » précédente l'affluence avait doublé. Tous les marchands avaient fermé leurs boutiques. Les croisées, noires de monde, avaient été louées à un prix deux fois plus élevé que celui de la veille. L'exécution faisait recette.

Cette fois-ci, la foule se montra d'un enthousiasme débordant et prit quasi partie pour le condamné dont la réputation d'ensorceleur donnait un vif intérêt au spectacle qui allait avoir lieu. Arrivé place San Francesco, Varano monta sur l'échafaud où l'attendait un nouvel exécuteur, grand et puissant, l'air grave et presque répugnant. Mais on ne l'avait informé de rien. Il leva la hache, demeura un instant subjugué puis s'apprêta à fuir. Une clameur de joie s'éleva de la multitude au moment où il descendait les degrés de l'échafaud.

– Emparez-vous de lui ! ordonna Michelotto à ses soldats.

Les hommes en armes tentèrent de le saisir mais l'un d'eux, par maladresse, lui empala le cœur avec sa lance.

Varano comparut devant un tribunal dont Michelotto s'était improvisé président. Une cohorte de prélats l'assistaient, assis au fond de leur chaire, la mine sévère, avec aux mains plus de bagues que de doigts. Il y avait là un inquisiteur monastique, un évêque diocésain et des dignitaires du clergé séculier.

– Nous savons, prononça Michelotto, que tu es un sorcier.

Varano nia de toute son énergie. On délibéra et décida de le mettre à la torture. Après qu'on lui eut fait absorber de force le contenu de plusieurs coquemars, il avoua contre son gré avoir fait montre de sorcellerie lorsqu'il était sur l'échafaud.

– La Question à laquelle tu viens d'être soumis, déclara Michelotto, était ordonnée par Dieu. Il t'a déclaré coupable.

– Le diable te parcourt le sang, opina l'évêque diocésain, tu périras sur le bûcher car le diable appartient au feu. Tu contenteras les vœux de Dieu et tu iras trouver l'enfer de son ennemi.

– La sentence a été rendue, reprit Michelotto, le bûcher t'attend.

Le bûcher attendait Varano, en effet, et on l'y mena dès le jour suivant. Tout Camerino était là, bordant les rues, noircissant les façades des maisons. On vit arriver Varano place San Francesco. Ce n'était plus un condamné quelconque, c'était Varano. Le bourreau était un prisonnier auquel on avait promis la liberté en échange de son service. On débarrassa Varano de ses chaînes, on le hissa sur le bûcher et on le lia à l'estache avant de l'enduire de graisse de lard. Michelotto ordonna d'embraser les fagots. Le prisonnier s'exécuta.

– Approche donc un instant, mon ami, lui demanda alors Varano, j'ai à te parler.

– Non, sois maudit, répondit l'homme. Tu ne me parleras pas, tu ne m'ensorcelleras pas.

– Qui t'a fait croire que j'ensorcelais ?

– Laisse donc cela, fils de Satan, et meurs en me laissant en paix !

Les deux hommes se parlaient si près que personne ne prenait garde à leur conversation. Varano se tenait droit le long de son estache, les yeux contemplant le ciel comme s'il mesurait la faible distance qui l'en séparait.

– Si tu ne veux pas me regarder, reprit-il, regarde au moins au premier rang cette petite fille.

– Je ne vois personne au premier rang, fit le bourreau en tressaillant et en évitant le regard du condamné.

– Regarde mieux. Je suis le père de cette petite fille.

– Cesse donc, le feu va grandir.

– Alors dépêche-toi, regarde-la, elle est à trente pas du bûcher, c'est la plus belle de toutes les petites filles.

L'homme ne put résister. Il observa le premier rang de la foule et aperçut une fillette qui regardait mourir son père avec un regard saisissant de peine. Elle était blonde, délicieusement bouclée, fascinante, dévorée de beauté.

– N'as-tu pas le sentiment que c'est cette délicate petite fille que tu es en train de faire griller ? interrogea Varano.

Les entrailles du bourreau se nouèrent.

– Elle n'a plus sa mère, morte en la mettant au monde. Si je meurs à mon tour elle n'aura plus personne pour s'occuper d'elle. Est-ce cela que tu veux ?

– Que fais-tu, imbécile ? cria cependant Michelotto à l'exécuteur qui ne se décidait pas à redescendre. Tu veux rôtir avec cet animal ?

Le feu léchait la base du bûcher. De petites colonnes de fumée se hissaient jusqu'au condamné.

– Arrêtez ! cria subitement le bourreau, arrêtez tout et sauvez-le ! Éteignez les flammes, vite !

Il se dirigea vers Varano et le défit de ses liens. En fuyant avec lui, il se prit la jambe dans les fagots et ne put la dégager. Il était trop tard pour le sauver, les flammes l'avalèrent, tandis que des archers tenaient le condamné en respect.

– Jetez-le au feu ! leur cria Michelotto.

– Non, Messire, lança un soldat, nous ne pouvons le faire, nous avons peur.

– Peur de quoi, traîtres que vous êtes ?

– Jetez-le vous-même, Messire, dit un second soldat.

Le soir, un lac de cendres, au milieu de la place, se faisait fouetter par le vent.

Giulio Cesare Varano, fils du condamné, suivait César Borgia dans sa conquête de la Romagne. Il avait son estime et ses faveurs. En apprenant la condamnation de son père, il gagna Camerino à bride abattue.

– Père, lui dit-il d'un ton consterné en pénétrant dans sa cellule, j'ai appris votre condamnation à mort. On m'a fait aussi part de cet étrange pouvoir que vous avez sur les bourreaux. Comment peut-on croire que vous soyez la réincarnation du diable ? Le duc César ne peut rien me refuser et il m'accordera votre grâce.

– Alors, mon fils, dites-lui bien que si chaque exécuteur me laisse malgré lui la vie, ce n'est pas à cause du diable ou grâce à lui, mais au pouvoir d'une belle et adorable fillette.

– Quelle fillette, père ?

– Le jour de ma première exécution – ah ! ma première exécution, comme c'est étrange de parler ainsi ! – en montant sur l'échafaud, j'ai remarqué au premier rang de la foule une fillette dotée d'une sagesse divine et qui, délicieuse comme elle était, avec son regard profond entre autres merveilleuses choses, semblait un ange au milieu de toute cette population qui s'agitait comme un démon. Je ne sais qui elle était, qui l'accompagnait, mais elle a tout de suite attiré mon attention. Une idée m'est alors venue. Quand le bourreau a levé sa hache pour me découper, je me suis adressé à lui, à voix basse. Je lui ai demandé de regarder cette douce enfant inondée de beauté. Je l'ai attendri, lui ai fait croire que j'étais le père de ce petit ange qui allait rester seul au monde, que ceci, que cela. Et alors le miracle s'est produit. Par la suite, à chacune de mes exécutions, cette fillette s'est trouvée là, toujours au même endroit, comme si Dieu l'y avait déposée pour mon salut, et alors j'endormais à nouveau le bourreau avec ma belle tirade.

– Père, je ne vous ai pas demandé pour quel crime vous avez été condamné.

– Oh ! mon fils, j'ai tué une petite fille de l'âge de celle qui, elle, m'a plusieurs fois sauvé la vie et dont je viens de vous parler. J'ai tué la fille d'un prince, un soir, dans son parc, après avoir abusé d'elle et lui avoir fait connaître toutes sortes de tourments inavouables. Je venais d'être pris de démence comme cela m'arrive fréquemment depuis la mort de votre mère. Cette fillette était celle que nous aurions pu avoir avec Magdalena, après en avoir tant rêvé.

Giulio Cesare n'en crut pas ses oreilles.

– Vous avez tué une enfant, père, vous l'avez torturée ?

– Oui, mon fils, oui.

– Je demanderai votre grâce au duc de Valentinois, je vous en fais le serment. La mort de ma mère vous tourmente, comme toutes les inconsolables absences. J'ai perdu ma mère, je ne veux pas perdre mon père.

Quelque temps plus tard, Giulio Cesare, de retour en Romagne, vint à nouveau rendre visite à son père.

– J'ai rencontré le duc, lui dit-il. Il m'a parlé de votre grâce en d'étranges termes.

– Il ne me l'a pas accordée ? s'inquiéta Varano.

– Disons que nous devons espérer que cette fillette dont vous m'avez parlé sera présente le jour de votre exécution. C'est la dernière fois que vous monterez sur l'échafaud et si l'on ne peut décidément pas vous exécuter, m'a dit Son Excellence, vous serez pour de bon gracié et remis en liberté. Il m'a donné sa parole.

– Je comprends donc. Cette fillette doit absolument se trouver à mon exécution si je veux être sauvé. Mais je le serai, mon fils, elle vient toujours, je vous l'ai dit. C'est elle qui va me gracier. Je suis confiant, oui, je suis confiant.

– Moi aussi je suis confiant, père. Je vous aime.

– Et quand doit avoir lieu l'exécution ?

– Demain.

– Encore un jour et je serai libre.

Le lendemain, place San Francesco, il y avait tant de spectateurs que beaucoup d'entre eux avaient les pieds dans la rivière qui coulait à la sortie de la ville. Varano monta sur l'échafaud. Le nouveau bourreau, curieusement, avait cette fois une cagoule sur la tête. Varano jeta un œil sur la foule et aperçut la petite tête blonde et bouclée de la fillette envoyée par le Ciel. Il eut un sourire de bonheur. Il se savait sauvé. Il s'agenouilla, posa sa joue sur le billot. Le bourreau s'approcha de lui et, d'un grand geste, retira soudain sa cagoule. Varano leva les yeux vers lui. Alors il vit la mort. Le bourreau était son fils, son propre fils, Giulio Cesare, qui levait la hache pour lui trancher le col.

– Mon fils ! cria Varano d'une voix effroyablement blanche, mon fils, regardez donc cette douce petite fille blonde au premier rang…

Mais il s'interrompit, s'apercevant avec horreur que ce qu'il disait n'avait plus aucun sens. Tout en maintenant sa hache au-dessus de lui, Giulio Cesare lui dit :

– Le duc vous avait gracié, mais je lui ai demandé de revenir sur sa décision. Le crime que vous avez commis est trop affreux. Adieu, père !

Et il abattit avec une poigne terrible le lourd instrument de décollation sur la nuque de son père. La tête du supplicié ne se détacha pas tout de suite. Giulio Cesare Varano, éclaboussé, couvert de sang, asséna un second coup. Un morceau de chair jaillit et retomba à quelques pas du billot. Au bout d'un long instant, Varano, le cou entrouvert, le sang fuyant à grandes mares, commença seulement à rendre l'âme, et ses yeux gorgés de tourmente signifiaient que son agonie était terrible. Pour en finir avec l'ouvrage, le fils posa la hache sur le sol inondé de sang, mit un genou sur le dos de son père puis lui déchira avec les mains la nuque à demi entamée.

DIARIUM XV

Comment César, le « Prince » de Machiavel, devient maître de l'Italie.

Hormis quelques défections de capitaines signalées à Rimini et à Pesaro, les chefs des armées pontificales restaient fidèles à César, brandissaient l'étendard aux couleurs du taureau des Borgia et écrasaient les rébellions dans l'œuf en faisant pendre aux fenêtres du palais de Cesena les félons qui tentaient d'entraîner les populations. César n'ignorait pas que s'il ruinait les villes et les campagnes il s'aliénerait les habitants. Avec eux, il se montra donc docile pendant toute la conjuration. Il promit de ne pas les surcharger d'impôts, leur distribua des grâces, répondit généreusement à toutes leurs sollicitations, fit remettre en liberté quelque parent prisonnier ou quelque soldat réfractaire.

C'est dans ce contexte qu'il reprit Urbin et réexpédia Guidobaldo de Montefeltro dans son exil vénitien. Il demanda de nouveaux renforts au roi de France pour reconstituer son armée et reçut cinq cents lances supplémentaires. Tandis que les conjurés s'avançaient et se portaient sur Fossombrone, où une partie de son armée s'était retranchée, Pandolfo Petrucci lui fit savoir que Sinigaglia, place forte de l'Adriatique, était tombée entre leurs mains, mais que seul Andréa Doria, défenseur de la citadelle de San Leo, refusait de capituler.

Parti de Cesena à la mi-décembre, César marcha vers Sinigaglia et se présenta sous ses murs à la tête de 3 500 condottieres italiens et autant de soldats étrangers. Il disposa une partie de sa cavalerie à l'entrée du pont, une seconde près de la rivière Misa, une troisième face à la campagne, qui laissa le passage à l'infanterie. Vitelli, Pagolo et le duc de Gravina, vêtus d'un manteau d'hermine doublé de vair, vinrent à sa rencontre. Comme à son habitude, Michelotto était à ses côtés. Il avait conduit jusqu'à Sinigaglia une avant-garde de deux cents lanciers. Remarquant l'absence d'Oliverotto, César s'inquiéta de savoir où il se trouvait. Les conjurés lui répondirent qu'il était resté avec ses troupes dans Sinigaglia pour tenir en respect les défenseurs de la citadelle. César se tourna vers Michelotto et, d'un signe de tête à peine perceptible, lui signifia de se rendre auprès d'Oliverotto pour le retenir et, le cas échéant, l'empêcher de fuir. L'homme piqua violemment sa monture et partit au galop en direction de la ville.

Dans l'après-midi, César fit donner l'assaut de la citadelle. Les défenseurs se rendirent sans résistance. Seul Doria et ses principaux capitaines parvinrent à prendre la fuite vers Venise à bord de navires surchargés. César invita Vitelli et Oliverotto à pénétrer avec lui dans la ville conquise, ce qu'ils acceptèrent sans méfiance. Lorsqu'ils virent Michelotto faire encercler leurs troupes, ils comprirent les intentions du capitaine. Il était trop tard. Ils furent saisis par une poignée de gentilshommes alors qu'ils gravissaient les escaliers du palais Bernardino.

– Où se trouve Pandolfo Petrucci ? leur demanda César avant qu'on les emmène.

À présent que Petrucci lui était devenu inutile, il cherchait à s'emparer de lui. Il ne l'avait pas revu depuis Imola et n'était pas certain que, depuis, il se soit réfugié dans son fief de Sienne.

Comme aucun des conjurés ne répondit, il leur asséna un coup de poing à chacun.

– À Magione, finit par répondre Oliverotto, il s'est fait représenter par Venafro, que nous avons dû supprimer car il nous aurait dénoncés.

– Je me fiche de Venafro. Où se trouve Petrucci ?

– Excellence, intervint Michelotto, ces hommes vous diront ce qu'ils voudront.

César n'insista pas et se retira dans les appartements du palais.

Nicolas Machiavel arriva dans la ville l'heure suivante, alors que les troupes de Michelotto n'avaient pas encore achevé de désarmer celles des conspirateurs et pillaient plusieurs boutiques vénitiennes. Il s'apprêtait à se rendre au palais pour obtenir des nouvelles, lorsque César en sortit, armé de pied en cap et lui dit :

– La chance m'a souri, et j'ai su la saisir. Je viens de faire une chose, mon cher Machiavel, qui devrait fort réjouir votre *Signoria*.

Puis il monta à cheval et s'éloigna au galop pour remettre lui-même de l'ordre parmi ses troupes. Il fit pendre des coupables aux anneaux de fer du palais et à divers autres édifices de la cité. Machiavel écrivit à sa Seigneurie : « Ici, chacun commence à s'étonner que vos seigneuries n'aient pas écrit ou fait dire quelque chose à ce prince pour le féliciter de ce qu'il a fait dernièrement, car il pense que vous lui avez quelque obligation, en disant qu'il vous en aurait coûté 200 000 ducats pour vous débarrasser de Vitelli et détruire les Orsini, et que d'ailleurs vous n'auriez pas réussi comme lui. » Puis expliquant la situation à Sinigaglia, il ajouta : « D'une part est ce Seigneur, plein d'audace, chanceux et optimiste, soutenu par un pape et par un roi, qui a été lésé par eux non dans un État qu'il voulait acquérir, mais dans un qu'il avait déjà acquis ; tandis que nous les voyons jaloux de leurs États et effrayés de sa grandeur avant de lui avoir fait injure, et maintenant encore beaucoup plus depuis qu'ils lui ont causé ce tort. Et nous ne voyons pas comment il sera capable de pardonner l'injure ou comment eux le seront de bannir leur crainte. »

En effet, Vitelli et Oliverotto furent étranglés à la tombée de la nuit après avoir imploré l'indulgence du pape. Bianchino da Pisa, autre condottiere de César, avait profité de la rébellion pour s'emparer de l'or déposé dans les coffres de la banque de Loniellini. Il fut jugé et condamné. Son complice, Francesco Trozo, restait en fuite avec 70 000 ducats d'or. Il fut arrêté plus tard et son exécution maquillée en suicide. Quant au cardinal Pagolo, César l'envoya à Rome, où son père le fit emprisonner au château Saint-Ange.

D'Acquapendente, il s'empressa d'apprendre aux princes d'Italie la nouvelle de sa victoire sur les conjurés et leur demanda des prières d'action de grâces pour remercier le Ciel de l'avoir épargné. Il estima que chacun devait se réjouir de la fin de ces despotes et que le pays tout entier devait vanter son action éclatante. Isabelle d'Este, marquise de Mantoue, lui fit parvenir cent masques pour le prochain carnaval. Il lui répondit, insistant sur sa victoire, qu'il se félicitait d'avoir libéré de la tyrannie Cita di Castello, Fermo, Cisterna, Mantoue et Pérouse, et purgé l'Italie de ces monstres. Puis il la remercia pour l'envoi des masques :

« Il nous a été très agréable de les recevoir en raison de leur grande variété et de leur rare beauté. Ces masques nous causent surtout un très grand plaisir parce qu'ils proviennent de la bienveillance fraternelle et spéciale que vous éprouvez, nous en avons la certitude, pour nous, ainsi que l'illustrissime Seigneur votre époux. Nous nous en servirons et leur beauté parfaite nous évitera l'ennui d'avoir à nous occuper d'autres parures. Dans le voyage que nous allons faire à Rome, nous nous emploierons pour que Sa Sainteté Notre Seigneur en achève l'accomplissement. »

Rodrigo apprit la fin de la conjuration de la bouche de l'ambassadeur de Venise Antonio Giustiniani. Comme César, il eut le triomphe modeste.

– Il faut que ce duc ait toujours du génie, déclara-t-il à l'ambassadeur. Je souhaiterais qu'il soit un peu moins prodigue. S'il est ici pour le carnaval, il ne manquera pas de se livrer à quelque folle escapade et de jeter des milliers de ducats en plus de ceux que nous avons dépensés.

Il est vrai que César était capable de mener à bien les entreprises qu'il avait conçues, grâce à ses singulières qualités naturelles ou acquises, la vivacité de son génie, sa sagacité, sa pénétration en toute chose. Ces qualités lui étaient d'un grand secours dans l'administration, la conduite et l'organisation de ses troupes et de ses villes conquises.

– J'ai déjà pu vous dire, ajouta Rodrigo, toujours à l'adresse de Giustiniani, que, bien que nous soyons de nationalité espagnole et que, d'une certaine manière, nous puissions être favorables à la France, nous autres Borgia sommes en réalité italiens. Nos racines sont en Italie, c'est là que nous devons vivre. Nous verrions bientôt notre ruine si nous laissions gouverner le pays par quelqu'un d'autre. César a écrasé la charogne qui nous menaçait et je l'applaudis des deux mains.

Le mois de janvier débuta par la traditionnelle cérémonie d'Obédience, pendant laquelle les cardinaux renouvellent leur vœu de fidélité au pontife. En dépit de leur serment d'allégeance, le cardinal Giambattista Orsini et deux de ses partisans furent arrêtés par Rodrigo le lendemain, au moment où ils pénétraient dans la salle du Perroquet. Tous trois allèrent rejoindre le cardinal Pagolo et les révoltés de Viterbo au château Saint-Ange. Les Orsini allaient mourir dans leur détention, Giambattista le dernier, le 22 février. Rodrigo fut accusé de les avoir empoisonnés. Mais, coupable ou non, il n'avait cure de ce que l'on pouvait penser de sa conduite. Il menait à bien toutes ses affaires et ne songeait qu'à se réjouir des succès de César et à les célébrer. Du reste, il fit venir les notables de Rome et leur dit :

– Les mauvais sont prisonniers. Que les bons restent et qu'on s'amuse !

Le carnaval avait commencé quelques jours plus tôt, peu après Noël. Rodrigo organisa une étrange procession sur la place Saint-Pierre. D'abord il bénit et distribua des cierges dans la grande chapelle. Puis le défilé commença, qu'il observa de son balcon du palais. Les cardinaux, vêtus de chasuble avec un écusson à trois dés, ouvraient la marche à trente chars sur lesquels se dressaient des pénis démesurés. Des groupes de satyres, tirant des boucs ornés de guirlandes, et des hordes de bacchantes suivaient des écuyers montés sur des ânes. Ils portaient les masques envoyés par Isabelle d'Este. Les bacchantes étaient à demi nues ou couvertes d'une simple peau de tigre passée en écharpe, les cheveux épars, tenant des torches allumées et s'abandonnant aux mouvements les plus impétueux et les plus lascifs. Des enfants marchaient parmi elles tout en s'exerçant à sauter sur des outres enflées et à passer entre des phallus ornés de fleurs et suspendus à des colonnes. Tous s'acheminèrent vers un temple érigé provisoirement sur une éminence de la ville et devant le portique duquel s'élevaient deux autres phallus, colossaux et d'une hauteur prodigieuse. L'or brillait sur les portes et des statues d'or enrichies de pierreries formaient une haie à son entrée.

Pendant ce temps, après s'être emparé de Sinigaglia, César jeta les yeux sur Sienne pour se débarrasser de Pandolfo Petrucci. Il s'ouvrit à Machiavel de ce qui était devenu une obsession :

– Les individus, lui confia-t-il, qui étaient les ennemis communs de tes seigneurs et les miens sont en partie morts, en partie prisonniers, en partie fugitifs ou assiégés dans leurs foyers. Parmi ceux-ci se trouve Pandolfo Petrucci, qui doit être le dernier obstacle pour notre entreprise et la sûreté des États communs. Je ne regarde pas comme difficile de l'expulser de Sienne, mais je voudrais l'avoir entre mes mains, et, dans ce but, le pape songe à l'endormir par des brefs, en lui montrant qu'il lui suffit de lui voir pour ennemis ses ennemis. En attendant, j'avance avec l'armée, car il est bien de tromper ces hommes qui sont passés maîtres en trahison. Les ambassadeurs de Sienne, qui sont venus me trouver au nom de la *Balia*, m'ont fait de belles promesses, et je les ai assurés que je n'en veux pas à leur liberté, mais que mon seul désir est qu'ils chassent Petrucci. Cette commune doit me croire quand je lui dis que je ne veux rien de ce qui lui appartient, mais seulement chasser Pandolfo. Je me persuade que cette commune de Sienne me croira. Mais si elle ne me croit pas, je suis prêt à marcher en avant, à mettre l'artillerie à ses portes, et à faire l'ultimatum pour le chasser. Après avoir enlevé leurs armes à mes ennemis, je leur enlèverai encore la cervelle, qui consiste tout entière dans Pandolfo et ses manèges.

César et son armée s'acheminèrent vers Sienne. Au nom de l'Église, le duc prit possession de Cita di Castello. La ville, qu'il trouva à l'abandon, était l'un des fiefs de Vitellozzo Vitelli. Le neveu de celui-ci avait trouvé refuge à Pérouse avec Gian Paolo Baglioni, l'un des autres conjurés de moindre importance. Ils tombèrent entre les mains de César, qui fit une entrée impromptue dans la ville. Conduits prisonniers à Sartiano, près de Castel della Pieve, ils furent incarcérés dans la même cellule que Giulio Cesare Varano. Le 18 janvier, Michelotto procéda à l'exécution publique des trois hommes.

César agit à Sienne de la façon qu'il avait décrite à Machiavel. Cependant, les habitants ne voulurent rien entendre et refusèrent de lui livrer Pandolfo Petrucci. Le duc réclama et obtint une rencontre avec les officiers de la ville :

– Je jure devant Dieu, leur déclara-t-il, que si dans vingt-quatre heures vous n'avez point chassé Pandolfo, je regarderai chacun de vous comme Pandolfo lui-même, et, sans rémission, procéderai à l'extermination de tous vos sujets et tous vos biens. Vous serez réduits à un tel état d'abattement que vous serez à jamais hors d'état de me nuire. Vous devriez avoir à mon égard la plus profonde obligation, puisque je viens ainsi sans même exiger de vous le plus faible concours et la plus minime dépense, me prêter avec autant d'ardeur à libérer votre patrie d'une aussi odieuse tyrannie.

Les Siennois ne tinrent aucun compte des menaces de César, si bien que l'ultimatum écoulé, le Valentinois lança ses troupes à travers les territoires appartenant à Sienne. Pienza, Chiusi, Castel della Pieve, San Quirico furent le théâtre d'effroyables exactions. Les morts se comptèrent par centaines. À demi dénudés, ils gisaient tortueusement, massacrés, mutilés, pendus par les pieds au-dessus d'un feu qui mollissait, accrochés par la gorge à des rôtissoires improvisées. Face à une telle rigueur, le courage et la résistance des Siennois vinrent à fléchir. Une délégation de citoyens se rendit au conseil de la Balia pour protester de l'injustice qui leur était faite. Payer cruellement pour sauver la tête seule de Petrucci leur paraissait invraisemblable. Les officiers se désolidarisèrent alors du gouverneur, qui se résigna à se retirer après avoir autorisé le conseil à traiter en son nom.

César n'allait jamais retrouver Petrucci. Mais il était à présent maître de la Romagne et les États d'Italie étaient devenues des propriétés personnelles des Borgia. Louis XII, préférant de toute évidence qu'un Borgia règne en Italie plutôt qu'en France, fit savoir au duc de Romagne qu'il renonçait au royaume de Naples à son bénéfice.

La Romagne bénéficiait d'un gouvernement d'une grande organisation et qui faisait observer la loi. Son armée était la seule grande armée d'Italie. Représentant le pape, César régnait souverainement dans le centre du pays. Il parcourait sans cesse ses domaines pour contrôler la restauration de l'ordre, consolider ses victoires et il écrasait impitoyablement la plus petite trace d'opposition. Machiavel l'avait en grande admiration. Il affirmait que de tous les princes, il ne pouvait en trouver un aussi rayonnant et vigoureux que César Borgia.

Lorsqu'il s'absentait de Cesena, où il avait établi ses quartiers généraux, César en abandonnait l'administration à Ramiro de Lorqua, l'un de ses fidèles majordomes, un prince espagnol qui avait accompagné Lucrèce dans son voyage à travers ses territoires conquis. C'était un monstre taché de sang, un géant impitoyable pour qui la vie d'autrui n'avait aucune valeur. Un soir d'hiver, alors qu'il soupait dans sa citadelle, il réclama du vin. En lui apportant un flacon de malvoisie tout frais, un page glissa sur le pied d'un hallebardier et se retrouva à terre. Dans sa chute le vin éclaboussa la cheville de Ramiro de Lorqua. Le gouverneur jeta ni plus ni moins le maladroit dans les flammes du feu qui crépitait dans la cheminée. Le page mourut dans d'horribles contorsions. L'odeur de la chair humaine brûlée qui se mélangeait au fumet des viandes n'incommoda nullement Lorqua, qui réclama à nouveau du vin.

Cette horrible sentence montrait de quelle manière il parvenait à imposer dans la région un état de relative tranquillité. Les populations étaient épouvantées, et lorsque César revenait elles se plaignaient du gouverneur. Le duc choisit dans un premier temps de ne pas accorder de crédit aux horreurs dont on l'entretenait. Puis lorsque ses capitaines lui firent des révélations similaires, il tendit l'oreille, commença à s'émouvoir et songea que tôt ou tard il finirait malgré lui par endosser les crimes de Lorqua. C'est ce qui se produisit un jour de janvier, alors que ses troupes venaient d'enlever les villes de Chiusi et de Pienza. Les soldats pillèrent les chaumières, forcèrent les femmes, incendièrent les granges. Ils suspendirent des couples de vieillards par les bras et allumèrent un feu sous leurs pieds pour les contraindre à révéler l'endroit où étaient cachés leurs trésors. Les pauvres gens, qui ne possédaient aucune valeur, ne purent faire aucun aveu. Ils succombèrent à la torture.

La soldatesque renouvela ce sinistre exploit dans toute la région. Acquapendente, Viterbo, Montefiascone furent les malheureuses victimes des hommes du Valentinois. Le massacre le plus horrible eut lieu à Orvieto. À l'arrivée des troupes, les habitants s'enfermèrent dans la forteresse, décidés à vendre chèrement leur vie. Face à la famine qui commença à sévir, le seigneur de la ville finit par accepter de négocier avec de Lorqua. Ce dernier lui promit la vie sauve à tous à condition qu'on lui ouvre les portes du château. Le seigneur accepta. La forteresse une fois libérée, les soldats se ruèrent sur les hommes, les chargèrent de chaînes et les conduisirent dans une prairie, où ils les massacrèrent avec une cruauté sans égale. Quant aux femmes, après avoir été violées et outragées, elles furent enfermées dans une grange et brûlées vives. Ils ligotèrent à un arbre un enfant qui avait survécu et le tailladèrent à coups d'épée jusqu'à ce qu'il n'ait plus un lambeau de chair sur le corps.

La haine provoquée par ces crimes se retourna contre César. Car leur véritable auteur en était Ramiro de Lorqua, que l'on prenait pour le duc de Valentinois. Un soir, César, revenu d'une mission quelconque dans le nord de l'Italie, parut à Cesena avec quelques jours d'avance, escorté de lanciers et accompagné de Michelotto. Il immobilisa son cheval sur le pont-levis de la citadelle et enjoignit son factotum d'aller se saisir de Lorqua. Les Cesenesi virent passer le gouverneur, à pied, les mains liées à la queue d'un cheval, sa tête morbide enfouie dans le col d'une camisole.

La nouvelle de son arrestation se répandit comme une traînée de poudre. En outre, des lettres patentes furent expédiées dans toute la Romagne, proclamant que Ramiro de Lorqua serait jugé pour d'innombrables exactions et actes de barbarie. Un majordome suivi d'un clairon et d'un tambour, s'arrêtait sur toutes les places de marché pour crier :

– César Borgia de France, par la grâce de Dieu duc de Valentinois et de Diois, prince d'Andria, seigneur de Piombino, gonfalonier et capitaine général de l'Église. Pour rendre justice à Nous-même et à toutes les personnes maltraitées, et pour donner un exemple salutaire à tous Nos serviteurs présents et futurs, Ramiro de Lorqua sera jugé sur la base des dépositions rassemblées contre lui.

Les chefs d'accusation ne manquaient pas. Le gouverneur ne chercha pas à les nier. Il avoua même un acte de concussion qu'on ne lui connaissait pas. Il avait vendu les dépôts de blé de la province à des prix qu'il avait lui-même fixés. On intercepta ses coffres alors qu'ils allaient prendre la route de Venise où Lorqua devait les rejoindre. On y trouva de l'argent, des bijoux, toutes sortes d'objets précieux, y compris les chasubles tissées d'or et la mitre ornée de pierreries de l'évêque de Fossombrone.

Ramiro de Lorqua subit la terrible justice de César Borgia. Il fut écartelé puis décapité par Michelotto sur la Piazzetta, entre le palais et la Rocca Cesana, un jour d'hiver. Ce qui restait de son corps demeura plusieurs semaines à la vue de la population, qui, le soir de Noël, promena dans les rues enneigées sa tête sordide figée au bout d'une pique.

César était cruel mais il voulait que les Romagnols pensent qu'il était juste. Il justifiait ses conquêtes par le besoin de réprimer les factions et les tyrannies partielles. Il se fit applaudir pour l'exécution du gouverneur par une population qui savait pouvoir compter sur sa protection. Pourtant, il était bien le fils sanguinaire de Rodrigo Borgia. Comme lui, sans honte et sans pudeur il était implacable dans ses vengeances, érigeait le crime en système politique, ne reculait devant aucune atrocité.

Le 30 décembre de ce même hiver qui avait vu l'exécution de Lorqua, César, de retour à Rome, assista à des courses de chevaux barbes, de genets, de juments et de buffles organisées entre le Campo dei Fiori et la place Saint-Pierre. Aux vainqueurs était remis un *palio* de soie rouge. Cependant, le marquis de Mantoue, un cavalier émérite, ne reçut pas son trophée bien qu'il eût poussé le premier son cheval sur la ligne d'arrivée. César, qui participait à la course, réclama en effet après lui, considérant sans fondement qu'il avait triché. Le marquis protesta vivement, ce qui suffit à irriter César et à lui faire perdre patience. Pour éviter de s'en prendre violemment au marquis, il choisit de se divertir en se présentant à une seconde course, celle des juments. Lorsqu'il parvint sur le pont Saint-Ange, il était premier. Mais un palefrenier à cheval vint volontairement lui couper la route pour arrêter sa jument qui était en tête. Il affirma même qu'il le fit tomber. Ce palefrenier était l'un des siens, mais il prétendit qu'il appartenait en réalité au marquis de Mantoue. Arrêté sur ses ordres, l'homme fut conduit à la prison de Corte Savella et condamné au bûcher comme un vulgaire hérétique. Le lendemain, on lui trancha une main et la langue, qui fut attachée à l'un des doigts de la main coupée. Le tout demeura accroché à la fenêtre de la prison jusqu'au jour de l'exécution du palefrenier, dont il restait à fixer la date.

À Corte Savella était détenu avec lui le Vénitien Giovanni Lorenzi, coupable d'avoir traduit en latin des épigrammes féroces écrites en grec contre Rodrigo et César. Lui aussi attendait le jour de son exécution. César obtint de son père qu'il soit lui aussi envoyé au bûcher, et le même jour. Deux femmes allaient être jetées dans les flammes avec eux. La première avait sectionné le pénis de son mari adultère et était emprisonnée à Savella Ludovica. La seconde était une courtisane espagnole accusée d'avoir détroussé puis étranglé plusieurs de ses amants, dans sa villa du Pozzo Bianco.

L'exécution fut fixée au mois de février 1503, pendant les fêtes du carnaval. Le clergé de Saint-Pierre vint en grande procession chercher Rodrigo et César, le Saint-Sacrement en tête, bannières déployées, escorté par toutes les communautés ecclésiastiques qui hurlaient des cantiques et des actions de grâces. Le cortège sortit de l'église après la célébration de l'office divin, et ramena le pape, le duc et de grands dignitaires de la cour pontificale au Capitole, où les bourreaux devaient faire leur office.

Le spectacle fut digne de ceux qui y assistaient. Les ordonnateurs du supplice avaient songé à prolonger le divertissement des Borgia. Les condamnés étaient attachés par des chaînes de fer à une poutre qui jouait en bascule et les plongeait jusqu'aux genoux dans un immense brasier, puis, se relevant d'elle-même, marquait un temps d'arrêt avant de descendre encore et de se relever à nouveau.

Pendant les quelques semaines que dura le carnaval, le tumulte des réjouissances publiques n'étouffa pas les murmures et les cris des mécontents. Ceux qu'on avait persécutés, dépouillés, se livrèrent à des plaintes d'autant plus amères qu'ils virent la population portée à oublier leurs malheurs au milieu des fêtes et des plaisirs dont on la rassasiait. Les médisances personnelles étaient secrètement châtiées, noyées avec leurs auteurs dans le Tibre.

DIARIUM XVI

De l'empoisonnement de Sa Sainteté Rodrigo Borgia et de ses répercussions sur l'avenir politique de César.

– Nous arrivons au terme de notre récit, *caro* Francesco, dit Burckard en ajustant sa lunette, du moins avons-nous évoqué la vie des Borgia jusqu'en 1503. Or, nous sommes au mois d'août de cette même année. Je n'ai plus ton âge, je partirai avant toi, alors s'il te plaît d'écrire une suite que je ne connaîtrai peut-être pas, fais donc un second tome.

En disant cela, il s'approcha d'une table, dont il ouvrit un tiroir, avant de fouiller dans des documents.

– J'aimerais te lire, dit-il, une lettre que César a adressée à notre ami Nicolas Machiavel au sujet de sa justice.

Tout en faisant des pas dans la pièce, il s'apprêtait à la lire lorsque l'on frappa à la porte. Sur son invitation, Ilario entra.

– Monseigneur, dit celui-ci en demeurant sur le seuil, Maria vient d'arriver et me fait demander si vous avez besoin de ses services.

– Cette jeune fille est pleine de délicatesse. Réponds-lui que je la recevrai une autre fois. Et remercie-la. Ensuite, reviens pour ouvrir la fenêtre ; on étouffe, ici, avec cette chaleur.

Ilario s'inclina et referma la porte derrière lui. Burckard fouilla à nouveau dans ses papiers en disant :

– Je te remets la lettre que César a adressée à Machiavel. Tu la liras toi-même et en feras ce que tu voudras... Voyons, il y a d'autres documents intéressants, je le sais... Oui, tiens, voici... Je t'autorise à les utiliser comme il te plaira, *caro* Francesco.

On frappa à nouveau. Ilario traversa la pièce pour aller tirer les lourds rideaux de la fenêtre, qu'il ouvrit en grand.

– Maria, Monseigneur, dit-il, me fait dire qu'elle compte revenir la semaine prochaine.

– Diable, je tâcherai de lui trouver quelque chose à faire à cette petite. Si je ne la reçois pas, elle finira par croire que je ne veux plus la voir.

Puis soudain, se tournant vers Francesco :

– Triple idiot que je suis ! s'exclama-t-il. Je trouvais étrange son insistance à vouloir se rendre utile ! Elle te plaît, Maria, hein Francesco ? J'ai vu la manière dont tu l'observais lorsqu'elle me frictionnait les pieds l'autre jour. Comment ai-je pu oublier ? Elle, en tout cas, s'en souvient. Tu aurais dû me faire un signe, je ne l'aurais pas renvoyée. Je te promets de la faire revenir bientôt.

– Monseigneur, balbutia Francesco, vous me gênez beaucoup.

Burckard éclata d'un rire caverneux et vint reprendre place aux côtés de son jeune rédacteur.

– Vous ne m'avez pas donné vos sentiments sur César, Monseigneur, dit ce dernier à la fois par curiosité et pour dissimuler son trouble.

– Si je te dis que je n'ai jamais passé un seul instant

agréable avec le duc de Valentinois, tu comprendras que je ne me trouve pas en bonne compagnie avec lui. Il en est autrement avec son père. Le pape est d'une extrême violence mais au moins je me souviens avoir souvent ri de bon cœur avec lui. Au début, je me permettais de lui faire observer la gravité de ses infractions, mais il me répondait toujours sèchement ou me répliquait que je ne savais pas ce que je disais. Il entrait dans une fausse colère qui dissimulait une confusion comique. Toujours est-il que je finis par me résigner à ces continuelles licences et ne protestai plus directement, me limitant à les enregistrer avec soin dans mon Journal. Une fois, cependant, je ne pus me dispenser d'intervenir. Si Sa Sainteté ne tient pas beaucoup aux rubriques du cérémonial religieux, Elle est au contraire fort exigeante avec tout ce qui se rapporte au culte dû à sa personne. Le jour de la Pentecôte 1500, par exemple, ou peut-être 1501, après la procession traditionnelle sous le dais, Rodrigo s'était assis près de l'autel. Des files interminables de prêtres et de religieux passèrent devant lui en se prosternant sur le sol et baisant la terre à la manière des Turcs. Cette façon d'agir me parut excessive. À un moment je m'avançai pour défendre que l'on continuât cette forme orientale d'adoration. Mais le pape, fort amusé, me fit taire et donna l'ordre qu'on laissât baiser la terre près de ses pieds… En ce qui concerne les cérémonies solennelles, il y manque toujours quelque chose, ce à quoi je cherche constamment à remédier. Soit ce sont les chanteurs, soit ce sont les cardinaux qui sont absents. Soit ce sont les ornements, les cierges, les missels, l'encensoir, que sais-je, qui manquent déplorablement. Un jour, à la procession du dimanche des Rameaux, Sa Sainteté dut se passer de dais parce que l'on n'avait pu trouver les porteurs.

Elle se tourna vers moi et me dit : « S'il pleut, il faudra m'essuyer avant que je rétrécisse ! »

Il éclata d'un rire sonore qui déclencha celui, juvénile, de Francesco.

– Une autre fois, continua-t-il, c'était je pense en décembre 1495, Rodrigo – continuons, mon cher Francesco, à l'appeler ainsi entre nous – Rodrigo attendait dans ses appartements les officiers de garde qui devaient prêter le serment rituel pour leur service. Comme ils étaient en retard, il partit indigné et s'enferma dans sa chambre. Des cardinaux s'entremirent, firent appeler les officiers en toute hâte et après des prières instantes obtinrent que Rodrigo les reçoive. Le pape se présenta à eux avec plus d'une heure de retard et les congédia presque aussitôt. Il s'était vengé de peu de chose mais cela avait suffi pour le mettre de fort belle humeur pour le reste de la journée.

Des bruits de pas précipités se firent soudain entendre dans l'antichambre. La porte s'ouvrit sur Ilario, qui n'eut pas le temps d'ouvrir la bouche : un homme arrivait dans son dos et s'avançait vers Burckard. C'était l'orateur vénitien Antonio Giustiniani.

– Cher ami, il arrive un malheur, déclara-t-il tout ébranlé, Sa Sainteté est mourante.

– Que dites-vous ?

– Maître Scipion, son médecin, assure qu'il s'agit d'un empoisonnement. Dès que j'ai appris la nouvelle, j'ai voulu être le premier à vous la porter.

– Je vous en rends grâce, mon ami, répliqua le maître de cérémonie. Mais ne tardons pas, allons retrouver Sa Sainteté.

La veille au soir, le 5 août, en compagnie de plusieurs prélats, Rodrigo et César s'étaient rendus à l'invitation à souper du cardinal Adriano de Corneto, qui possédait une vigne à Monte Mario, dans les faubourgs de Rome. Corneto était un humaniste réputé et un fin érudit qui avait en outre fait construire le Palazzo Giraud-Torlonia dans le Borgo Nuevo.

En ce milieu d'été, par les fortes chaleurs qui enveloppaient la Ville éternelle, ce quartier désolé et envahi d'ordures, parsemé de ruines et de catacombes, donnait depuis quelques jours naissance à la malaria. Le cardinal de Monreale, Juan Borgia, était du reste alité chez lui, atteint de fortes fièvres qui ne laissaient rien présager de bon. Cependant, la rumeur prétendait que la malaria n'était en rien dans le mal qui s'était subitement emparé du pape. Rodrigo s'était rendu chez Corneto dans le dessein de l'empoisonner afin de mettre la main sur son héritage. Un valet à sa solde avait reçu la consigne de verser de la *cantarella* dans le verre du cardinal, mais il semblait que le sommelier de ce dernier, tout en ignorant ce qui se tramait, avait confondu les verres des invités qu'il était chargé de servir. Corneto n'avait pas ingurgité le poison qui lui était destiné. Le pape l'avait bu à sa place.

D'autres affirmaient que Rodrigo avait envoyé d'avance une bouteille de vin empoisonné. Le sommelier, toujours par erreur, en avait versé dans le verre du pontife mais aussi dans celui de César. Il est vrai que le duc de Valentinois avait été gagné par le même mal que son père et qu'à cette heure-ci, revenu au palais pontifical, il était soigné par son médecin Gaspare Torella. Pour d'autres encore, les deux hommes étaient atteints de malaria et de rien d'autre.

– Francesco, dit Burckard à l'adresse de son jeune rédacteur, tu auras la gentillesse de te faire raccompagner. Je ne puis t'emmener avec moi.

Il fit seller son cheval, revêtit un pourpoint et chaussa des bottes. L'instant suivant, Giustiniani l'entraîna hors les murs, à travers des venelles tortueuses et herbues. Les deux cavaliers traversèrent des places noircies et défoncées, et atteignirent bientôt la vigne du cardinal de Corneto. Ils mirent pied à terre et pénétrèrent dans la villa. L'évêque de Venosa, Bernardo Buongiovanni, médecin de chevet de Rodrigo, vint à leur rencontre.

– J'ai été informé hier matin, leur dit-il, que Sa Sainteté venait d'avoir des vomissements et de la fièvre. Dès mon arrivée, je lui ai enlevé neuf onces de sang et la fièvre semble à présent être tombée. Le duc de Romagne est également très malade, avec lui aussi de la fièvre, des vomissements et des troubles d'estomac.

– J'ai tout lieu de croire, opina Giustiniani, qu'il y aurait des désordres dans la ville si Sa Sainteté meurt. J'ai su que les partisans du duc de Valentinois s'attendent à une émeute. Ils ont mis leurs biens en sûreté et pris des précautions pour empêcher les nouvelles de la maladie d'être ébruitées hors du Vatican.

Burckard pénétra dans la chambre du pape moribond et observa son visage vénérable.

– C'est toi, mon bon Burckard, lui dit Rodrigo d'une voix blanche.

– Très Saint Père, ne parlez pas, vous allez vous fatiguer.

– Je suis déjà mort. Qu'on m'apporte du vieux vin pour mon vieux sang et je renaîtrai.

De temps en temps, par un mouvement convulsif, Rodrigo cherchait une boule d'or dans laquelle était renfermée une hostie et qui pendait constamment sur sa poitrine. Dans sa superstition impie, il se croyait invulnérable avec ce talisman. Dans la journée, il fut transporté au palais Borgia couché sur une litière de drap cramoisi portée par douze hallebardiers. Dès qu'il fut dans sa chambre à coucher, il demanda à être seul. Maître Scipion insista pour demeurer à ses côtés. Le pape le renvoya d'un geste certes fébrile mais qui n'admettait pas de réplique. Étendu dans l'obscurité, il s'étonna bientôt de voir une large et indécise clarté s'épancher sur son lit. Il lui sembla apercevoir l'ombre d'un spectre s'avancer lentement vers lui et entendre les voix froissées et grotesques de ses nombreuses victimes. Tout son sang lui remonta au cœur. De sa main vibrante de fatigue, il chercha vainement un sabre pour chasser sa vision.

– Allons, murmura-t-il, c'est encore mon imagination. Les ombres ne sont que des ombres, qu'ai-je donc à craindre de celle-ci ?

Un hibou lui répondit par son cri sinistre.

– Maudit oiseau, lui lança le pape, m'annonces-tu quelque malheur ? Ma dernière heure approche-t-elle, que je sente ma main glacée comme au cercueil ? Où donc est la mort ?

Dans la galerie contiguë, Burckard et Giustiniani devisaient avec maître Scipion.

– Il n'est point surprenant, observa Burckard, que Sa Sainteté et Son Excellence soient malades, car tous les courtisans, et surtout ceux qui se trouvent dans ce palais, sont dans le même état, à cause de l'air malsain qu'ils y respirent.

Ils entendirent un long râle provenant de la chambre de Rodrigo. Le pape, effrayé, s'était assis sur son lit et appelait à l'aide lorsque les trois hommes entrèrent avec précipitation.

– Très Saint Père, s'inquiéta Burckard, qu'avez-vous donc ?

Rodrigo, tressaillant, le visage inondé de sueur, désigna le spectre qui le harcelait. Les trois hommes ne virent rien. Scipion lui pratiqua une saignée et il s'endormit dans une relative sérénité. À l'aube, il réclama Burckard.

– Je me sens mieux, lui dit-il, je veux me lever. Va me chercher César, qu'il vienne à mon aide.

– Très Saint Père, répondit le maître de cérémonie en baissant les yeux, le duc va bien mal.

Il expliqua que César avait lui aussi été victime de sérieux malaises et qu'il était aux mains de ses médecins, au palais même. Le 13 août, il fut d'ailleurs plus malade encore que son père. Son médecin Torella le soumit à une médicamentation énergique. Après avoir fait éventrer un taureau, il enferma son malade dans les flancs de l'animal pendant quelques heures, avant de le plonger dans une énorme jarre remplie d'eau glacée. Si ses soins étaient parvenus à faire sensiblement tomber la fièvre de César, la rumeur courait en revanche que le duc était au plus mal. La nouvelle se répandit comme une traînée de poudre et fit relever la tête aux ennemis des Borgia, qui comptaient sur une vengeance prochaine.

Le 14 août, Rodrigo se fit pratiquer une nouvelle saignée. Dans la soirée, il se sentit mieux au point qu'il put réunir des familiers pour faire une partie de cartes avec eux. Le même jour, Beltrando Costabili, orateur d'Ercole de Ferrare, écrivit une longue dépêche à Lucrèce pour l'informer de l'évolution de la santé de son père : « Hier matin, Sa Sainteté a demandé à voir l'évêque de Venosa, qui était malade chez lui, et un autre médecin de la ville ; ils n'ont pas été autorisés à le quitter. J'ai été informé que le pape a eu hier des vomissements et de la fièvre ; et qu'on lui a enlevé neuf onces de sang. Pendant la journée, Sa Sainteté a demandé à certains cardinaux de jouer aux cartes devant Elle, tandis qu'Elle se reposait. J'ai également été informé que la nuit dernière, Elle a dormi assez bien. Mais aujourd'hui, entre la dix-huitième et la dix-neuvième heure, Elle a eu une crise comme celle de samedi, qui a mis fort mal à l'aise ses courtisans ; et personne ne veut parler de son état. J'ai cherché par tous les moyens à obtenir des informations, mais plus j'en cherche, moins j'en obtiens, car les médecins, les chirurgiens et les apothicaires n'ont pas le droit de La quitter ; j'en conclus que la maladie est grave. Le duc de Romagne est également très malade, avec de la fièvre, des vomissements et des troubles d'estomac. »

Le 16, Rodrigo fut pris d'un frisson mortel qui donna de l'inquiétude à maître Scipion. Le médecin le contraignit à se coucher et demeura à son chevet toute la nuit. Le matin du 18, de son lit, il entendit la messe célébrée par l'évêque de Carinola, ami de Lucrèce. Le soir, il reçut l'extrême-onction puis reposa sa tête sur l'oreiller pour ne plus jamais la relever. Il succomba dans la nuit d'une crise d'apoplexie, entouré de quelques proches seulement, dont le cardinal trésorier Casanova.

– L'âme est partie, dit Burckard avec affliction à l'adresse de Giustiniani, laissons reposer le corps. Voyez comme cette physionomie est radieuse. L'esprit de ce juste est déjà dans l'Éternité. La mort est-elle autre chose qu'une porte qui, de la tombe, conduit à Dieu ?

À l'heure où il prononçait ces paroles affables, des épitaphes cruelles commençaient à courir les rues de Rome depuis que la population pressentait la disparition du tyran :

> « Assemblage de cruauté, de rouerie, de rage, de fureur, d'emportement, de luxure, éponge effroyable assoiffée de sang et d'or, moi, Alexandre VI, je gis ici. Rendue à la liberté, réjouis-toi, Rome, car ma mort a été pour toi la vie ! »

Le jour suivant, alors que Burckard, dans la salle du Perroquet, distribuait des ordres relatifs à l'inhumation de Rodrigo, un huissier vint le prévenir qu'un homme demandait à le voir.

– Eh bien qu'il entre.

Un homme parut, vêtu d'une robe à châle de fourrure et d'une cape couleur de jais, coiffé d'un bonnet à revers et chaussé d'estivaux lacés. C'était Nicolas Machiavel, l'orateur de Florence.

– *Messer* Machiavel, lui dit Burckard, surpris de sa visite. Vous avez demandé à me voir ?

– En effet, Monseigneur.

– Vous comprendrez, reprit le maître de cérémonie en désignant d'un geste évasif le désordre qui régnait dans la salle et l'agitation du personnel pontifical, vous comprendrez que je n'ai point beaucoup de temps à vous accorder.

– Puis-je vous parler seul à seul ?

– Par les plaies du Christ, ce que vous avez à me dire est-il si important ?

– Cela vous intéressera, j'en suis certain.

– Bien, j'accède à vos désirs, *messer* Machiavel. J'imagine en outre que vous arrivez de Venise et que vous n'avez point fait le voyage pour rien.

– Pour être franc, Monseigneur, je suis à Rome depuis plusieurs jours déjà. Mais j'insiste quand même pour vous parler, et en particulier.

– Suivez-moi, je vous prie, répondit Burckard.

Il s'inclina devant lui en lui indiquant la grande porte de chêne et de bronze doré qui donnait sur la galerie interne du palais. Machiavel interrompit son geste :

– Veuillez m'excuser, Monseigneur, lui dit-il, le jeune homme que j'aperçois est bien votre rédacteur ?

Burckard se tourna vers le fond de la salle, où Francesco devisait avec un cardinal.

– En effet, *messer*. Je vois que vous savez tout.

– Monseigneur, je sais le cœur, pur et sincère, que vous mettez à témoigner dans votre *Diarium* de chaque instant passé aux côtés de notre illustre et défunt Saint-Père. C'est de lui et de son illustrissime fils le duc de Romagne que je désire précisément vous entretenir. Votre jeune rédacteur peut et doit tout entendre.

– Comme vous voudrez, messire Machiavel, répondit Burckard.

Puis se tournant vers Francesco :

– Viens donc un instant, *caro* Francesco, appela-t-il.

Lorsque le jeune homme les eut rejoints :

– *Messer* Machiavel, voici donc mon rédacteur, Francesco Guicciardini, de Venise. Puisque vous n'avez point de secret pour lui, alors je vous en prie, messieurs, ajouta-t-il en regardant tour à tour l'un et l'autre, passons dans la pièce d'à côté.

Les trois hommes une fois loin du tumulte de la salle du Perroquet, Machiavel, ne s'égarant en aucun préliminaire, déclara :

– Messieurs, fort de mon intimité avec le duc César de Valentinois, j'ai su de sa bouche même qu'il « avait tout prévu » – ce sont ses propres mots –, excepté le fait d'être gravement malade lorsque son père mourrait – ce sont toujours ses propres mots. Ce qui est le cas puisqu'il a lui aussi avalé une dose du poison qui fut fatal à notre Illustrissime Sainteté. Il y a quelques semaines, j'étais chargé par Sa Sublimité de porter à la république de Venise le message suivant : « Le pape désire que la Seigneurie de Venise protège son fils et dit vouloir prendre telles dispositions que la papauté lui revienne ou qu'elle échoie à la Seigneurie de Florence. » La disposition qu'il disait vouloir prendre concernait naturellement un avenir plus ou moins proche dans lequel la Sérénissime, en récompense de la protection politique qu'il lui demandait pour son fils, se serait trouvée avec celui-ci dans des conditions d'égalité à l'égard de la tiare. Ce qui signifiait que la papauté serait tombée entre les mains de César et que Venise aurait eu ainsi grâce au nouveau pontife pleine et entière liberté d'action et tous les appuis. Ou, au contraire, qu'elle serait revenue à un cardinal de la Sérénissime et qu'alors, celle-ci aurait continué à donner à Son Excellence un appui complet et puissant pour consolider et agrandir la nouvelle dynastie.

– Mais, *messer* Machiavel, l'interrompit Burckard intrigué, pour que César pût obtenir la tiare il lui fallait renoncer à la vie mondaine et prendre à nouveau la pourpre cardinalice.

– Ce que Son Excellence, Monseigneur, n'a jamais exclu.

– Il était donc naturellement informé des volontés de son père.

– À la mort de Sa Sainteté, poursuivit Machiavel, assuré d'avoir la majorité du Sacré Collège, ayant éliminé le petit nombre de ceux qui pouvaient lui porter ombrage, Son Excellence serait montée sur le Siège apostolique. Ou encore, sans en attendre la disparition, il aurait donné au Saint-Père le conseil d'abdiquer ou même l'y aurait contraint, lui succédant sur le trône pontifical soit directement, soit à travers les formalités d'un conclave. On avait du temps devant soi pour stipuler cet accord avec Venise, mais voici que le premier tombe malade brusquement et qu'en quelques jours il descend au tombeau. Le second, malade lui aussi, reste comme étourdi d'une telle disgrâce.

– Fort bien, *messer*. À présent, puis-je savoir… pardon, Francesco et moi pouvons-nous savoir pour quelle raison vous venez nous évoquer ce vain projet ?

– Vous ne semblez guère sensible à ma révélation.

– Au contraire, plus que vous ne le pensez et que je ne le montre.

– C'est Son Excellence qui a fait empoisonner Sa Sainteté.

– Pour accéder plus vite au trône, je suppose.

– Et sans imaginer que le sommelier, par mégarde, aurait versé du poison dans son verre aussi.

– Ma foi, s'étonna Burckard en réprimant un haut-le-corps, en êtes-vous seulement certain ?

– Son Excellence n'a jamais été empoisonnée. Elle a tenté de feindre la maladie pour éloigner les soupçons.

Burckard demeura sans voix. Puis se tournant vers Francesco :

– Vois-tu, mon jeune ami, comment on écrit l'histoire ?

– Vous-même l'écrivez aussi, Monseigneur. Toujours est-il que je me devais de vous faire part du dessein de Son Excellence. Non pas que je veuille que vous lui fassiez obstacle, c'est même mon moins cher désir, mais parce que vous écrivez aussi l'histoire, disais-je, et que votre devoir, si vous le permettez, est d'établir la vérité. Vous ferez ce que vous voudrez mais j'aurai rempli ma tâche.

– Je ferai en effet comme bon me semblera, *messer* Machiavel. Voulez-vous souper avec nous ?

– Je vous remercie, Monseigneur, mais je dois partir sur l'heure pour Florence. Comme vous le voyez, je n'avais que l'instant que vous m'avez accordé pour vous faire mon récit.

– Fort bien, je vous fais raccompagner.

Machiavel n'avait pas menti à Burckard et Francesco. À l'annonce de la mort de son père, César, de son lit, donna des consignes à Michelotto. Moins d'une heure plus tard, les portes de la chambre s'ouvrirent devant celui-ci, escorté d'une poignée d'hommes armés qui, sur son ordre, pointèrent leurs épées en direction du cardinal trésorier pour le tenir en respect.

– Si vous tenez à la vie, lui lança le ruffian, vous nous remettez les clefs du trésor pontifical. Dans le cas contraire, je vous transperce le cœur.

Dans le même temps, il sortit sa rapière et en pointa la lame sur la poitrine du prélat. Le cardinal Casanova l'entraîna dans la salle des coffres et lui remit les caisses d'argenterie et 100 000 ducats d'or, outre les bijoux et les vases sacrés d'une valeur de 300 000 ducats. Pour César, c'était le nerf de la résistance. Après quoi, Michelotto et ses hommes se retirèrent. Avec 12 000 mercenaires, ils s'emparèrent du Vatican, où devait être élu le nouveau pape, voulant contraindre les cardinaux à nommer le faible cardinal toscan Francesco Piccolomini. Celui-ci était le candidat idéal de César, qui, dans l'attente de revêtir une seconde fois la pourpre de cardinal puis de réunir les moyens de monter sur le trône de saint Pierre, pourrait le manipuler à sa guise et en sa faveur.

Les prélats se retirèrent au temple de Minerve. Michelotto vint y mettre le siège. Le bruit s'en répandit à Rome, où l'on prétendit qu'il se commettait des meurtres, du carnage. On ferma les boutiques, on courut aux armes, on barricada les rues. Michelotto se rendit au chevet de César. Le duc semblait encore faible. Il entendit son capitaine lui glisser à l'oreille :

– Excellence, nous avons une partie du peuple contre nous et bientôt ce sera toute la ville. Le danger est imminent.

– Cesse tes poursuites, répondit César avec effort. Les cardinaux sont des gens qui comprennent vite. Piccolomini sera élu.

Les mouvements de Michelotto avaient cependant indiqué à la population romaine que le pape était mort. De nouveaux groupes d'émeutiers se formèrent, se joignirent aux autres, se répandirent dans les rues. À la tête de cavaliers armés, Geoffrey Borgia chevaucha à travers la ville pour inspecter les quartiers. Le désordre y était complet. Il revint par le château Saint-Ange, d'où il fit tirer un bombardier pointé sur la Via dei Banchi. Il espérait ainsi disperser la foule furieuse. Mais dans l'après-midi, le peuple se porta au palais de Santa-Maria in Portico afin d'assouvir sur les biens des Borgia la haine qu'il avait pour le pape. Il fut mis à sac. Les colonnes de porphyre et les statues de marbre furent brisées. On déracina même les arbres séculaires qui ombrageaient les jardins. L'appartement Borgia du Vatican fut envahi par une meute de serviteurs empressés au pillage, allant jusqu'à emporter le trône pontifical.

Non loin de là, dans la chambre pontificale dépouillée, Burckard faisait cependant laver le cadavre de Rodrigo. Revêtu de drap blanc, d'un manipule, d'une chasuble dorée et chaussé de mules en velours ornées d'une croix d'or, le corps fut ensuite placé sur un catafalque orné de satin cramoisi et transporté hors de cette pièce saccagée, dans la salle du Perroquet. Vannozza Cattanei vint se recueillir auprès de son ancien amant.

Peu avant le crépuscule, on descendit la dépouille à Saint-Pierre. Elle fut exposée à la vue du peuple, derrière une grille. L'usage voulait qu'elle demeure ainsi pendant neuf jours, mais en raison des émeutes qui se multipliaient dans Rome, Burckard jugea préférable de ne l'y laisser que quelques heures. Les funérailles se déroulèrent à la nuit venue. À la lueur des torches, l'évêque de Carinola et un petit groupe de prélats, escortés de cent cinquante écuyers, familiers, clercs, accompagnèrent le corps du pontife jusqu'à l'église de Santa-Maria delle Febbri, où trois ans plus tôt le duc de Bisceglia avait été inhumé. Il s'y produisit une scène incroyable. Les dimensions du cadavre ayant été modifiées par le gonflement démesuré, il fut impossible de le mettre en bière. Les croque-morts durent employer leurs poings et exercer des pesées pour l'y faire entrer de force. La lumière tremblante des torches oscillait en éclairant cette scène sordide. Lorsque le corps fut enfin enfermé dans le cercueil, on enterra ce dernier sous une dalle sombre. Pendant ce temps, au palais, des gardes s'étaient emparés des torches placées près du catafalque et emportaient des coussins, des paillasses et le catafalque lui-même, qui fut vendu douze carlins quelques jours plus tard.

DIARIUM XVII

Des amours de Lucrèce
et de l'élection de deux nouveaux papes,
ou comment le rival de Rodrigo Borgia accède à la tiare.

Lorsque l'annonce de la mort de Rodrigo parvint à Pesaro, Giovanni Sforza écrivit au marquis François de Gonzague, le nouveau beau-frère de Lucrèce : « J'en ai éprouvé tant d'allégresse que j'espère mettre maintenant un terme à mes maux. Je vous prie, si vous apprenez que le nommé César de Valentinois est mort, de m'en donner avis ; cela me ferait un singulier plaisir. » Le 19 août, le cardinal Ippolito partit pour Ferrare porter la malheureuse nouvelle. Ercole d'Este ne montra aucun signe d'affliction et se garda bien de présenter ses condoléances à Lucrèce. Quelques jours après la mort de Rodrigo, il révéla d'ailleurs son état d'esprit dans une lettre adressée à Gian-Giorgio Seregni, ambassadeur ferrarais à Milan :

« Pour te fixer sur un point au sujet duquel on doit t'interroger, c'est-à-dire si la mort du pape nous a causé du chagrin, nous t'informons qu'elle ne nous est nullement désagréable. Au contraire, nous avions depuis longtemps le désir, pour l'honneur de Dieu Notre Seigneur et le bien de la Chrétienté, que Dieu dans sa bonté délivre son Église d'un si grand scandale et qu'il établisse un pasteur convenable. »

Lucrèce, elle, pleura avec effusion et demeura deux jours à repousser toute nourriture, vêtue de deuil, recluse dans une chambre tendue de noir. Alfonso lui fit une courte visite et, fatigué des larmes de son épouse, partit séjourner quelque temps dans le nord du pays.

L'esprit de Lucrèce fut bientôt absorbé par l'inquiétude que lui procurait depuis quelque temps le sort de son petit Juan. Le duc de Bisceglia était élevé à Rome par les soins de son précepteur le cardinal de Cosenza, et sa mère ne pouvait plus supporter d'en être éloignée. En outre, elle avait toujours demandé qu'en cas de danger couru par son fils, celui-ci lui soit confié. Or, l'ambassadeur Costabili lui écrivit que Juan avait eu la fièvre quarte, pour laquelle on le soignait au château Saint-Ange. César méditait qu'après sa guérison, au lieu d'être envoyé à Ferrare, l'enfant serait conduit au-delà des mers, dans un lieu qu'il n'avait pas encore choisi. Alors, en accord avec le cardinal de Cosenza, Lucrèce informa son beau-père Ercole de son intention d'envoyer son fils faire son éducation en Espagne, en lui laissant le libre choix, plus tard, de séjourner là-bas ou en Italie. Ercole répondit favorablement mais, contre le gré de César, fit en réalité transporter Juan à Naples, où il fut éduqué à la cour de l'ex-duchesse de Milan, Isabelle d'Aragon, qui accueillait volontiers les jeunes gens de famille noble destinés à la vie de cour et au métier des armes. Si Lucrèce fut fâchée d'avoir été trompée par son beau-père, elle se sentit toutefois soulagée à l'idée que son fils restait sur le territoire italien.

Au printemps 1504, libérée de son deuil et de ses inquiétudes, elle reprit avec Pietro une correspondance dont elle avait quelque peu relâché le rythme depuis la fin de l'année précédente. Comme autrefois, ils se retrouvèrent sur les berges de Medelana. Pietro lui offrit un médaillon, un *agnus Dei*, qu'il avait longtemps conservé sur sa poitrine.

– Pour que vous le portiez secrètement la nuit, lui expliqua-t-il, afin que la chère demeure de votre cœur précieux soit tout au moins touchée par ce cercle qui a touché la demeure du mien. Je vous prie de ne faire connaître à personne ses actes ni ses pensées, afin que les chemins qui mènent à notre amour ne soient pas plus restreints et entravés qu'ils ne le sont. Ne vous fiez à personne jusqu'à ce que je vienne à vous, ce qui, de toute façon, sera fait pour Pâques, si je suis encore de ce monde. Veillez qu'on ne vous voie pas écrire, car je vous sais très surveillée.

Lucrèce attendit Pâques avec une impatience brûlante, mais son poète ne vint jamais la retrouver. Carlo Bembo, le frère de Pietro, venait de mourir. Si seules les lettres de son aimée surent apaiser la profonde douleur du Vénitien, à dater de cette période, son amour pour elle devint cependant plus incertain. Strozzi, qui avait l'autorisation de lire leurs correspondances, constatait qu'il rompait puis voulait la revoir, pleurait, semblait l'aimer et ne plus l'aimer, se rapprochait d'elle et l'abandonnait. Il acheva cependant de composer pour elle un long discours amoureux en vers, intitulé les *Asolani*, qui demeura son plus grand chef-d'œuvre et dans lequel il célébrait les vertus de la duchesse de Ferrare.

C'est pendant cette période où cahotait l'amour de Pietro à l'égard de Lucrèce que le duc Ercole, en octobre, fut saisi du mal qui devait l'emporter. En l'absence d'Alfonso, en voyage en Angleterre, les Este, les principaux dignitaires du duché et le cardinal Ippolito offrirent la régence de Ferrare à Lucrèce pour le cas où le duc viendrait à mourir. Le 15 juin 1505, alors que le glas frémissant sonnait à Ferrare, Alfonso vint la trouver pour lui annoncer :

– C'en est fait, Madame, le duc mon père n'existe plus. Il a rendu son âme à Dieu sans agonie, ce matin, à onze heures moins un quart.

Quelques jours plus tard, vêtu d'un manteau de damas blanc fourré de vair, il reçut dans la salle de la Grande Cheminée le juge des Sages qui, accompagné d'une foule de gentilshommes, lui remit cérémonieusement l'épée et le sceptre d'or. Le même jour, dans la cathédrale de Ferrare, après la célébration de la grand-messe, Tito-Vespasiano Strozzi couronna le nouveau duc. Juché sur un cheval teint avec de la cire d'Espagne rouge, Alfonso se fit ensuite escorter dans les rues de la ville, où les Ferrarais l'acclamèrent jusqu'au palais. Dans une tunique de moire blanche doublée d'hermine, coiffée d'un diadème, couverte de bijoux rutilants, Lucrèce s'avança vers son époux et s'inclina pour lui baiser la main en signe de soumission. Le soir, les nombreuses dames de l'aristocratie ferraraise vinrent la saluer dans sa chambre.

Devenue duchesse régnante, elle s'établit au Castello Estense, dans les appartements donnant sur les jardins, et son luxe égalait enfin celui qu'elle avait à Rome. Des rideaux de satin bleu, des tentures de velours vert, des coussins aux armes des Borgia agrémentaient les pièces. Sa garde-robe abritait vingt chapeaux, autant de manteaux, trente-trois paires de souliers de Valence, soixante paires de pantoufles. Des ceintures, des aumônières, des miroirs, des peignes d'ivoire et d'argent se mêlaient aux zibelines, aux cordelières d'or, aux éventails de plumes blanches et noires. Ses cassettes, constamment renouvelées et enrichies par les joyaux de la maison d'Este, regorgeaient de camées, de bracelets, de médailles, de pierreries, de boucles, de bagues, de fines chaînes d'or, de scintillantes rivières de perles, des colliers alourdis de grosses gemmes. Partout brillaient les épingles, les boutons, les agrafes d'or et d'émail de toutes formes, les médailles, les émeraudes, les rubis, les saphirs, les diamants, les cornalines, les coraux.

Elle disposait du Palazzo Schifanoia, lieu dédié aux plaisirs et aux divertissements, construit aux abords de l'ancien cours du Pô pour Borso d'Este et décoré à fresque par les trois peintres ferrarais Cosmè Tura, Ercole di Roberti et Francesco del Cossa. La salle des Mois, dédiée aux réceptions, était entièrement couverte de peintures montrant le triomphe des dieux présidant aux mois, les signes du zodiaque et leurs trois décans, et la vie de Borso et de sa cour. La salle des Vertus se distinguait par son luxueux plafond à caissons, réalisé par Domenico di Paris. Il était en stuc doré, décoré avec les devises du duc et surmontait des figures féminines assises représentant les vertus théologiques et cardinales. Le parc, magnifique, irradié de fleurs et d'arbustes, était rythmé de loggias et de portiques. Dans le parfum des ancolies et des soucis, des tulipiers et des pêchers, Lucrèce s'y promenait en compagnie de tout un monde de seigneurs, de dames, de nains, de bouffons, et d'une multitude de silhouettes élégantes. Elle pouvait apercevoir la façade du palais, couronnée de créneaux et ornée de fresques en faux marbres polychromes.

Elle reçut bientôt la dernière lettre de Pietro. Le poète lui avouait que sa flamme brillait moins et qu'il voulait reprendre sa liberté. La duchesse avait cru pouvoir se faire aimer de lui. Elle confia à Strozzi :

– J'étais faite pour vivre avec lui, nous étions faits pour

nous aimer, pour forger à nous deux ce bonheur qui est pour tant d'autres un être idéal. De quel poids est notre existence quand les sentiments du cœur n'aident pas à la supporter et qu'au contraire ils ne font qu'en doubler l'amertume !

Alors, elle commença à glisser sur la pente des amours faciles. Sa beauté épanouie suscitait autour d'elle des admirateurs dévoués. Le père de Strozzi, Tito-Vespasiano Strozzi, fut le premier enivré d'amour pour la duchesse. Il célébra en vers une rose qu'elle lui avait envoyée, ce qui fit mourir son fils de jalousie. Ercole Strozzi lui avoua en effet qu'il l'avait toujours secrètement aimée et lui montra la passion dont il brûlait pour elle en renchérissant sur l'épigramme de son père :

O Rose, née sur un sol aimé où la main t'a cueillie,
Pourquoi as-tu des couleurs plus brillantes que les autres ?
Vénus aurait-elle rehaussé l'éclat de tes nuances ?
Ou n'est-ce pas plutôt Lucrèce
Qui t'a embellie en te touchant
De l'incarnat de ses lèvres ?

Il multiplia les déclarations écrites à Lucrèce, les proses tendres auxquelles il ajouta des chansons et des stances. La duchesse de Ferrare finit par entretenir avec lui des rapports plus intimes. Elle l'invita à une soirée de lecture auprès des chenets de bronze de la cheminée, ce qui le conforta surtout dans son espoir que sa présence était loin d'importuner la duchesse. Dès lors, il lui rendit visite régulièrement et elle le recevait avec considération, non sans étonnement de la part de ses hôtes et des demoiselles de sa suite. Il restait assis dans un fauteuil et ne cessait de parler bas, tantôt à une femme, tantôt à une autre, mais toujours en prenant soin de glisser une œillade délicieuse à la duchesse. Chez lui, il était toujours occupé à lire ou à écrire des billets doux à Lucrèce, pour qui il éprouvait un amour de plus en plus passionné, mais dont il n'osait pas même effleurer des lèvres les boucles blondes. Puis il finit par l'entourer d'une tendresse de moins en moins secrète où l'admiration succéda au désir, et le désir à la première nuit d'amour. Les deux amants se retrouvèrent par la suite chez le poète, à Ferrare, dans une demeure ornée de festons et de lacs d'amour donnant sur un jardin délicieux où l'on parvenait curieusement par un souterrain.

Avec Strozzi, ce fut la première fois que Lucrèce se donna avec autant de fougue. Lorsqu'elle rompit sa liaison, les plus grands seigneurs de Ferrare s'éprirent d'elle. Elle effeuilla ses charmes à tous ceux qui fréquentaient la demeure d'Ostellato et n'eut plus que l'envie de capter les regards et d'allumer les désirs.

Elle se laissa bientôt aborder par le diplomate Baldassare Castiglione. Ils conversèrent d'abord avec grande animation, puis passèrent de l'animation au sérieux jusqu'au jour où Castiglione fut admis dans son intimité. Le jeune homme ne prit pas conscience qu'il était si dangereusement épris de la duchesse. Il l'aimait bien et avait de l'affection pour elle. Puis le diplomate et la souple duchesse aux cheveux blonds se découvrirent et ne tardèrent pas à tomber si amoureux l'un de l'autre qu'il fut impossible de le cacher. À sa beauté reconnue par tous, Castiglione ajoutait l'avantage de faire lui aussi des vers et d'accomplir des voyages réputés aventureux.

À la mort de Castiglione, elle se consola comme elle put. Ottaviano Fregoso, ami de Pietro, l'humaniste Celio Calcagnini, les poètes Antonio Tebaldeo et Jacopo Caviceo soupirèrent pour elle. Certains crurent vraiment l'aimer. Elle crut les aimer aussi. De ces sentiments trompeurs ne pouvaient sortir que des aventures éphémères.

– Moi, Francesco Guicciardini, je suis convaincu que Rodrigo Borgia fut empoisonné. Il n'y pas l'ombre d'un doute. Johannes Burckard, mon maître, comme je l'appelle, avait toujours émis des doutes à ce sujet. Cependant, dans son *Diarium*, il se contente seulement de retracer les dernières heures du pontife. En 1505, j'allai lui rendre de fréquentes visites dans son manoir bucolique de Civita Castellana. Depuis quelques années, des accès de goutte affectaient son existence, au point qu'il dut, l'année suivante, renoncer à sa charge de cérémoniaire. Ensemble, nous devisions des Borgia et du Journal qu'il était sur le point d'achever. Il me fournit quelques conseils et surtout de dernières informations sur César et Lucrèce. Je le vis pour la dernière fois au château de Basanello, dans son diocèse. Un mois plus tôt, Laura, fille de Rodrigo et de Giulia, l'avait reçu en dot à l'occasion de son mariage avec Niccolò della Rovere, neveu de Jules II, auquel mon maître avait été témoin. En 1506, je reçus une lettre de lui alors qu'il soignait sa goutte aux thermes de Viterbo. Il m'annonçait que le pape venait de lui confier le soin de signer les actes pontificaux, et ajoutait que c'était bien la seule charge qu'il pouvait désormais assumer, son mal lui faisant chaque jour davantage souffrir le martyre. Quelques semaines plus tard, j'appris qu'il avait rendu son âme à Dieu, dans la nuit du 15 au 16 mai… Vous avez sans doute le souvenir de Maria, Maria d'Alamano Salviati, sa jeune servante. Elle venait dans son bureau lui frictionner les pieds, parfois en ma présence, afin d'apaiser les douleurs qui le taraudaient. Maria porte aujourd'hui mon nom, ayant accepté que je l'épouse. L'été, nous prenons l'habitude de séjourner dans notre château de

Poppiano, situé près de Florence. C'est ici, prenant la succession de mon maître, que j'entame de nouveaux chapitres consacrés aux Borgia et que j'envisage de leur réserver un second tome.

Revenons donc à l'année 1503.

Au palais pontifical, César, d'une santé meilleure, dut laisser le Vatican libre en raison de la tenue du conclave. Il se transporta au château Saint-Ange, où se rassemblèrent autour de lui sa mère Vannozza, sa belle-sœur Sancia, Dorotea da Crema, sa passade de Cervia, et tous les enfants Borgia. Peu après, tous furent envoyés à la forteresse de Civita Castellana.

César partit pour Nepi, escorté d'une importante milice, suivi de femmes et de courtisanes, étendu dans une litière richement ornée de rideaux de lampas à crépines d'or et portée par huit écuyers. Prospero Colonna lui offrit la protection de l'Espagne.

Le 22 septembre, Francesco Todeschini Piccolomini, de Sienne, fut élu et prit le nom de Pie III par respect pour son oncle Pie II. Âgé de soixante-quatre ans, le nouveau pontife, atteint de goutte, n'avait même pas pu paraître au conclave. Cinq jours après son élection, Lodovico de San Miniato, médecin renommé, pratiqua sur lui une opération douloureuse qui allait accélérer sa fin.

Pie III était l'allié de César, qui se vit confirmé par une bulle dans toutes ses dignités et commandements. Le duc ne se sentait cependant pas en sûreté et dépêcha à Rome une ambassade avec mission de demander au nouveau pape et aux cardinaux l'autorisation de revenir s'installer dans la ville. L'ambassadeur de Ferrare protesta contre son retour. Pie III lui répondit :

– Je n'aurais jamais cru que j'en arriverais à sentir de la

commisération pour un tel homme, et pourtant ma pitié est profonde. Les cardinaux espagnols intercèdent pour lui. Ils me disent qu'il n'a plus de chance de recouvrer la santé et qu'il désire venir mourir à Rome. Je lui accorderai donc l'autorisation qu'il demande.

César rentra au Vatican. Pie III lui offrit de résider au palais de Saint-Clément, appartenant à Ippolito d'Este.

Consacré le 1er octobre, couronné le 8, le vieux pontife, malade, presque moribond, faisait figure de pape de transition. Dès les premières cérémonies qu'il célébra, il sentit ses forces épuisées. Il fut contraint d'ajourner la prise de possession du Latran. Le 15 octobre, il réunit les cardinaux pour leur exposer son programme de réforme complète de l'Église et de restauration de la paix dans la Chrétienté. Il mourut trois jours plus tard, après avoir reçu les derniers sacrements. Son pontificat n'avait duré que vingt-sept jours. Sa mort arrivait trop tôt pour César, qui n'avait pas eu le temps de se faire nommer cardinal. En revanche, elle permettait à Giuliano della Rovere d'espérer enfin réaliser sa vieille ambition.

Les funérailles de Pie III n'étaient pas encore achevées que diverses factions s'agitèrent dans Rome pour assurer la tiare à leurs chefs. Della Rovere montra le plus d'ardeur dans la lutte, bien qu'il eût contre lui les Espagnols, les Français, les vieux cardinaux, enfin la quasi-unanimité des membres du Sacré Collège. Loin d'être découragé par la répulsion dont il était l'objet, il n'en montra que plus d'audace. Comprenant qu'il ne pouvait compter sur ses collègues pour escalader le trône de saint Pierre, il résolut non de se faire choisir mais de s'imposer. Sur ses ordres, ses frères et neveux soudoyèrent une troupe de bandits, qui se rua dans Rome, souleva la population et fit éclater une révolte.

Cependant, le conclave s'était ouvert. Della Rovere écouta

d'abord patiemment les discours des différents candidats à la papauté. Il prit ensuite la parole, exposa la nécessité d'élire un homme doué d'une grande énergie et capable d'arrêter les désordres de la populace romaine. Il prétendit même qu'il exerçait une certaine influence sur les fauteurs de troubles, et annonça que le calme renaîtrait dans la ville sainte dès que les cardinaux auraient placé sur sa tête la tiare vénérée des papes.

Plutôt que de lui rapporter des voix, cette déclaration ne fit que rendre encore plus unanime la répulsion qu'il inspirait et aucun suffrage ne vint appuyer sa candidature. Il fit alors passer au-dehors des instructions secrètes pour que les bandits à la solde de sa famille mettent tout à feu et à sang. Ses ordres furent exécutés. Les sicaires pillèrent les maisons, égorgèrent les vieillards et les enfants, violèrent les femmes, exercèrent sur les cadavres les plus affreuses profanations. Les cardinaux rassemblés dans la salle du conclave furent pris de terreur mais poursuivirent toutefois leur scrutin sans que le nom de della Rovere ne sorte de l'urne.

Puis, au gré des jours qui s'écoulèrent, les principaux cardinaux du Sacré Collège opposés à l'élection de della Rovere commencèrent étrangement à manquer au conclave. Les uns étaient malades, les autres venaient de mourir. Lorsque l'on comprit que della Rovere les faisait empoisonner un par un, il n'y eut plus aucune résistance de la part des autres cardinaux, qui proclamèrent l'ancien rival de Rodrigo souverain pontife. Il prit le nom de Jules II. On vantait partout ses hautes qualités. Physiquement et moralement, il possédait une nature de géant. La tête large, aux lignes fortement accusées, d'une beauté sculpturale, il avait un regard de feu sous des arcades sourcilières proéminentes, quelque chose de puissant, de dominateur dans son allure. Il déserta les appartements de Rodrigo pour ne plus voir sur la fresque du

Pinturicchio les traits de cet Alexandre VI de mauvaise vie et de triste mémoire.

Dès les premiers jours, il fut accusé d'être le véritable auteur du crime de Juan, duc de Gandie. Ses accusateurs prétendirent qu'à l'époque il avait voulu discréditer Rodrigo. De leur côté, le peuple et les puissances étrangères furent effrayés par son élection, que chacun regarda comme une calamité publique. Tout le monde connaissait son caractère inquiet, turbulent, audacieux et terrible, les objets de ses haines et de ses longs ressentiments. Mais c'est César qui fut le plus furieux. Avec ce maudit della Rovere à la tête de l'Église s'évanouissait peut-être son rêve de la tiare. Ennemi mortel des Borgia, Jules II mettrait tout en œuvre pour tirer dès lors une vengeance certaine du duc de Valentinois.

Pour l'heure, les pensées de César se tournaient vers ceux qui commençaient à le poursuivre de leur désir de vengeance. Les Français qui se rendaient à Naples, décidés à combattre les Espagnols, passèrent par Nepi et l'informèrent que Michelotto avait été arrêté en Toscane et mis à la torture. On voulait connaître tous les crimes, vols, sacrilèges commis par son maître ces dernières années contre Dieu et les hommes. Mais le bourreau à gage, l'assassin de confiance de César n'avait rien révélé et avait été relâché. Détenu jusqu'en 1506 à la prison de Tor di Nona de Rome, il sera par la suite recruté par Machiavel pour dresser la milice de Florence.

César ne se sentit bientôt plus en sûreté dans le palais d'Este, tout bien gardé qu'il fût. D'autant que ses soldats espagnols l'abandonnaient. Il ne lui restait que quelques poignées de mercenaires allemands, italiens et français. Il songea à se réfugier au château Saint-Ange, où le gouverneur était l'une de ses créatures. Mais ce dernier n'obéissait plus qu'au nouveau pontife, dont il avait tout à attendre.

N'étant plus soutenu par son père et n'ayant plus le commandement de l'armée pontificale, César demeura seul à Rome, au comble de sa crainte, tandis que Venise envahissait la Romagne. Il savait que Jules II était le seul qui pouvait l'aider à recouvrer son duché. Ne voyant d'autre alternative, il se jeta dans les bras du pape, qui lui garantit le titre de capitaine général de l'Église et la libre possession des terres conquises. Ainsi s'apprêta-t-il, en fin d'année 1503, à marcher à nouveau vers la Romagne, et à en faire son véritable royaume.

« J'avais tout prévu ; il n'y a
qu'une chose qui ne me fut pas
venue à l'idée, c'est que je puisse
moi-même être, à ce moment-là,
aux prises avec la mort. »

César Borgia.

Fin de la première partie
Tome 2 à paraître en octobre 2011

Cet ouvrage a été composé
par IGS-CP à L'Isle-d'Espagnac (16)
et achevé d'imprimer sur Roto-Page
par l'Imprimerie Floch à Mayenne
Dépôt légal : juin 2011
N° d'édition : 1113/01
N° d'impression : 79726.
Imprimé en France